천국을 향해 가는 순례자

천로역정 강해 I

천국을 향해 가는 순례자 (천로역정 강해 I)

지 은 이 | 조성래

기　　회 | 조성래
윤　　문 | 서천석
삽　　화 | 진지영
편　　집 | 정원기, 박재련, 김충실

1판 1쇄 인쇄 | 2023. 11. 15.
1판 1쇄 발행 | 2023. 11. 20.

출판등록 | 제90-2023-000022호. 2023. 8. 25.

펴 낸 곳 | 도서출판 만나
주　　소 | (14258) 경기도 광명시 가림로 38, 511동 903호
전　　화 | 02) 2682-1192
E - Mail | pastor2908@naver.com

천국을 향해 가는 순례자

천로역정

강해 I

조성래 지음

추천사

이동원 목사(『천로역정』을 사랑하는 순례 동역자,
지구촌교회 창립/원로, 필그림 동산 천로역정 섬김이)

존 번연의 『천로역정』은 1600년대에 쓰인 책이지만 우리 시대에도 읽히는 기독교 고전입니다. 복음이 전파되는 곳마다 일 순위로 번역되는 책입니다. 우리나라에도 1895년 선교사 게일에 의해 처음 소개되었습니다. 한국에 최초로 소개된 서양소설이라고도 할 수 있는 책입니다.

그 후 많은 사람이 이 책을 번역하고 강해했습니다. 이 책으로 많은 사람이 회심하고 기독교인이 되기도 했습니다. 한국 초대 교회의 거목 길선주 목사님도 이 책으로 회심하셨습니다. 이 책은 지금도 계속 번역되고 있으며, 이 책을 읽고 감동받은 누군가에 의해 강해되고 있습니다. 저도 이 책에서 받은 감동을 세 권의 책으로 나누었습니다. 그리고 경기도 가평에 '천로역정 순례 공원'과 '순례길'을 봉헌했습니다. 이 책이 조성래 목사님에게 감동으로 읽히고 다시 강해서로 태어난 것을 축복합니다. 조 목사님의 목회적 안목으로 해석되고 강해된 이 책은 많은 이에게 또 다른 빛이 될 것입니다.

우리 시대는 여전히 어두운 역사의 늪과 절망의 수렁에 빠져 신음하고 있습니다. 이런 순례자들을 구원하고 새 하늘 새 땅으로 가게 하는 책이 될 것을 기대합니다.

이형우 목사 (한울교회 원로)

조 목사님은 평양노회가 분리되기 전부터 저와 같은 노회에 속하여 친분을 나누어온 분입니다. 제가 은퇴한 후 매달 한 번씩 오후 예배 설교를 부탁하여 5년가량 꾸준히 만나교회에서 설교하며 친교를 나누기도 했습니다.

성도의 인생을 상징적으로 보여주는 존 번연의 『천로역정』은 한때 성경 다음으로 베스트셀러라 불린 책으로, 한 성도가 파멸의 도시에서 거룩한 성 예루살렘으로 여행하며 구원에 이르기 위한 몸부림이 제1권의 거의 모든 부분을 차지합니다.

서문에서 밝히듯이 조 목사님은 파란만장한 신앙 여정을 살아온 분입니다. 시골에서 사업을 하다 실패하고 서울로 올라와 동숭교회 사찰 집사로 새로운 일을 시작하며 목회자의 꿈을 꾸었습니다.

검정고시를 거쳐 서울 장로회신학교를 졸업했고, 장신대 신대원 목연과정을 마친 뒤 동숭교회 파송전도사로 양평 백석교회에서 사역을 시작했습니다. 그 후 목사 안수를 받고 양평 백석교회를 거쳐 광명 만나교회로 부임하여 30년 사역에서 눈물겨운 고난과 기적의 역사를 체험한 분입니다.

이 책은 조 목사님의 자서전 같은 고백서로, 힘든 목회의 길을 걷는 이들과 성도들에게 용기를 주며, 성도로서의 길을 걷는 데 이정표가 됩니다.

또한 이 책은 조 목사님의 경험과 삶이 녹아 있는 신앙고백서이기도 합니다.

『천로역정』의 주인공인 천향인이 어떤 과정을 통해 신앙을 갖게 되고 어떻게 고난의 과정을 이기며 약속의 땅을 향해 가게 되는지, 조 목사님의 삶에 비추어 쉽고 재미있고 감동적인 말씀으로 삶의 길을 비추어줍니다.

최정도 목사 (주사랑교회 담임)

존 번연의 『천로역정』은 그 자체로 천국을 향해 가는 여행을 나타내지만, 이 책은 『천로역정』을 깊이 탐구하며 이해하려는 독자들을 위해 그 문을 열어줍니다. 이 책은 이 땅에서 천국으로 가는 길을 걷는 동안 우리를 바른 길로 인도하는 가이드입니다.

존 번연은 평신도로서 복음을 전했다는 이유로 감옥 생활을 하게 됩니다. 그는 감옥에서 주님과 깊이 교제하며 새로운 영적 세계를 체험합니다.

『천로역정』은 성도가 천국으로 가는 여정을 소상하게 이야기로 풀어가면서 많은 사람을 감동시켜 새로운 삶을 살게 하였습니다.

이 책은 『천로역정』과 주제가 일치하는 설교들을 모아 놓았습니다. 조성래 목사님의 신앙 여정과 사역하는 과정에서의 많은 고난, 하나님의 인도와 은혜에 대한 말씀을 이 책은 생생히 전합니다.

이 책을 읽으면서 『천로역정』의 주요 주제인 하나님의 사랑과 인도하심이 얼마나 섬세하고 놀라운지 깨닫게 됩니다. 하나님의 사랑과 돌보심에 관한 조 목사님의 설교는 독자들에게 희망과 기쁨을 전하며 하나님과의 관계를 반석에 세우는 데 큰 도움을 줄 것입니다.

『천로역정』을 경험하려는 독자들에게 이 책은 귀한 동반자입니다. 신앙생활의 여정에서 풍성한 은혜를 체험하며 나누고 싶은 분이라면 꼭 읽어보시기를 권합니다.

조주희 목사 (성암교회 담임)

누구에게나 기회가 열리는 것은 아닙니다. 어떤 분에게는 기회가 열리는
것을 상상하기조차 어려울 수 있습니다. 조성래 목사님이 그렇습니다. 한 교
회 사찰 집사였던 목사님은 신학교에 입학하기 위해 검정고시를 치러야 할
정도로 어려운 삶을 사셨습니다. 그 어려움을 헤치고 장로회신학대학원 목회
연구과정을 졸업한 뒤 목회를 시작하셨습니다. 숨기고 싶은 과정일 수 있지
만 조 목사님은 이를 '엄청난 은혜'라고 표현하십니다.

이 책에는 이렇듯 어려운 과정을 딛고 일어서서 목회자의 길을 걸어온 목
사님의 신실한 마음, 목회 과정, 하나님에 대한 태도 그리고 말씀에 대한 열정
이 고스란히 녹아 있습니다.

목사님은 자신의 삶과 30년이 넘는 목회 여정을 '천로역정'에 비유하십니
다. 자신도 천로역정의 삶을 살아왔고, 성도들의 삶의 현장 또한 『천로역정』
에 나타난 내용과 그리 다르지 않다고 생각하며, 성경과 『천로역정』을 연결
하며 말씀으로 씨름해 오셨습니다. 그런 의미에서 이 책은 한 그리스도인이
자 목회자의 신앙의 체취가 가득합니다.

서문에서 이야기한 대로 "혹시 이 설교를 들으면서 교인들이 상처는 받지
않을까?", "어떻게 하면 교인들이 설교를 듣고 힘을 얻고 용기를 얻을까?"…
이렇게 노심초사하며 두려운 마음으로 말씀을 전한 내용이 고스란히 담겨 있
어, 책을 읽는 분들에게 큰 위로와 힘이 되고 소망의 빛이 될 것입니다.

만나교회를 섬기는 조성래 목사님의 순수한 열정을 지켜보며 늘 저의 부족
함을 깨닫게 하는 귀한 선배님이라고 생각했습니다. 이런 목사님의 강단 말
씀이 담겨 있는 이 책을 추천합니다. 신앙의 감동을 맛보고, 우리에게 도전을
주는 메시지를 만나게 될 것입니다.

김강식 목사 (산돌교회 담임)

헨델이 자기 방에서 숨 가쁘게 걸어 나오며 "하나님이 나에게 임하셨다"고 하고서 써내려간 곡이 유명한 대작 〈메시야〉였던 것처럼, 조성래 목사님이 서울 동숭교회, 양평 백석교회, 광명 만나교회에 이르는 성역 30년 목회현장에서 주의 나라를 섬기던 중에 현현하신 하나님의 임재를 만나고 나서 써내려가기 시작한 책이 『천로역정 강해』설교이다.

그분의 영에 이끌려 한 편 한 편 설교를 써내려가던 중에 주님이 위탁하신 성도들을 육의 본성과 세속 도시에서 벗어나 영구한 도성 그리스도의 나라에 들어갈 백성으로, 곧 천향인(天向人)으로 배양하고 양육하려는 목회 소명이 천로역정 설교를 계속 쓰게 하는 열심을 간직하게 했고, 오직 그분의 손이 조 목사님을 주장하셨기에 성서의 구원세계를 주옥같이 해석하고 또 하게 하셔서 오늘 이 책을 엮어내게 된 것이다.

존 번연이 벤포드(Bedford) 감옥에서 성령의 감동으로 써내려간 천로역정이 영원한 하나님의 도성(City Of God)을 향하는 거룩한 구도자들의 영혼을 격려하고 치유해주면서 백절불굴의 기독 신앙을 견지하게 해준 것처럼, 조성래 목사님이 성령의 감동에 이끌려 성서와 씨름하며 세속 도시와 타협하지 않는 신앙을 엮어낸 이 책이 많은 기독교 독자에게 감동을 주고, 영존하는 영원(Eternal Eternity)으로부터 AI 시대를 살아가는 우리와 후대 모두가 저항조차 할 수 없는 크나큰 은혜로 덮이게 될 것을 의심치 않는다.

천로역정[天路歷程]

"天路[천로] 는 천국으로 가는 길을 말하며

歷程[역정] 은 지나온 경로를 뜻한다."

차 례

서 문

존 번연*(John Bunyan; 1628~1688)이 저술한 『천로역정』은 19세기 '설교의 황태자'로 불린 찰스 스펄전(Charles Spurgeon; 1834~1892) 목사님에게 많은 영감을 준 책으로 알려져 있습니다.

『천로역정』은 성경이 들어가는 곳마다 1순위로 번역된 책입니다. 그래서 성경 다음으로 많이 읽힌 책이며, 성경 다음으로 많은 영향(은혜)을 준 책입니다.

한국에는 장로교 선교사 제임스 게일(James Gale; 1863~1937)이 1895년 『천로역정』을 처음으로 우리말로 번역하여 소개했습니다. 그가 번역한 『천로역정』을 한 청년이 읽고 감명받아 회심하여 한국 교회에 큰 영향을 끼쳤는데, 그가 바로 1907년 평양 대부흥을 이끈 길선주(1869~1935) 장로입니다.

『천로역정』은 나에게도 성령의 감동으로 다가왔습니다. 어느 날 유튜브에서 존 번연의 『천로역정』을 오디오북®으로 듣다가 큰 은혜를 받았습니다. 그리고 그날, 나는 새로운 결단을 했습니다. 『천로역정』의 내용을 주제로 설교해야겠다는 것이었습니다.

설교를 준비하면서 참으로 놀라운 사실을 발견하게 되었습니다. 『천로역정』에 등장하는 모든 인물과 사건은 우리 모습이며, 우리 삶에서 일어나는 것들이었습니다. 그래서 등장인물과 사건을 바탕으로 설교를 준비했습니다. 하지만 부담도 되었습니다.

"혹시 이 설교를 들으면서 교인들이 상처받지는 않을까?"

◆ 존 번연은 영국 베드퍼드의 엘스토우에서 땜장이의 맏아들로 태어났다. 초등학교를 겨우 졸업했으나 경건서적들과 부인의 영향으로 회심했다. 1649년 결혼할 때 그의 아내는 아서 덴트(Arthur Dent)의 『보통 사람들이 천국으로 가는 길』과 루이스 베일리(Lewis Bayly)의 『경건의 실천』을 가지고 왔는데, 번연은 이 책을 읽고 또 읽었다. 1653년 번연은 베드퍼드에 있는 기퍼드(Gifford) 목사의 독립파 교회에 등록했다. 번연은 당시 평신도의 설교를 금지한 국법을 어겨 12년간 감옥 생활을 했다. 복음 전도자, 설교자, 독립침례교회 목사로서 열심과 근면과 헌신으로 '번연 주교'라는 별명까지 얻었다. 약 60권의 저서가 있다.

◈ 유튜브 천로역정 5시간 완독 오디오북®(두날개출판사, 엮은이 주경희)에서 발행하고 원기범 아나운서가 낭독한 『천로역정』의 내용을 인용했다.

"어떻게 하면 교인들이 설교를 듣고 힘을 얻고 용기를 얻을까?"

30년 동안 목회자로 살면서 설교는 늘 무거운 부담이었습니다. 하지만 『천로역정』의 사건과 인물을 주제로 설교하면서 그 부담도 줄어들고 설교 방향이 달라졌습니다. 성도님들과 그들이 당면한 형편이 『천로역정』 속 인물이나 사건과 다르지 않다는 것을 깨달았기 때문입니다. 또한 하나님께서 그분의 자녀들인 우리를 향한 목적도 『천로역정』에 나타난 바와 일치한다는 것을 발견했습니다.

저는 『천로역정』을 연구하고 설교하면서 신학적인 관점이 아닌 신앙적인 관점에서 바라보고 접근했습니다. 『천로역정』에 등장하는 인물들의 모습과 행동에, 시공을 뛰어넘어 현대인이 직면한 모든 문제와 함께 우리가 겪는 신앙 문제가 투영되어 있음을 발견했습니다. 그래서 어떻게 설교하면 성도님들이 신앙적인 삶으로 바뀔까 고민하며 설교를 준비했습니다.

『천로역정』에서 주제가 정해지면 그 주제에 맞는 성경 구절을 선택하고, 주제와 연관된 문제에 대해 성경적 관점에서 답을 찾아갔습니다. 그리고 우리가 어떻게 신앙으로 결단할지 질문하며 성경이 제시하는 방법으로 행하도록 답을 제시했습니다.

천성으로 향하는 크리스천을 '천향인'으로 표현한 것도 오늘 성도님들의 삶이 천국으로 향하여 가는 순례자임을 기억하고 살도록 강조하기 위함입니다.

하나님께서는 우리 삶을 돌보시며 책임지십니다.

저는 매주 설교할 때마다 성도님들의 신앙의 삶에 초점을 맞춥니다. 한 분도 낙오되지 않고 천향인처럼 믿음으로 인내하여 영원한 천국에 들어가야 한다는 마음으로 설교합니다. 참으로 놀랍게도, 설교하는 동안 성도님들의 눈빛이 달라지고 감동하는 모습이 보였습니다.

『천로역정』 강해집을 내는 근본적인 목적은 하나님께서 저와 우리 교회에 베풀어주신 은혜를 나누는 데 있습니다. 마귀의 유혹으로 믿음의 길에서 벗어난 누군가가 이 책을 통해 언약의 축복 속에서 구원의 감격으로 참된 기쁨의 삶을 사는 데 도움이 된다면 더 바랄 것이 없습니다.

우리 함께『천로역정』을 시작합시다. 여러분의 믿음 안에서 새로운 출발을 응원합니다.

제 1 부

절망 속에서 방황하는 인생

1. 무거운 짐을 지고 사는 인생

[마 11:28-30] 수고하고 무거운 짐 진 자들아 다 내게로 오라 내가 너희를 쉬게 하리라 나는 마음이 온유하고 겸손하니 나의 멍에를 메고 내게 배우라 그리하면 너희 마음이 쉼을 얻으리니 이는 내 멍에는 쉽고 내 짐은 가벼움이라 하시니라

겨울 날씨처럼 매서운 찬 바람이 휘휘 불었습니다. 우뚝 솟은 도시의 건물들은 여유롭고 평안하게 보였지만, 왠지 모를 긴장감과 서늘함을 느끼게 했습니다. 들판에는 '천향인'* 이라는 이름의 남자가 서 있었습니다. 그의 옷차림은 남루했고 어깨에는 무거운 짐을 지고 있었지만, 눈은

❋ 천국을 향해 가는 순례자의 줄임말이다.

빛이 났습니다. 그의 한 손에는 성경을 들고 있었습니다.

성경을 읽어 내려가던 천향인은 두려움에 떨며 울기 시작했습니다.

"이 도시는 멸망할 텐데 나는 어떻게 해야 한단 말인가?"

천국을 모르고 살아가는 가족을 걱정하며 울기 시작했습니다. 집으로 달려간 그는 가족을 모아 놓고 말했습니다.

"이 도시는 불덩어리가 떨어져 멸망할 것이다. 나는 어깨에 지워진 무거운 짐 때문에 심히 고통스러워 견딜 수 없다."

천향인의 말을 들은 가족은 매우 놀랐습니다. 이는 천향인의 말을 믿어서가 아니라, 아버지가 정신이 이상해졌다고 생각했습니다. 천향인은 말했습니다.

"내 몸에 지워진 짐이 너무 무거워 견딜 수가 없어!"

이어서 한숨을 토해내며 말했습니다.

"누가 나를 이해하랴?"

그는 답답한 마음에 밖으로 나아왔습니다. 그리고 들판을 향하여 길을 걷기 시작했습니다.

『천로역정』의 주인공 천향인은 세상이란 들판에서 스스로 감당할 수 없는 무거운 죄의 짐을 지고 천국을 향하여 출발했습니다.

이 내용은 『천로역정天路歷程;Pilgrim's Progress』 서문에 나오는 내용입니다. 『천로역정』은 1678년에 존 번연[John Bunyan]이 감옥에서 기록한 고전 소설로, 성경 다음으로 가장 많이 읽히는 신앙의 명작이요, 신앙생활의 기본이 되는 내용입니다.

『천로역정』은 천국을 향해 가는 여정을 소설로 설명한 내용으로, 오늘 우리 신앙인의 삶에 매우 중요한 진리를 대변해 주고 있습니다. 저는 이번 주일부터 『천로역정』 강해를 통해 우리의 신앙을 점검하고자 합니다. 그뿐만 아니라 참된 신앙을 회복하고, 승리하는 삶을 살 수 있도록 돕고자 합니다.

여러분! 하루하루의 삶이 얼마나 힘들고 어렵습니까? 오늘 우리 삶의 짐도 천향인이 짊어진 짐과 같이 절대 만만하지 않습니다. 우리 주위의 삶을 살펴보면 어느 것 하나 희망적이고 낙관적인 것이 없습니다.

TV에서 보았는데 어느 청년은 전세금이 너무 오르고 금리도 너무 올라서 월세로 바꾸었다고 합니다. 한 달에 300만 원의 월급을 받는데 월세와 관리비가 100만 원 들어간다고 합니다. 언제 돈을 모아서 결혼도 하고 집을 마련할 수 있나요?

사업가도 어렵기는 마찬가지입니다. 이들이 바라는 꿈이 있다면 현상 유지를 하면서 이 위기를 넘기는 것이라고 합니다. 돈을 많이 가진 사람도 마찬가지입니다. 세금의 무거운 짐 때문에 견딜 수가 없다고 합니다.

현대인들의 정신적인 고통은 더욱 심각합니다. 또 자녀가 우울증에 빠져 아무 일도 할 수 없다면, 부모의 고통이 얼마나 클지 실로 상상이 되지 않습니다.

지금 여러분이 지고 있는 무거운 짐은 어떤 짐입니까? 건강의 짐입니까? 재물의 짐입니까? 외로움과 고독의 짐입니까? 스트레스의 짐입니까? 아니면 죄의 짐입니까? 오늘 이 시대의 사람들은 모두 무거운 짐을 지고 살아가고 있습니다.

『천로역정』을 쓴 존 번연도 무거운 짐을 지고 있었습니다. 그는 가난한 용접공의 아들로 태어났습니다. 예전에는 용접공을 '땜장이'로 불렀습니다. 사람들은 그를 "땜장이 아들"이라고 불렀습니다. 가난한 사람이라도 제대로 교육만 받으면 신분이 상승하여 "땜장이 아들"이라는 딱지를 뗄 수 있었지만, 가난한 형편에 그럴 수 없었습니다.

가까스로 초등학교를 마치고 아버지를 따라 집집마다 돌아다니며 구멍 난 냄비나 프라이팬 따위를 때워주며 연맹해야 했습니다. 존 번연에게 가난의 짐은 무거운 짐이었습니다. 하지만 가난의 무게보다 더 무거운 짐이 있었습니다. 어떤 짐이었을까요? 죄의 짐이었습니다.

그렇습니다. 세상에서 가장 무거운 짐이 죄의 짐입니다. 존 번연은 어떻게 죄의 무거운 짐을 벗어버릴 수 있었을까요?

우리 인생을 한마디로 정리하면 무거운 짐을 지고 방황하는 삶입니다. 인간이 타락하고 범죄한 이후, 하나님께서는 우리 인간에게 무거운 짐을 지고 살게 하셨습니다.

> [창 3:16-17] 또 여자에게 이르시되 내가 네게 임신하는 고통을 크게 더하리니 네가 수고하고 자식을 낳을 것이며 너는 남편을 원하고 남편은 너를 다스릴 것이니라 하시고 아담에게 이르시되 네가 네 아내의 말을 듣고 내가 네게 먹지 말라 한 나무의 열매를 먹었은즉 땅은 너로 말미암아 저주를 받고 너는 네 평생에 수고하여야 그 소산을 먹으리라

여자에게 주어지는 고통은 임신과 해산의 고통, 곧 아이를 낳고 기르는 고통이요, 남자에게 주어진 고통은 평생 땀 흘려 수고하여야 소산을 얻게 되는 고통입니다. 자녀를 낳고 양육하는 일은 너무나 힘들고 어렵습니다. 자녀가 태어나면서 타락한 본성인 죄성을 가지고 태어나기 때문에 나쁜 것은 가르쳐주지 않아도 너무 쉽게 배웁니다. 못된 행동은 순식간에 배웁니다.

여러분, 우리가 영적으로 깨어 있지 않으면 자녀를 바르게 교육할 수 없습니다. 오늘 이시대의 자녀 교육에 있어서 스마트 폰은 큰 문제로 다가옵니다. 우리 자녀가 신앙으로 바로 세워져야 스마트폰을 지배하고 다스리는 능력이

생깁니다. 그래야 우리 자녀의 장래의 꿈이 믿음 안에서 이루어집니다.

우리 자녀들에게 올바른 삶을 살 수 있도록 가르치는 것은 너무 어렵습니다. 신앙교육도 심각한 도전을 받고 있습니다. 바로 이것이 자녀를 기르는 우리 부모에게 주어진 무거운 짐입니다.

우리는 정신을 차려야 합니다. 자녀를 위한 끊임없는 기도와 보살핌이 필요한 시대입니다. 우리 부모가 먼저 철저하게 주일성수하고, 십일조 생활을 하면서 자녀에게 신앙의 삶을 보여 주어야 합니다.

그렇지 않으면 우리 자녀의 신앙교육은 실패합니다. 부모가 신앙생활을 바로 해야 자녀의 신앙이 바로 세워집니다.

남자에게는 저주받은 땅에서 땀 흘려 수고하여야 소산을 거두게 하셨습니다. 남자들뿐만 아니라 여자들도 땀 흘리고 수고해야 먹고 살 수 있습니다. 아담의 범죄로 땅도 저주를 받아 가시덤불과 엉겅퀴를 낼 것이라고 하나님께서 말씀하셨습니다.

농사를 지으면서 깨달은 것은 잡초와 가시를 제거하는 것은 절대 만만치 않다는 것입니다. 가시는 깊고 넓게 뿌리를 내립니다. 가시는 제거하다가 조그마한 뿌리가 하나라도 남겨지면, 또다시 가시가 올라와 번성합니다.

우리 삶에서 가시가 우리를 힘들게 할 때가 너무 많습니다. 가시란 우리의 삶을 가로막는 여건들을 말합니다. 정말 우리는 무거운 짐을 지고 가시밭길을 걷는 것과 같은 세상을 살고 있습니다. 남자든 여자든 무거운 짐을 지고 가시밭길을 걷고 있습니다.

우리의 삶 속에서 재물의 짐은 너무나 무겁습니다. 재물을 관리할 능력이 없는 사람은 아무리 알뜰하게 돈을 모아도 다 빠져나갑니다. 우리는 늘 재물을 다스릴 능력을 달라고 기도해야 합니다.

우리 인간은 질병의 짐을 지고 살아가고 있습니다. 이름도 모르는 병이 계속 창궐하여 이 땅을 살아가는 모든 사람을 불안에 떨게 합니다. 이 불안한 심리를 이용하여 생긴 건강보험 종류가 많습니다. 암 보험을 비롯하여 각종 질병의 보험이 얼마나 많은지 모릅니다. 나도 언제 병에 걸릴지 모른다고 생각하면서 질병에 대한 두려움의 짐을 지고 살아갑니다.

우리 인간은 근심과 걱정의 짐을 지고 이 땅을 살아가고 있습니다. 옛말에 천석꾼은 천 가지 걱정, 만석꾼은 만 가지 걱정을 가지고 살아간다고 합니다. 우리는 아침에 일어나면 걱정으로 시작했다가 걱정으로 잠을 이룹니다.

인간은 죽음의 짐을 지고 이 땅을 살아가고 있습니다. 사람이 한번 났다가 죽는 것은 이치입니다. 이 진리는 누구도 부정할 수 없습니다. 그러나 사람들은 이 죽음 때문에 늘 불안한 마음을 가지고 살아갑니다.

이처럼 이 땅을 살아가는 모든 사람은 저마다 무거운 짐을 지고 살아가고 있습니다.

무거운 짐을 지고 힘들게 살아가는 우리 인간에게 정말 기쁜 소식이 있습니다. 이 기쁜 소식이 복음인데 예수님께서 우리를 초청하셨다는 것입니다.

[마 11:28] 수고하고 무거운 짐 진 자들아 다 내게로 오라 내가 너희를 쉬게 하리라

힘들어 지쳐있는 우리 인간을 하나님께서 초청하셨다는 것이 얼마나 기쁘고 놀라운 소식입니까? 우리를 초청하신 예수님은 전능하신 하나님이십니다. 그분은 인간의 몸을 입으시고 이 땅에 오셔서, 우리의 형편과 처지를 너무나 잘 알고 계십니다.

우리가 얼마나 피곤한지, 우리의 삶이 얼마나 힘이 드는지, 내가 어떤 일 때

문에 고민하며 고통당하는지, 우리의 모든 일을 주님께서 다 알고 계십니다.

우리가 이 세상을 살아가면서 무거운 짐을 지고 고통 가운데 살아가는 것이 하나님 아버지의 본심이 아닙니다. 하나님 아버지께서는 우리가 이 땅을 살면서 안정과 평화를 누리며 복된 삶을 살기를 원하십니다.

주님께서 우리에게 이렇게 말씀하십니다.

[렘 29:11] 여호와의 말씀이니라 너희를 향한 나의 생각을 내가 아나니 평안이요 재앙이 아니니라 너희에게 미래와 희망을 주는 것이니라

하나님께서는 우리에게 재앙이 아니라 평안을 주시고, 불안을 주시는 것이 아니라 희망을 주십니다. 이것이 하나님 아버지의 마음입니다. 하나님께서는 우리에게 평안을 주시고 미래에 희망과 소망을 부어주십니다.

전능하신 하나님이신 예수님께서 우리를 부르십니다. 예수님께서 우리를 만나자고 부르시는데 얼마나 기쁩니까? 예수님께서는 우리 짐을 맡기라고 하십니다.

우리는 예수님의 초대를 받고 이 땅을 살아가는 하나님의 자녀입니다. 오늘 우리는 예수님의 초청을 받고 이 자리에 나왔습니다. 그러나 이 땅의 수많은 사람들은 예수님의 초청을 받고도 거절합니다.

예수님의 초청을 거절하는 이유는 전능하신 하나님이신 예수님을 믿지 못하기 때문입니다. 예수님의 초청을 받고 주님을 만나러 나온 자들은 참으로 복 받은 사람들입니다. 예수님의 초청을 받고도 거절한 자는 하나님의 진노가 기다리고 있습니다.

우리가 주님 앞에 나오면 우리의 모든 짐이 벗어지는 놀라운 복을 받게 됩니다.

당시 유대인들이 농사를 지을 때 소들이 쟁기를 끕니다. 농부는 밭을 갈 때 송아지를 어미 소와 함께 함께 쟁기를 끌게 합니다. 어미 소는 쟁기를 끌면 힘이 들지만, 송아지는 힘들이지 않고 어미 소만 따라가면 됩니다. 이때 송아지는 어미 소를 따라가면서 쟁기를 끄는 법을 배웁니다.

주님은 오늘 우리에게 이렇게 말씀하십니다.

> [마 11:29] 나는 마음이 온유하고 겸손하니 나의 멍에를 메고 내게 배우라 그리하면 너희 마음이 쉼을 얻으리니

그렇습니다. 우리가 주님과 함께 멍에를 메고, 주님으로부터 이 세상을 살아가는 법을 배우면, 내 짐이 가벼워져 세상을 살면서 힘들지 않습니다.

"나는 마음이 온유하고 겸손하니!"

우리가 주님으로부터 온유와 겸손을 배우면, 이 세상을 힘들이지 않고 평화를 누리며 안정된 삶을 살 수 있습니다.

우리가 멍에를 메는 이유는 평안을 얻기 위해서입니다. 주님의 평안이 내 마음속에 들어와 내 삶을 다스리고 지배하면, 나에게 닥치는 그 어떤 시련이나 어려움을 넉넉히 이겨낼 수가 있습니다.

우리가 주님과 함께 멍에를 메고 이 세상을 살아가면, 우리는 참된 안정과 평안을 누리면서 승리하는 삶을 살 수 있습니다.

사랑하는 성도 여러분!

하루하루의 삶이 얼마나 힘들고 어렵습니까? 세상을 살면서 나에게 지워진 짐이 너무 무겁고 고통스럽지 않습니까? 지금 당면한 경제적인 불황의 가시밭을 걷는 일이 절대 만만치 않습니다. 물가는 올라가고 경기는 둔화하여

모든 사람이 말할 수 없는 고통을 겪고 있습니다.

직장생활을 하는 일이나 사업을 하는 일도 너무 어렵고 힘이 듭니다. 자녀교육도 마찬가지입니다. 급변하는 시대에서 어떻게 자녀를 교육하고 양육해야 할지 우리는 참으로 암담합니다. 이러한 시대를 살아가는 우리에게 주님은 소망을 주십니다.

직장 문제도, 사업 문제도, 자녀교육 문제도 우리 주님께 다 내려놓읍시다. 내 인생의 모든 문제를 주님께 내려놓고 맡기면, 전능하신 하나님께서 내 인생의 모든 문제를 다 해결해 주십니다. 할렐루야!

우리 모두 무거운 짐을 주님께 내려놓고 평안 가운데 풍성한 은혜의 삶, 복된 삶을 사시기를 주 예수 그리스도의 이름으로 축원합니다.

2. 전도자의 사명

[단 12:2-4] 땅의 티끌 가운데에서 자는 자 중에서 많은 사람이 깨어나 영생을 받는 자도 있겠고 수치를 당하여서 영원히 부끄러움을 당할 자도 있을 것이며 지혜 있는 자는 궁창의 빛과 같이 빛날 것이요 많은 사람을 옳은 데로 돌아오게 한 자는 별과 같이 영원토록 빛나리라 다니엘아 마지막 때까지 이 말을 간수하고 이 글을 봉함하라 많은 사람이 빨리 왕래하며 지식이 더하리라

'천향인'은 참담한 마음으로 들판에 나와 성경을 읽고 있었습니다. 그는 성경을 진지하게 읽으며 구원의 의미를 찾아내겠다고 결심했습니다. 그러나 성경을 읽어 가다 그만 낙담하며 울부짖었습니다.

"이 무거운 짐에서 어떻게 벗어날 수 있을까?"

"어떻게 해야 내가 구원을 얻을 수 있단 말인가?"

소리치면서 사방을 두리번 두리번거렸습니다. 바로 그때 천향인의 모습을 지켜보고 있던 한 남자가 찾아왔습니다. 그 사람은 '전도자' 였습니다. 전도자는 천향인에게 묻습니다.

"왜 그렇게 고통스러운 모습을 하고 있나요?"

"제가 이 책을 읽어보니, 우리는 모두 죽음을 맞이하게 되는데 죽음 이후에는 심판받게 된다고 기록되어 있습니다. 저는 죽음도 싫지만 죽음 이후에 심판이 너무 두렵습니다."

전도자는 물었습니다.

"이 세상은 이토록 악이 가득한데 왜 죽음을 싫어하나요?"

"저는 아직 죽을 준비가 되어 있지 않습니다. 죽어서 심판을 받게 되면, 무덤보다 무서운 지옥에 빠지게 되는데 어떻게 견딜 수 있겠습니까?"

천향인의 말을 듣고 있던 전도자는 이렇게 말했습니다.

"당신은 지금 구원의 방법을 찾고 계시는군요."

전도자는 양가죽의 두루마리를 펴면서 '닥쳐올 진노를 피하라' 는 말씀을 읽어 주었습니다. 그리고 넓고 넓은 들판을 가리키며 말을 이어 갔습니다.

"저쪽에 있는 좁은 문이 보입니까?"

"아니요. 아무것도 보이지 않습니다."

"그렇다면 저기 비치는 환한 빛은 보이나요?"

"예, 보입니다."

"저 빛이 보이는 좁은 문, 어린양의 문으로 가십시오."

천향인은 전도자의 말을 들을 때 가슴이 불덩이같이 타오르는 것을 느꼈습니다. 그는 뛸 듯이 기뻤습니다. 천향인은 구원을 얻을 수 있는 방법을 찾은 것 같았습니다. 이 놀라운 소식을 하나님을 알지 못하는 아내와 자녀들에게 전해야 한다는 사명으로 가득했습니다. 천향인은 전도자가 말한 대로 좁은 문, 어린양의 문을 향하여 걸어갔습니다.

하나님께서는 우리가 이 땅을 살아가면서 외롭고 고독한 삶을 살기를 원하지 않습니다. 그래서 보혜사 성령님을 보내 주셔서 위기 때마다 우리를 도와주십니다. '보혜사'란 돕는 영으로 위로자라는 뜻이 있습니다. 성령님의 위로는 우리에게 새 힘을 얻게 하고, 하나님의 뜻을 따라 살게 합니다. 성령님께서는 우리가 감당하기 어려운 시련을 겪을 때, 사람을 보내어서 하나님의 뜻을 구체적으로 전달하십니다.

성령님의 역사는 참으로 놀랍습니다. 제가 25살 되던 해에 사업을 하다가 큰 빚을 지게 되었습니다. 그때가 1979년이었던 것 같습니다. 시골에서 생활하면서 남이 알지 못하는 큰 빚에 고민하고 있을 때였습니다. 청도읍에 계시는 서도학 장로님이 만나자고 전화가 왔습니다. 큰 기대를 하고 장로님을 찾아갔습니다. 장로님은 저에게 물었습니다.

"자네, 지금 지고 있는 빚이 얼마나 되는가?"

당시 저는 돈이 필요했지만, 필요한 돈을 빌릴 수 있는 형편이 아니었습니다. 장로님은 다시 묻습니다.

"자네가 진 빚이 얼마냐고?"

또다시 묻습니다. 저는 장로님을 속이고 빚을 적게 말하면 돈을 빌릴 수 있었습니다. 그러나 저는 그렇게는 할 수 없다고 생각했습니다. 그래서 빚이 얼마인지를 정확하게 말하지 않았습니다. 그러자 장로님은 이렇게 말씀했습니다.

"내가 자네를 부른 것은 자네 빚을 내가 다 해결해 주고, 내가 하던 일을 자네에게 맡기기 위해 불렀네. 자네가 빚을 얼마나 졌는지 말하지 않으면, 어떻게 자네를 도울 수가 있겠는가? 그냥 없던 일로 하세."

그 이후에 35%, 40%의 이자로 저는 더 큰 빚을 지게 되었습니다.

하나님께서는 우리가 이 세상을 살면서 잘못된 길을 갈 때 전도자를 보내어 주십니다. 전도자를 통하여 잘못을 지적하여 깨닫게 하십니다. 우리에게 벌을 주실 때도 전도자를 먼저 보내 주십니다. 그런데 사람들은 전도자의 말이 진리로 들리지 않습니다.

인간이 번성하면서 타락하기 시작하였습니다. 하나님께서는 사람들의 모든 생각과 계획들이 항상 악함을 보시고 사람 지으심을 한탄하셨습니다. 하나님께서 사람들에게 무슨 말씀을 하여도 사람들은 듣지 않았습니다.

[창 6:11-12] 그 때에 온 땅이 하나님 앞에 부패하여 포악함이 땅에 가득한지라 하나님이 보신즉 땅이 부패하였으니 이는 땅에서 모든 혈육 있는 자의 행위가 부패함이었더라

이렇게 타락한 사람들 가운데 하나님의 큰 은혜를 입은 한 사람이 있었습니다. 바로 그 사람이 노아입니다. 노아는 하나님 보시기에 의인이요, 완전한 자였습니다. 노아는 이 사악한 시대에 살면서 하나님과 동행하는 삶을 살았습니다. 하나님과 동행했다는 것은 하나님의 말씀대로 믿고 순종하는 삶을 살았다는 것입니다.

하나님께서는 이 땅에 사는 모든 인간과 생물들을 물로 심판하시기로 작정합니다. 이 땅을 물로 심판하겠다는 것은 이 땅에서 창조의 모든 흔적을 말끔히 지워버리겠다는 것입니다. 하나님께서는 노아에게 '이 땅을 물로 심판하

리라'고 말씀하시며 방주를 지으라고 하십니다.

방주의 크기는 길이 135m, 폭이 23m, 높이 14m로 축구장 2/3 정도의 크기에 아파트 5층 높이의 3층으로 지으라고 하셨습니다. 하나님께서 이렇게 큰 방주를 지으라고 하신 것은 회개하고 돌아오는 사람들은 누구나 구원하고자 하는 하나님의 마음을 드러낸 것입니다. 누구든지 방주로 나아와 방주에 올라타면 구원받습니다. 그러나 노아의 8식구 외에 한 명도 방주에 올라타지 않았습니다.

노아는 120년 동안에 복음을 전했지만, 그의 가족 8명을 구원하는 데 그쳤습니다. 그러나 하나님께서는 구원받은 이 8명을 통하여 새로운 역사를 시작하셨습니다. 만일 노아가 전도자로서 사명을 감당하지 못하였다면, 홍수로써 인간의 역사는 끝이 나고 말았을 것입니다. 노아가 전도자의 사명을 감당함으로 인류의 새로운 역사가 시작되었습니다. 전도자는 가족을 살리고 인류를 살립니다.

하나님께서 아밋대의 아들 요나에게 이렇게 말씀하십니다.

"너는 저 큰 성읍 니느웨로 가서 그 악독함이 내게 상달되었으니, 40일이 지나면 이 성이 망한다고 전하라."

요나는 선지자로서 하나님의 말씀을 전해야 했습니다. 그러나 요나는 니느웨가 하나님의 심판으로 망하기를 바랐습니다. 그래서 하나님의 말씀을 전하지 않으려고 니느웨의 반대 방향인 다시스로 가는 배에 올라탔습니다. 그러나 요나가 탄 배는 얼마 지나지 않아 큰 풍랑을 만나 배가 뒤집혀 파선하기 직전까지 이르렀습니다. 그때 요나는 배 밑창에 숨어서 잠을 자고 있었습니다. 그때 선장이 그를 깨우면서 이렇게 말합니다.

"자는 자여, 어찜이냐? 일어나서 네 하나님께 구하라. 혹시 하나님이 우리를 생각하사 망하지 않게 하시리라."

요나가 깨어나서 배 위에 올라와 보니 이런 풍랑은 본 적도 들은 적도 없는 풍랑이었습니다. 요나는 말합니다.

"나는 히브리 사람이요, 바다와 육지를 지으신 하나님을 경외하는 자입니다. 이 재앙은 바로 나 때문입니다. 나는 하나님의 명령대로 니느웨로 가서 하나님의 말씀을 전해야 하는데, 그것이 싫어서 다시스로 도망을 가는 중입니다. 이 풍랑은 나 때문에 만난 것입니다. 나를 바다에 던지십시오. 그리하면 이 풍랑이 잔잔해질 것입니다."

요나는 바다에 던져졌습니다. 하나님께서는 큰 물고기를 준비하여 요나를 3일 동안 물고기 배 속에 있게 하셨다가 니느웨 근처에서 토해내게 하십니다. 요나는 3일 동안 물고기 배 속에 들어가 있었지만 죽지 않고 살아났습니다.

하나님께서 물고기를 준비하여 그를 살리신 것은, 요나에게 사명이 있었기 때문입니다. 요나는 그제야 정신을 차리고 니느웨 성에 가서 외칩니다.

"40일이 지나면, 이 성이 멸망하리라."

"40일이 지나면, 이 성이 망할 것이다."

3일을 더 다녀야 했지만, 하루 동안만 외쳤습니다.

그런데 웬일입니까? 니느웨 사람들이 요나를 통하여 전해진 하나님의 음성을 듣고, 바로 회개하고 그들의 삶을 돌이킵니다. 왕은 왕복을 벗은 후 베옷을 입고, 재 위에 앉아 온 백성들에게 금식을 선포하고, 짐승이나 양 떼까지 물도 마시지 못하게 합니다.

하나님께서는 그들이 잘못을 뉘우치고, 돌아오는 모습을 보시고, 뜻을 돌이키사 재앙을 내리지 않습니다.

하나님께서는 전도자 요나를 통하여 니느웨 성의 12만 명을 구원하는 놀라운 은혜를 베풀어 주셨습니다. 전도자는 타락한 적국의 민족도 살리고 인류를 살립니다.

빌립 집사는 전도자로서 초대교회의 위대한 역사를 이루어 갔습니다. 빌립은 일곱 집사 중의 한 사람으로 사마리아 성에 들어가서 복음을 전하며, 귀신을 내어 쫓으며, 각종 병을 고치며, 중풍병자와 못 걷는 사람도 걷게 했습니다. 그래서 사마리아 성의 백성들은 기쁨이 충만했습니다. 예수님의 제자 빌립의 사역은 너무나 놀라운 사역이었습니다.

빌립은 안드레, 베드로와 한동네인 벳새다 사람으로 나다나엘을 찾아가서 이렇게 말합니다.

"모세가 율법에 기록한 메시아를 만났다. 바로 그가 요셉의 아들 나사렛 예수다."

이 말을 들은 나다나엘은 이렇게 말합니다.

"나사렛에서 무슨 선한 것이 날 수 있느냐? 그 시골 나사렛에서 무슨 선한 것이 나겠느냐?"

"한 번 와 보라!"

그때 빌립은 내가 만난 예수님을 너도 와서 한번 만나보라고 말합니다.

"와 보라" 이 말은 참으로 놀라운 복음 전도의 핵심입니다.

이 확신에 넘치는 복음을 듣고 나다나엘은 예수님께 나옵니다. 예수님은 자기에게 오는 나다나엘을 보고 이렇게 말합니다.

"보라! 이는 참으로 이스라엘 사람이라. 그 속에 간사한 것이 없도다."

나다나엘은 예수님을 만나고 난 이후 위대한 신앙 고백을 합니다.

"당신은 하나님의 아들이요, 당신은 이스라엘의 임금이로소이다."

나다나엘은 예수님을 만난 이후 예수님의 제자가 됩니다. 이 나다나엘이 바로 예수님의 제자 바돌로매입니다.

전도자는 예수님을 만나야 합니다.

전도자는 예수님의 제자가 되어 예수님을 전해야 합니다. 전도자는 복음을 전하여 모든 사람에게 기쁨을 주는 삶을 살아야 합니다.

전도자 한 사람이 가정과 지역과 민족의 운명을 바꿉니다. 전도자의 삶은 참으로 아름답고 귀중한 삶입니다.

존 번연은 자신의 죄를 십자가에서 대속해 주신 주님의 은혜를 깨닫고 마음이 뜨거워졌습니다. 평신도 신분으로 가는 곳마다 말씀을 증거하고 간증을 전했습니다. 그런데 당시 목사 안수를 받지 않은 평신도가 말씀을 전하는 것은 범법 행위였습니다. 이것 때문에 그는 체포되었습니다. 그는 법정에서 이렇게 자신을 변호합니다.

"제가 전한 복음으로 인하여 내가 핍박을 받고 고난을 당한다면, 그것은 오히려 하나님께서 저에게 주시는 은혜요 영광입니다. 제가 하나님의 자녀로서 천국을 위하여 복음을 전하는 선한 일을 하다가 이렇게 체포되었으니 얼마나 감사한지 모릅니다.

여러분도 주님을 위하여 고난을 받는 일이 도리어 은혜요, 복이라는 것을 아시기를 바랍니다."

존 번연은 중형 선고를 받고 12년 동안 감옥에 갇히게 되었습니다. 죄목은 단지 평신도가 복음을 전했다는 이유였습니다. 전도자의 삶에는 고난이 있습니다. 그러나 전도자에게 허락하신 하나님의 상급과 영광은 말로 헤아릴 수 없습니다.

사랑하는 성도 여러분!

우리는 전도자의 삶을 살고 있습니까? 우리가 이 세상에 태어나 예수님을 만나고 전도자의 삶을 살면, 하나님 나라의 주인공이 됩니다.

그러나 전도자의 삶은 외롭고 고독합니다. 사람들은 전도자의 말에 귀를 기울이지 않습니다. 전도자의 말을 들은 척도 하지 않습니다. 전도자는 언제나 성령님과 교통하면서 위로를 받으며 살아갑니다. 전도자에게는 주님의 위로가 충만한 삶을 보장받습니다. 전도자가 복음을 증거할 때 거절하는 사람들이 많지만, 귀를 기울이는 사람도 있습니다.

오늘 본문 말씀은 전도자의 말을 듣지 아니하면, 부끄러운 수치를 당하고, 전도자의 말을 들으면, 궁창의 빛과 같이 빛나는 삶을 살 것이라고 말씀하십니다.

> [단 12:2-3] 땅의 티끌 가운데에서 자는 자 중에서 많은 사람이 깨어나 영
> 생을 받는 자도 있겠고 수치를 당하여서 영원히 부끄러움을 당할 자도 있
> 을 것이며 지혜 있는 자는 궁창의 빛과 같이 빛날 것이요 많은 사람을 옳
> 은 데로 돌아오게 한 자는 별과 같이 영원토록 빛나리라

한번 밖에 주어지지 않는 인생을 어떻게 살기를 원하십니까? 지금처럼 생각 없이 막연하게 이 세상을 살다가 천국에 가기를 원하십니까? 세월은 너무나 빨리 시냇물처럼 흘러갑니다. 지혜 있는 자는 세월을 아끼는 사람입니다. 우리 모두 전도자의 말에 귀를 기울입시다.

예수님을 만난 우리 모두는 전도자가 되어, 이 땅에서 방황하는 자들을 옳은 길로 인도하는 별처럼 빛나는 삶을 살아 봅시다. 전도자는 내가 살고, 내 가족을 살리고, 다른 사람을 살리고, 다른 가정을 살리고, 나라와 민족을 살리는 위대한 사명을 담당합니다. 우리 모두 전도자의 삶을 살아갑시다.

3. 좁은 문을 향하여!

[마 7:13-14] 좁은 문으로 들어가라 멸망으로 인도하는 문은 크고 그 길이 넓어 그리로 들어가는 자가 많고 생명으로 인도하는 문은 좁고 길이 협착하여 찾는 자가 적음이라

'전도자'의 말을 듣고 '천향인'은 콧노래를 부르면서 기분 좋게 집으로 돌아왔습니다. 천향인은 전도자에게 들은 기쁜 복음의 소식을 가족들에게 전했습니다. 하지만 가족들은 복음을 귀찮아하면서 믿으려 하지 않았고, 마을 사람들도 천향인이 전하는 복음을 아무도 믿지 않았습니다. 그래서 천향인은 가족과 그 마을의 사람들 곁을 떠나기로 결심했습니다.

그는 마음이 약해지지 않도록 "생명, 생명, 영원한 생명"을 읊조리면서 좁은 문, 곧 어린양의 문을 향해 걸어갔습니다. 천향인은 성경을 펴서 읽으면서 하나님께서는 언제나 자신과 함께하신다는 말씀에 큰 위로를 받았습니다. 바로 그때, 뒤에서 자기를 부르는 누군가의 소리가 들렸습니다. 뒤돌아보니 함께 생활했던 '옹고집'과 '갈팡질팡'이 뒤를 따라오고 있었습니다.

천향인에게 다가온 옹고집이 물었습니다.

"당신은 왜 아무도 가기를 싫어하는 그 힘든 길을 떠나는 것입니까? 이곳에 있으면 아무 걱정 없이 평범한 사람으로 살 수 있는데 말입니다."

옹고집의 질문에 천향인은 대답했습니다.

"우리는 언젠가 죽게 되고, 이 세상은 반드시 하늘에서 내린 불로 망하게 됩니다."

"여보시오. 나 보고 그 말을 믿으라는 거요? 나 참! 기가 차서! 아니 내가 지금 누리고 있는 모든 것을 포기하라고요?"

바로 그때 갈팡질팡이 천향인의 말에 관심을 보이면서 말했습니다.

"당신이 하는 말이 거짓말은 아닌 것 같군요. 그것이 사실이라면, 나도 당신과 함께 길을 떠나겠습니다."

천향인과 갈팡질팡은 길을 가다가 순식간에 수렁에 빠졌습니다. 그 수렁은 '절망의 늪'이라는 곳인데 이곳에 빠지면 헤어 나오기가 아주 힘든 곳입니다.

두 사람은 늪에 빠져서 헤어 나오지 못했습니다. 천향인은 등에 진 무거운 짐 때문에 더 깊은 수렁으로 빠져들어 갔습니다. 늪에 빠진 갈팡질팡은 천향인에게 소리를 치면서 이렇게 말했습니다.

"여보시오! 바로 이것이 당신이 말하던 복된 삶이요? 나 참! 나는 당신 말을 듣고 따라오다가 이 모양 이 꼴이 되었소."

천향인이 그에게 말했습니다.

"갈팡질팡 씨, 조금만 참으시오. 이곳을 빠져나갈 길이 있을 것입니다."

그때 갈팡질팡은 대꾸했습니다.

"당신은 어떻게 그런 무책임한 말씀을 하시오? 난 이제 정말 망했어!"

그러다가 갈팡질팡은 발이 바닥에 닿자 절망의 늪에서 나왔습니다. 천향인은 갈팡질팡에게 자기를 구해달라고 부탁했지만, 그는 뒤도 돌아보지 않고 가버렸습니다.

바로 그때 '도움'이라는 사람이 찾아와서 천향인을 절망의 늪에서 구해주었습니다.

우리가 사는 이 시대에 신앙생활을 똑바로 하기는 참으로 어렵습니다. 참된 신앙생활은 우리 인간의 의지와 노력으로는 불가능한 일입니다. 우리 인간은 태어나면서부터 타락의 본성을 가지고 이 땅에 태어났기 때문에, 하나님의 뜻을 따라 의를 행하며 이 땅을 살아가는 것 자체가 불가능한 일입니다.

우리가 예수님을 믿으면서 가장 바라고 원하는 소망이 무엇입니까? 내 영혼이 구원받는 것입니까? 아니면 이 세상을 살면서 형통하고 평안한 삶을 사는 것이 나의 목적입니까?

거창고등학교는 학생들에게 이렇게 가르칩니다.

"다른 사람보다 더 많이 노력하여 실력을 쌓아라. 그리고 직장을 구할 때 가장 악조건에 적은 대우를 받는 곳을 선택하라."

바로 이것이 거창고등학교의 교훈입니다. 쉽게 돈을 벌고 편안한 삶을 살면서, 자기가 하고 싶은 일을 하면서, 즐기는 것이 삶의 목적이라면, 넓은 길로 가고 있는 것입니다.

'어느 직장에 들어가면 일은 적게 하면서 많은 월급을 받을 수 있을까?' '어디에 투자하면 쉽게 돈을 벌 수 있을까?'

쉽게 돈을 벌 수 있다는 것은 위험한 함정입니다. 쉽게 돈을 벌고 편안하게 살고자 하는 유혹은 사탄이 던진 미끼입니다.

우리 삶에 있어서 성공의 지름길은 넓은 문이 아니라 좁은 문입니다. 우리가 좁은 문을 선택하면 그 길은 점점 더 넓어지는 형통한 복을 받게 됩니다. 그러나 편한 길, 쉬운 길, 넓은 길을 선택하면 나중에는 길이 점점 좁아져서 더 힘든 삶을 살게 됩니다.

신앙생활을 하면서 믿음으로 바로 살기로 결단하면, 참으로 많은 유혹이 그 뒤를 따라옵니다. 우리 마음속에는 타락의 본성이 자리를 잡고 있기 때문에, 수고와 헌신은 하지 않고 복만 받겠다는 유혹이 나를 괴롭힙니다.

여러분, 제발 마귀에게 속지 마십시오. 농사의 비법은 심는 대로 거두는 것입니다. 콩을 심으면 콩을 거두고, 팥을 심으면 팥을 거두게 됩니다. 축복도 마찬가지입니다. 우리가 심는 믿음의 씨앗에 따라 축복의 열매를 거두게 됩니다.

옹고집이 좁은 문, 곧 영원한 생명으로 들어가는 길을 막습니다. 신앙생활에서 고집은 참으로 무서운 것입니다. 우리는 옹고집을 향하여 "저 사람은 고집불통이야"라는 말을 많이 합니다. 이 말은 누구도 저 사람의 고집을 꺾을 수가 없다는 말입니다. 고집이 센 사람들의 공통점이 있다면, 실력도 있고 능력도 있습니다. 그런데 이들은 자기의 실력과 능력만 믿지, 다른 사람의 말이나 전문가의 말도 절대 받아들이지 않습니다.

옹고집은 신앙생활도 실패합니다. 고집 때문에 망한 대표적인 사람이 사울 왕입니다. 사울 왕은 본래 겸손한 사람이었습니다. 책임감이 있고 예의가 바른 겸손한 사람이었습니다. 그런데 사울은 왕이 된 이후 고집불통으로 바뀝니다.

하나님의 말씀대로 행하지 않고 내 생각대로 행동하는 것이 옹고집입니다. 제발 옹고집을 버리고 하나님의 말씀으로 돌아오십시오. 우리의 생각과 판단이 잘못된 경우가 얼마나 많은지 모릅니다. 옹고집은 우리로 하여금 좁은 문으로 들어가는 길을 가로막습니다.

갈팡질팡의 신앙은 좁은 문으로 들어가지 못하게 합니다. 신앙생활을 하다가 작은 어려움만 와도 신앙이 흔들리는 사람을 봅니다. 바로 이것이 갈팡질팡하는 신앙이구나 하는 생각이 듭니다.

우리는 언제까지 갈팡질팡하는 신앙의 삶을 살아야 합니까? 주님을 붙잡으십시오. 하나님께서는 언제나 내 편입니다. 우리가 세상을 살아가면서 때로는 낙심될 때도 있고, 계획하는 일이 이루어지지 않을 때도 있습니다.

우리가 살면서 내가 바라고 원하는 일이 이루어지지 않는다고 천국으로 향하는 좁은 문, 곧 어린양의 문을 버리고 지옥으로 향하는 넓은 문으로 들어간다면 정말 어리석은 사람입니다.

조금 힘들고 어렵다고 해서 신앙이 흔들리면 갈팡질팡의 신앙입니다. 하나님께서 나를 살리고 구원하셨다는 확고한 믿음을 소유하십시오. 신앙이 흔들리는 사람에게는 그 어떤 축복도 임할 수 없습니다. 마귀가 가장 좋아하는 사람은 신앙이 흔들리는 성도입니다. 갈팡질팡하는 사람은 마귀의 표적이 됩니다. 신앙이 흔들리면 삼킬 자를 찾는 마귀의 먹잇감이 될 수 있습니다.

이스라엘 백성들이 출애굽하여 40년 동안 광야 생활을 하면서 그들은 신앙이 흔들렸습니다. 그들은 정탐꾼 열 명의 보고를 듣고 신앙이 흔들렸습니다. 그들은 다시 애굽으로 돌아가자고 하면서 모세와 아론을 원망했습니다. 하나님께서는 이스라엘 백성들의 불평과 원망을 듣고 계셨습니다.

[민 14:27-28] 나를 원망하는 이 악한 회중에게 내가 어느 때까지 참으랴 이스라엘 자손이 나를 향하여 원망하는 바 그 원망하는 말을 내가 들었노라 그들에게 이르기를 여호와의 말씀에 내 삶을 두고 맹세하노라 너희 말이 내 귀에 들린 대로 내가 너희에게 행하리니

이스라엘 백성들은 갈팡질팡의 신앙으로 약속의 땅 가나안에 들어가지 못했습니다. 가나안은 축복의 땅이요, 영원한 생명을 얻는 영생의 땅입니다. 갈팡질팡의 신앙으로는 약속의 땅, 가나안에 들어가지 못합니다.

천향인은 좁은 문을 향하여 가다가 그만 '절망의 늪'에 빠졌습니다. 아무리 힘을 써도 절망의 늪에서 빠져나갈 수 없었습니다. 왜냐하면 어깨에 지고 있는 무거운 짐 때문에 절망의 늪에서 빠져나갈 수가 없었습니다. 너무나 힘에 지쳐서 포기하고 있을 때 한 사람이 찾아옵니다. 바로 그 사람의 이름이 도움입니다. 도움은 손을 내밀어 천향인을 절망에서 구해줍니다. 천향인은 절망의 늪에서 빠져나왔습니다.

여러분은 내 힘으로 해결할 수 없는 어려운 일을 만난 적은 없습니까? 누구도 나를 돌아보지 않을 때, 나를 찾아와 도움을 준 사람이 있다면, 바로 그 사람은 성령님께서 보내신 사람입니다. 성령님께서는 우리가 위기를 당할 때 나를 도울 사람을 붙여 주십니다. 우리는 성령님께서 보낸 사람을 통하여 위기를 극복해 나아갈 수 있습니다.

오늘 저와 여러분이 이 세상을 살면서 시련을 당하고, 위기를 당해도 걱정하거나 낙심할 필요가 없습니다. 보혜사 성령님께서는 우리를 위기 때마다, 어려운 고비를 만날 때마다 우리를 구해주십니다. 하나님께서는 나에게 항상 임마누엘이 되십니다. 임마누엘 되신 하나님께서 언제나 나와 함께 하시며

나를 도와주십니다.

[요14:18] 내가 너희를 고아와 같이 버려두지 아니하고 너희에게로 오리
라

보혜사 성령님께서는 우리를 절대로 떠나지 않으십니다. 우리가 성령님의 인도를 받으면 위기는 기회가 됩니다. 성령님께서 나와 함께 하시면, 설령 내가 잘못 선택한 일도 축복의 기회가 됩니다. 보혜사 성령님께서는 세상 끝날 때까지 우리와 항상 함께 계시겠다고 약속하셨습니다. 할렐루야!

사랑하는 성도 여러분!
여러분은 지금 어떤 문을 향하여 가고 있습니까? 지금 걷는 길은 좁은 문입니까? 아니면 넓은 문입니까? 넓은 문은 가기가 편하고 쉬워 보입니다. 그래서 많은 사람이 넓은 문으로 들어갑니다. 그러나 넓은 문을 통과하면 그 길은 점점 좁아지고 구불구불해집니다. 그 문은 멸망의 문이요, 절망의 문입니다.

넓은 문으로 들어가서 인생을 쉽게 살고자 하면, 자연스럽게 방탕한 삶을 살게 되고 멸망의 삶을 살 수밖에 없습니다. 그러나 좁은 문으로 들어가서 믿음으로 바로 살면, 그의 삶이 힘들어 보이고 어려워 보여도 무한한 은혜를 누리며 복된 삶을 살게 됩니다.

좁은 길은 협착하나 생명의 길이요, 영생의 길입니다. 사탄은 끊임없이 우리를 향하여 넓은 길로 가라고 유혹합니다.

옹고집이 우리를 넓은 길로 가라고 유혹합니다. 갈팡질팡의 신앙이 우리를 넓은 길로 가자고 유혹합니다.

우리 모두 넓은 문의 유혹을 물리치고, 좁은 문을 향해 나아갑시다. 넓은 문

을 향해 걷는 사람은 마귀와 손을 잡고 지옥문을 향해 가는 사람이지만, 우리는 좁은 문을 통해 시온성, 곧 천국 문을 향해 걷는 사람입니다. 보혜사 성령님께서는 우리를 좁은 문으로 인도하십니다.

[요 6:37] 아버지께서 내게 주시는 자는 다 내게로 올 것이요 내게 오는 자는 내가 결코 내쫓지 아니하리라

성령님께서는 항상 우리를 생명의 문이신 예수님께로 인도하십니다. 그러나 누구든지 좁은 문으로 들어가려면, 먼저 멸망의 도시를 떠나야 합니다. 장망성*을 떠나지 않고서는 좁은 문에 들어갈 수 없습니다. 좁은 문, 어린양의 문을 통과해야 시온성, 천국으로 향하는 길이 열립니다.

보혜사 성령님께서는 우리를 시온성, 천국으로 인도하십니다. 우리가 때때로 절망의 늪에 빠져도 성령님께서는 손을 내밀어 우리를 건져 주시어 시온성에 이르게 하십니다.

우리 모두 좁은 문을 향해 나아갑시다. 좁은 문을 통과하셨다면, 이제 우리 모두 시온성, 천국 문을 향해 나아갑시다. 할렐루야!

---

* '장망성'(將亡城)은 '멸망의 성읍'으로 문자적으로 장차 망할 성이란 뜻을 함축한 단어이다. 주님의 심판을 멸망할 죄악으로 물든 이 세상을 의미한다.

4. 성도에게 찾아오는 절망의 늪

[고후 4:7-10] 우리가 이 보배를 질그릇에 가졌으니 이는 심히 큰 능력은 하나님께 있고 우리에게 있지 아니함을 알게 하려 함이라 우리가 사방으로 우겨쌈을 당하여도 싸이지 아니하며 답답한 일을 당하여도 낙심하지 아니하며 박해를 받아도 버린 바 되지 아니하며 거꾸러뜨림을 당하여도 망하지 아니하고 우리가 항상 예수의 죽음을 몸에 짊어짐은 예수의 생명이 또한 우리 몸에 나타나게 하려 함이라

『천로역정』의 주인공 '천향인'은 '갈팡질팡'과 함께 좁은 문, 어린양의 문을 향하여 길을 떠납니다. 그들은 구원받은 백성들이 누리는 놀라운 축복에 대하여 이런저런 이야기를 나누며 좁은 문을 향하여 가고 있었습

니다. 그러다 그만 그들은 앞에 있는 수렁을 보지 못하고 깊은 수렁에 빠지게 되었습니다. 이 수렁은 '절망의 늪'이라는 곳인데 이곳에 한 번 빠지면 헤어 나오기가 너무 힘이 듭니다.

천향인이 절망의 늪에 빠져 좌절하고 있을 때, 어떤 사람이 그를 찾아왔습니다. 바로 그가 '도움'이라는 사람입니다. 도움이라는 사람이 천향인에게 이렇게 묻습니다.

"어떻게 이 절망의 늪에 빠지게 되었소? 절망의 늪에는 발판이 있는데 발판을 보지 못했나요? 어서 이 손을 잡으시오."

절망의 늪에서 빠져나온 천향인은 도움에게 감사 인사를 했습니다.

"정말 고맙습니다. 큰 은혜를 입었습니다."

감사 인사를 마친 천양인은 좁은 문, 어린양의 문을 향하여 다시 걸어갔습니다.

오늘 우리가 사는 이 세상은 절대 만만하지 않습니다. 얼마나 많은 절망의 늪이 우리 앞에 놓여 있는지 모릅니다. 사람들이 이 절망의 늪에 빠지면 헤어 나오지 못합니다.

어떤 학생들은 인터넷 중독이라는 절망의 늪에 빠져서 헤어 나오지 못합니다. 직장인들은 다른 사람을 밟고 그 위에 내가 서야 하는 경쟁이라는 절망의 늪에서 허덕이며 직장생활을 합니다.

자기 사업을 하는 사람도 마찬가지입니다. 잘못된 판단으로 막대한 손실로 파산하여 헤어 나올 수 없는 절망의 늪에 빠지기도 합니다. 장사하는 사람도 마찬가지입니다. 장사가 조금 잘되면 옆에 또 가게가 생겨 함께 제 살을 깎아먹는 경쟁으로 손해를 감수할 수밖에 없는 일도 있습니다.

우리 인생을 한마디로 정리하면, 절망의 늪에서 몸부림치면서 살아가는 것이 우리 인생입니다.

　여러분은 이러한 절망의 늪에 빠진 경험이 있습니까? 그런데 우리가 분명히 알아야 할 것은 그 어떤 시련이나 어려움과 위기를 당해도, 우리는 절망의 늪에서 헤어 나올 수 있는 발판이 있다는 것 알아야 합니다. 절망의 늪에서 빠져나올 발판이 있다는 것을 아는 사람은 절망의 늪에서 쉽게 빠져나올 수가 있습니다.

　독일은 제 1차 세계대전과 제 2차 세계대전에서 나라는 초토화되었고, 엄청난 전쟁 손해 배상금 지급으로 나라는 그 어떤 희망도 보이지 않았습니다. 일본도 제 2차 세계대전의 패전국으로 나라는 완전히 망했습니다. 대한민국도 6·25 동란으로 남북한이 초토화되어 그 어떤 희망도 보이지 않았습니다. 그런데 지금 와서 보니 독일도, 일본도, 대한민국도 전 세계에서 잘 사는 나라가 되었습니다. 이것은 전쟁의 실패를 통하여 새로운 기회를 얻게 된 것입니다. 이것은 참으로 놀라운 기적이 아닙니까? 밤이 깊다는 것은 새벽이 가까이 오고 있다는 증거입니다.

　오늘 본문 말씀은 "우리가 우겨 쌈을 당하여도 싸이지 아니하며 답답한 일을 당하여도 낙심하지 아니하며"라고 했습니다.

　이삭이 흉년에 또 더 큰 흉년을 맞아 애굽으로 내려갑니다. 마치 국가부도[IMF]를 당했는데 거기에 또 IMF를 당했다는 것과 같습니다.

　그런데 하나님께서 애굽으로 내려가는 이삭에게 '그랄'에 머물라고 말씀하십니다.

　[창 26:2-4] 여호와께서 이삭에게 나타나 이르시되 애굽으로 내려가지 말

고 내가 네게 지시하는 땅에 거주하라 이 땅에 거류하면 내가 너와 함께 있어 네게 복을 주고 내가 이 모든 땅을 너와 네 자손에게 주리라 내가 네 아버지 아브라함에게 맹세한 것을 이루어 네 자손을 하늘의 별과 같이 번성하게 하며 이 모든 땅을 네 자손에게 주리니 네 자손으로 말미암아 천하 만민이 복을 받으리라

이삭은 애굽에 내려가지 않고 그랄 땅에 머물게 됩니다. 이것은 자신의 생각보다 하나님의 말씀에 순종하는 삶을 살았다는 것입니다. 이삭은 그랄에서 농사를 지었더니 100배의 소득을 얻게 됩니다. 그랄 땅은 비가 오지 않아 농사를 지을 수 없는데 이삭이 농사를 지을 수 있었던 것은 이삭에게는 우물 파는 기술이 있었습니다.

그래서 이삭은 자신의 노하우로 우물을 파서 그 물로 농사를 지으니 100배의 소득을 거두게 됩니다.

다른 사람들은 농사를 지을 수 없을 때 이삭만 농사를 잘 지었으니 얼마나 곡식값이 비쌌겠습니까? 비싼 곡식 값으로 또 양과 소에 재태크하여 이삭은 순식간에 큰 부자가 됩니다.

지금도 유대인들은 자기만의 독특한 한 가지 기술을 갖는다고 합니다. 모든 유대인은 자기 직업과 관계가 없는 기술, 위기를 당할 때 사용할 수 있는 한 가지의 기술을 가지고 있습니다.

유대인들은 어떤 위기를 당해도 자기가 가지고 있는 그 기술로 먹고사는 데 지장이 없다고 합니다.

이삭이 잘 되는 모습을 그랄 사람들은 그냥 보고 있지 않습니다. 아비멜렉 왕이 이삭을 찾아와서 이렇게 말합니다.

"네가 우리보다 크게 강성한즉 우리를 떠나라."

그래서 이삭은 그랄 골짜기로 가서 아버지 아브라함이 팠던 우물을 얻습니다. 그러자 블레셋 사람들이 와서 그 우물을 메워 버립니다. 이삭의 종들이 또 다른 우물을 파서 물을 얻었더니 그랄 목자들이 자기들의 우물이라고 빼앗습니다. 이삭이 또 다른 우물을 팠더니 그들이 다투지 아니함으로 그 우물을 '르호봇'[넓음 혹은 넓은 곳] 이라고 불렀습니다.

여러분, 중동지방에서 우물은 재산목록 1호입니다. 1년 강우량이 200밀리 밖에 안 되는 곳에서 우물 하나는 하나의 기업과 같습니다.

이삭은 이러한 우물을 빼앗겨도 다투지 않고 낙심하지 않았습니다. 이삭이 낙심하지 않은 것은 자신의 기업은 우물이 아니라 하나님이심을 알았기 때문입니다.

맞습니다. 우리의 기업은 바로 하나님이십니다. 그래서 성도는 아무리 어려운 시련을 겪어도 낙심하지 않습니다. 성도는 절망의 늪에 빠져도 망하지 않습니다. 성도는 핍박을 당하고, 거꾸러뜨림을 당해도 절대로 망하지 않습니다.

우리도 이 세상을 살면서 절망의 늪에 빠질 때가 많습니다. 여러분은 이리 보아도 길이 보이지 않고, 저리 보아도 길이 보이지 않는 답답한 때를 당한 적이 없습니까?

저도 한 때 피할 곳도 없고, 갈 곳도 없던 때가 있었습니다. 그래서 산에 올라가 누워서 이런저런 생각을 하고 있을 때 주님이 말씀하셨습니다.

"동서남북이 모두 막혀 있어도 하늘은 열려 있지 않으냐?"

저는 그 말씀을 통해 깨달음을 얻고 일어났습니다. 그리고 이렇게 외쳤습니다.

"나에게 길이 열려 있다. 하나님께서 나의 길을 열어주실 것이다."

하나님께서는 저에게 언제나 위기를 기회로 만들어 주셨습니다. 우리에게 찾아오는 모든 위기를 믿음으로 받아들이면 기회가 됩니다. 우리가 신앙생활을 하면서 예수님 때문에 당하는 시련이나 어려움은, 우리에게 놀라운 기회와 축복의 근원이 됩니다.

우리는 예수님 때문에 당하는 고난을 기뻐하고 즐거워해야 합니다. 성도가 망하지 않는 이유는 예수님 때문입니다. 예수님은 십자가에서 죄의 값을 다 치르심으로 우리는 모든 저주에서 벗어나게 되었습니다. 할렐루야!

하나님의 자녀는 예수님의 부활을 믿음으로 모든 위기를 기회로 만들 수 있습니다. 성도는 보배를 담은 질그릇입니다.

그릇에 밥을 담으면 밥그릇이요, 그릇에 국을 담으면 국그릇이요, 그릇에 금을 담으면 금 그릇이 됩니다.

오늘 본문 말씀은 우리 인생을 질그릇으로 비유하고 있습니다. 우리 인생은 질그릇과 같은 존재입니다. 떨어지면 깨어지는 보잘것없는 존재인데 이 질그릇에 보배가 담겨 있습니다.

이 보배가 무엇이냐? 바로 예수 그리스도입니다. 나는 예수 그리스도 안에 있고, 그리스도는 내 안에 계십니다.

우리는 이 보배를 담고 있는 질그릇으로 참으로 존귀한 자들입니다. 우리는 전능하신 하나님의 걸작품으로 이 땅에 태어난 보배로운 존재입니다. 이 세상에서 우리보다 존귀한 자는 아무도 없습니다.

우리는 그리스도 보혈로 재창조된 새로운 피조물입니다. 우리가 얼마나 존귀한 자입니까? 하나님의 아들 독생자 예수 그리스도를 십자가에서 죽이고, 우리를 대신 살려서 하나님의 자녀로 삼으셨습니다.

하나님은 그 어떤 경우에라도 우리를 절대로 버리지 않습니다. 예수 그리스도를 내어주고 우리를 사셔서 그분의 자녀로 삼으셨는데 어떻게 우리를 버릴 수가 있겠습니까? 그래서 우리는 하나님의 자녀답게 긍지를 가지고 살아가야 합니다.

우리 마음이 근심과 염려, 두려움과 걱정을 담는 그릇이 되어서는 안 됩니다. 성도는 예수 그리스도를 질그릇에 담은 보배로운 존재입니다.

오늘날 수많은 사람이 절망의 늪에서 허덕이고 있습니다. 모든 사람이 삶에 지쳐서 그 어떤 일도 할 수 없는 환경에 처해 있습니다.

문명이 발달하고 과학이 우리의 삶을 지배하면 할수록, 사람들은 안정을 찾지 못하고 불안해하면서 하루하루를 살아갑니다.

오늘 우리는 어떻게 이 어려움을 대처해야 합니까? 어떻게 우리는 이 절망의 늪에서 헤어 나올 수 있을까요?

먼저 우리는 나에게 당면한 모든 문제를 믿음의 눈으로 보아야 합니다. 나에게 찾아오는 시련이나 어려움을 주님의 눈으로 바라보면 해결책이 나옵니다. 내 눈으로 보면 문제는 크고 감당할 수 없습니다. 하지만 주님의 눈으로 보면 문제는 크지 않습니다.

마음이 불안하고 염려가 생길 때 예수의 이름으로 명령하십시오. 하나님의 자녀는 권세가 있습니다. 믿음으로 자녀의 권세를 사용하십시오.

"염려야, 근심아, 불안아! 예수님의 이름으로 명령한다. 떠나가라!"

믿음으로 선포하면 모든 염려와 근심이 떠나가고 마음에 안정과 평화가 찾아옵니다.

또한 우리에게는 하나님의 자녀로서 청구권이 있습니다.

여러분이 하나님 아버지께 믿음으로 기도하면 하나님께서는 반드시 그 기도를 응답해 주십니다.

우리가 하나님께 기도할 때 꼭 기억해야 할 것이 있습니다. 하나님 아버지께서는 내 방법, 내 뜻대로 응답하시는 것이 아니라, 하나님의 방법으로 하나님의 때에 응답하십니다. 여러분은 기도하고 받은 줄로 믿으십시오. 여러분이 생각하는 것보다 더 좋게 응답하십니다.

사랑하는 성도 여러분!

여러분은 지금 어떤 어려움을 당하고 있습니까? 우리는 그 어떤 어려움을 당해도 절대로 망하지 않습니다. 나에게 찾아온 시련이나 어려움을 내가 믿음으로 반응이면 나에게 기회가 됩니다. 하나님이 주신 기회에는 놀라운 기적이 일어납니다.

하나님 아버지께서는 절대로 저와 여러분을 버리지 않습니다. 고난을 당한 나를 절대로 외면하시지 않습니다. 하나님께서는 저와 여러분이 위기를 당할 때, 어려움을 당할 때 반드시 도와주십니다. 하나님께서는 절망의 늪에서 새로운 역사를 시작하십니다. 우리는 반드시 이기고 승리하게 되어 있습니다.

저와 여러분은 참으로 대단한 사람들입니다. 누구도 우리를 함부로 대할 수가 없습니다. 왜냐하면 우리 안에 영원한 생명이요, 보배이신 예수 그리스도가 내 안에 계시기 때문입니다.

우리 안에 예수 그리스도가 계시는데 누가 우리를 어떻게 하겠습니까? 그래서 우리는 사방으로 우겨쌈을 당하고, 답답한 일을 당해도 낙심하지 않습니다. 우리는 박해를 받고 거꾸러뜨림을 당해도 망하지 않습니다. 아무리 힘들고 어려운 역경이 우리를 절망의 늪에 몰아넣어도 우리는 망할 수 없습니다. 우리는 반드시 위기를 기회로 만들어 낼 수 있습니다.

『천로역정』의 저자 존 번연도 12세 때 죽을 뻔한 일이 있었습니다. 그가 살던 동네에 있는 강[우즈강]에서 친구와 함께 타고 있던 배가 뒤집혔습니다. 허우적거리며 빠져나오려 했으나 나오지 못하고 익사할 위기에 처했습니다. 다행히 그 옆을 지나가는 사람이 있었습니다. 그 사람이 존 번연과 친구를 익사 직전에 구해 주었습니다. 그때 그는 자기를 죽음에서 구해 준 그 사람에

대한 감사하는 마음을 평생 갖게 되었습니다.

맞습니다. 우리가 위기 가운데 있을 때 손을 내미는 분이 계십니다. 내 손을 잡고 위기에서 건져 주신 분이 계십니다. 우리의 도움이 바로 보혜사 성령님이십니다. 우리 모두 절망의 늪에서 빠져나와 주님의 위대한 역사를 선포하는 자리에 섭시다. 할렐루야!

믿음의 삶에는 하나님의 넘치는 보상이 있습니다.

5. 시험에 들지 않는 비결

[약 1:12-15] 시험을 참는 자는 복이 있나니 이는 시련을 견디어 낸 자가 주께서 자기를 사랑하는 자들에게 약속하신 생명의 면류관을 얻을 것이기 때문이라 사람이 시험을 받을 때에 내가 하나님께 시험을 받는다 하지 말지니 하나님은 악에게 시험을 받지도 아니하시고 친히 아무도 시험하지 아니하시느니라 오직 각 사람이 시험을 받는 것은 자기 욕심에 끌려 미혹됨이니 욕심이 잉태한즉 죄를 낳고 죄가 장성한즉 사망을 낳느니라

'천향인'은 좁은 문, 어린양의 문을 향하여 길을 걸어갔습니다. 바로 그때 '세속현자'* 라는 신사가 천향인에게 다가왔습니다. 그는 세상 '지혜의 시[市]'라는 도시에 살고 있었는데 그곳은 천향인이 살던 곳과 가

＊ 세속현자[世俗賢者]는 일반인들이 사는 세상에서 어질고 총명하여 성인에 견줄 만큼 뛰어난 사람을 일컫는다.

까웠습니다. 그래서 세속현자는 천향인을 금방 알아보았습니다. 세속현자는 천향인에게 물었습니다.

"젊은이, 그 무거운 짐을 지고 어디로 가시오?"

"저는 멸망의 도시를 떠나 좁은 문, 어린양의 문을 향하여 가고 있습니다. 좁은 문으로 가면 이 무거운 짐을 벗을 수 있다고 전도자가 가르쳐 주었습니다."

세속현자는 말합니다.

"천향인 씨, 전도자에게 속지 마시오."

"좁은 문으로 들어가면 고통과 어려움은 말할 것도 없고 무시무시한 사자가 기다리고 있는 것 알고 있소? 젊은이는 어쩌다 그 무거운 짐을 지게 되었소?"

"저는 이 성경을 읽으면서 내 어깨에 무거운 짐을 지게 되었습니다.

세속현자는 다정하게 이렇게 말을 합니다.

"무거운 짐을 내려놓는 쉬운 방법이 있는데, 괜찮다면 내 이야기를 들어 보겠소?"

"당연하지요. 저를 위해서 하는 말씀인데 당연히 들어야지요."

우리가 세속현자의 말을 듣고 삶의 방향을 바꾸면 시험에 빠지게 됩니다. 여러분은 세속현자의 말에 미혹되어 시험에 빠져본 적은 없습니까? 세속현자는 멋이 있고 매력적입니다. 그의 말은 그럴듯하고 아주 지혜롭게 들립니다. 그의 말을 들으면 출세하기도 너무 쉽고, 부자가 되는 일도, 돈을 모으는 일도 너무 쉽습니다.

세속현자의 강력한 무기는 거짓말입니다. 거짓말의 힘은 너무나 강력합니다. 성경에서 말하는 마귀는 거짓의 영으로 거짓말로 이 세상을 다스리는 세력입니다.

> [요 8:44] 너희는 너희 아비 마귀에게서 났으니 너희 아비의 욕심대로 너
> 희도 행하고자 하느니라 그는 처음부터 살인한 자요 진리가 그 속에 없으
> 므로 진리에 서지 못하고 거짓을 말할 때마다 제 것으로 말하나니 이는
> 그가 거짓말쟁이요 거짓의 아비가 되었음이라

신앙생활을 하면서 많은 사람이 마귀의 미혹을 받는 이유를 아십니까? 사탄이 제시하는 방법이 너무 쉽고 또 매력적이기 때문입니다. 그리고 합리적입니다. 마치 산꼭대기로 올라가는 길이 여러 길이 있다는 것입니다. 좁고 험난한 길이 있고, 넓고 평평한 길이 있어 어디로 가든지 산꼭대기에 올라가면 된다는 것입니다. 꼭 좁고 험난한 길을 가야 할 이유가 어디에 있느냐는 그럴 듯한 논리입니다.

"어차피 사람은 이 세상을 살다가 한번은 죽는데, 괜히 힘들고 고통스럽게 살 이유가 어디에 있느냐?"

편안하게 내가 하고 싶은 대로 할 것 다 하고, 살다가 죽으면 그만이지, 힘들게 하나님 말씀대로 순종하며 살 이유가 없다는 것입니다. 성도들에게 사탄이 하는 시험은 너무나 합리적이고 매력적입니다.

오늘 우리는 사탄이 성도들에게 하는 시험을 함께 살펴보고, 그 유혹을 이길 수 있는 지혜를 공급받고자 합니다.

세속현자들은 지금도 물질로 우리를 유혹합니다. 쉽게 돈을 벌 수 있다는 것입니다. 마귀는 끊임없이 이렇게 우리를 유혹합니다.

"열심히 땀 흘려 일하며 돈을 모으는 방법은 어리석고 미련한 짓이다."

세속현자는 쉽게 돈을 벌수 있는 방법이 있다고 유혹합니다.

오늘도 사탄은 쉽게 돈을 벌수 있는 방법이 있다고 유혹합니다.

돈이란 참으로 강력한 힘을 가지고 있습니다. 돈은 선하지도 악하지도 않습니다. 하지만 하나님보다 돈을 사랑하면 돈이 그 사람을 지배하게 됩니다. 돈은 모든 시험과 모든 악의 근원이 되는 경우들이 너무 많습니다.

> [딤전 6:9-10] 부하려 하는 자들은 시험과 올무와 여러 가지 어리석고 해로운 욕심에 떨어지나니 곧 사람으로 파멸과 멸망에 빠지게 하는 것이라 돈을 사랑함이 일만 악의 뿌리가 되나니 이것을 탐내는 자들은 미혹을 받아 믿음에서 떠나 많은 근심으로써 자기를 찔렀도다

쉽게 큰돈을 벌려고 하는 자들은 시험과 올무에 빠집니다. 돈을 다스리지 못하고 시험에 빠지게 되면, 믿음에서 떠나게 되고, 근심과 걱정에 붙잡혀 한평생 부끄러운 삶을 살게 됩니다.

사람이 시험에 빠지는 것은 다 자기 욕심에 이끌려 미혹되기 때문입니다. 쉽게 돈을 벌고자 하는 유혹을 과감하게 물리치십시오.

청교도 신앙의 전통을 살펴보면, 돈에 대하여 명확하게 정리되어 있습니다. 참으로 놀라운 것은 중세 시대에 청교도 신앙이 들어간 나라는 경제적으로 부강한 나라가 되었습니다. 그 이유를 살펴보면 부자가 될 수밖에 없는 이유가 있습니다. 청교도의 직업관을 살펴보면 다음과 같습니다.

"왜 기업을 이끄는 자가 부자가 되어야 하느냐?"

'부자가 되어야 하는 것은 더 많은 직장을 만들어 일자리를 제공해야 하기 때문이다'라고 생각했습니다. 그래서 청교도들은 기업을 세워 일자리를 계속해서 만드는 것을 사명으로 알았습니다.

기업에서 일하는 사람들은 자기가 만드는 물건이 '하나님께 드리는 최고의

것'을 만든다는 사명으로 일했습니다. 그러니 중세 유럽에서는 청교도 신앙이 들어간 나라마다 새로운 일자리가 만들어지고 최고의 물건이 나오게 되어 부강한 나라가 된 것입니다.

스위스, 네덜란드, 미국, 한국이 청교도 신앙이 들어와서 나라를 부강하게 만든 대표적인 나라입니다.

우리가 건전한 직업관을 가지면 부강해질 수밖에 없습니다. 쉽게 돈을 벌고자 하는 유혹을 물리치고, 하나님께서 주신 직업을 사명으로 생각하고 일하면, 우리는 모두 반드시 잘 살 수 있습니다.

사탄의 유혹은 쉽게 돈을 벌 수 있는 길을 제시합니다. 돈을 버는 일, 부자 되는 일은 결코 쉬운 일이 아닙니다. 성경은 우리가 이 세상을 살면서 풍족하게 사는 비결을 말씀하고 있습니다.

[창 3:17-19] 아담에게 이르시되 네가 네 아내의 말을 듣고 내가 네게 먹지 말라 한 나무의 열매를 먹었은즉 땅은 너로 말미암아 저주를 받고 너는 네 평생에 수고하여야 그 소산을 먹으리라 땅이 네게 가시덤불과 엉겅퀴를 낼 것이라 네가 먹을 것은 밭의 채소인즉 네가 흙으로 돌아갈 때까지 얼굴에 땀을 흘려야 먹을 것을 먹으리니 네가 그것에서 취함을 입었음이라 너는 흙이니 흙으로 돌아갈 것이니라 하시니라

이처럼 우리의 삶의 현장은 절대 만만하지 않습니다. 가시덤불과 엉겅퀴가 가로막고 있습니다. 이것을 제거하고 곡식을 생산하기 위해서는 땀을 흘려야 합니다. 가시덤불과 엉겅퀴는 우리의 삶 속에서 일어나는 모든 어려운 문제를 상징합니다. '돈을 쉽게 벌라'는 사탄의 유혹을 물리쳐야 합니다.

신앙생활을 하다가 시험에 드는 사람들을 살펴보면 자기를 드러내고, 자기

자랑하다가 시험에 빠지게 됩니다. 참으로 안타까운 것은 교회에서 열심히 충성스럽게 일하는 자들 중에도 시험에 빠져 이단으로 넘어가는 사람이 많다는 것입니다. 이들에게 공통점이 있습니다.

사람들이 자기를 알아주지 않고 인정해 주지 않는다는 것입니다. 자기는 이용만 당했다는 것입니다. 내가 이것도 저것도 다 했는데 왜 나를 알아주지 않느냐는 것입니다.

성경을 많이 읽고 성경 지식이 풍부한 사람이 오히려 시험에 빠질 확률이 높습니다. 자기는 성경 지식이 풍부하여 하나님 말씀의 뜻을 다 알고 있다는 것입니다.

그래서 목사님의 설교에 은혜를 받지 못합니다. 은혜의 공급이 중단되니 자동으로 시험에 빠지게 됩니다. 이들은 설교자가 자기가 알고 있는 성경 지식과 다른 설교를 한다고 불평합니다. 이런 사람은 참으로 위험한 사람입니다. 참으로 조심해야 합니다.

믿음의 사람은 자기를 죽이고 자기 십자가를 지고 신앙생활을 합니다. 자기 십자가를 진다는 것은 자기를 낮추고, 매사에 주님만 높이며, 주님을 자랑하는 삶을 뜻합니다.

"이 모든 것은 주님이 하셨습니다. 이 모든 것은 주님의 은혜였습니다."

이렇게 고백하고 자기를 내려놓는 삶이 하나님께 영광을 돌리는 삶입니다.

＊ 장로교 칼뱅의 5대 교리가 다음과 같습니다.

1. 인간의 전적 타락과 전적 부패

2. 무조건적인 선택

3. 제한된 구속

4. 불가항력적인 은혜

5. 성도의 궁극적인 구원

성경은 인간 타락의 실상을 아주 구체적으로 기록하고 있습니다. 그래서 칼뱅의 종교개혁을 통해서 5대 교리가 구체화 되었습니다.

여러분! 성경 지식 자랑하지 마십시오. 제발 성경을 가르치겠다고 나서지 마십시오. 여러분의 신앙업적을 자랑하지 마십시오. 주님이 다 알고 계시면 됩니다.

다른 사람의 말에 경청하는 자세를 가지십시오. 하나님께서 저 사람을 통해서 나에게 무슨 말씀을 하는지 귀를 기울이십시오. 그러면 여러분은 하나님의 세미한 음성을 듣게 될 것입니다.

우리는 철저하게 부패하고 타락한 죄인이었음을 고백하며 살아야 합니다. 모든 것이 하나님의 은혜임을 고백해야 합니다. 나의 나 된 것은 하나님의 은혜임을 인정하는 겸손으로 살아야 합니다.

시험을 당하는 자가 잊지 않고 꼭 기억해야 할 일이 있습니다. 우리는 시험에서 반드시 승리하게 되어 있습니다. 왜냐하면 예수님께서 마귀의 모든 시험을 물리치고 승리하였기 때문입니다.

"하나님께서 항상 내 편이시다"라는 믿음의 확신이 있으면 어려운 시련을 견디는 것은 쉽습니다. 그러면 우리는 언제까지 참아야 합니까?

[약 1:12] 시험을 참는 자는 복이 있나니 이는 시련을 견디어 낸 자가 주께서 자기를 사랑하는 자들에게 약속하신 생명의 면류관을 얻을 것이기 때문이라

그렇습니다. 주님께서 나를 인정할 때까지 참고 견디면, 반드시 하나님께서 약속하신 모든 축복을 받아 누리게 됩니다. 우리는 시험을 당할 때 주님을 바라보면서 기도해야 합니다. 고통 중에 있는 나를 붙들고 계신 주님께 믿음

으로 기도하면, 우리의 기도는 반드시 응답이 됩니다. 나의 형편을 살피시고 나를 감찰하시는 하나님께서 우리의 기도를 들으시고 풍성한 은혜와 축복을 넘치게 부어 주십니다. 하나님의 자녀인 우리는 당면한 모든 시험에서 넉넉히 이길 수가 있습니다.

사랑하는 성도 여러분!

사탄은 끊임없이 우리를 유혹하고 있습니다. 이 사탄의 유혹은 너무나 합리적이고 달콤합니다. 그래서 마귀의 유혹에 빠지면 쉽게 벗어날 수 없습니다.

특히 물질의 유혹은 우리가 이기기에 너무나 힘든 유혹입니다. 돈은 강력한 힘과 매력을 가지고 사람들의 마음을 사로잡습니다. 우리가 돈을 사랑하게 되면 반드시 그 유혹에 넘어가게 되어 있습니다. 우리는 돈을 다스리고 잘 관리할 수 있는 능력이 있어야 합니다.

영적인 유혹도 참으로 무서운 것입니다. 우리는 순간적으로 영적인 유혹에 넘어갈 수밖에 없는 존재입니다. 사람들이 나를 인정하고 칭찬하면 기분이 너무 좋습니다. 특별히 내가 신앙생활을 잘한다는 칭찬을 들으면, 영적으로 교만하여 하나님을 대적하는 사람으로 바뀌기 쉽습니다.

성경을 많이 아는 지식도 영적인 올무가 될 수 있습니다. 헌금을 많이 하고 봉사를 많이 하는 것도 영적인 올무가 될 수 있습니다. 교회가 갑작스럽게 부흥하고 성장해도 영적으로 교만해질 수 있습니다.

우리 자신을 십자가에 못 박지 아니하면, 우리는 결국 무너지게 됩니다. 우리는 우리에게 다가오는 모든 시험을 기쁘게 받아들여야 합니다. 우리는 참고, 또 참고 인내하면서 우리에게 다가오는 모든 시험을 이겨내어야 합니다. 우리 모두 세속현자가 말하는 모든 유혹을 진리의 말씀으로 물리칩시다.

주 예수 그리스도의 이름으로 모든 시험을 물리치고 승리하는 복된 성도가 됩시다.

제 2 부

믿음 안에서 새로운 출발

6. 율법과 복음

[요 1:16-18] 우리가 다 그의 충만한 데서 받으니 은혜 위에 은혜러라 율법은 모세로 말미암아 주어진 것이요 은혜와 진리는 예수 그리스도로 말미암아 온 것이라 본래 하나님을 본 사람이 없으되 아버지 품 속에 있는 독생하신 하나님이 나타내셨느니라

무거운 짐을 지고 가는 '천향인'에게 '세속현자'는 다정하게 이렇게 말합니다.

"무거운 짐을 내려놓는 쉬운 방법도 있는데 내가 도와주겠소."

"그래요. 어떻게 하면 되나요?"

"내가 가르쳐주는 길을 가면 '도덕골'이란 마을이 있소. 그곳에 가면

'율법'이라는 선생을 만날 수 있을 거요. 그분이 무거운 짐을 벗어버리는 방법을 가르쳐 줄 것이요. 혹시 그분이 외출 중이면 그의 아들 '예의'를 찾아가시오. 그의 아들도 아버지 못지않게 쉬운 방법으로 이 무거운 짐을 벗게 해줄 것이요.

'도덕골'에는 지금 비어 있는 집도 많고 좋은 음식도 많이 있을 거요. 그곳에 가족과 함께 이사 와서 살기를 원하면 지금보다 더 행복한 삶을 살 수 있을 것이요."

천향인은 세속현자의 말을 듣고 눈이 번쩍 떠졌습니다. 이 무거운 짐을 벗는 쉬운 방법이 있다는 세속현자의 말을 믿었습니다. 천향인은 언덕 위에 있는 도덕골이라는 마을로 발걸음을 옮겼습니다. 언덕에 오르자 깔끔하게 생긴 마을이 그의 눈에 들어왔습니다.

그런데 금방 도착할 것으로 생각했던 마을이 생각보다 멀었고 가는 길도 높고 험난했습니다. 수많은 계곡이 있어 발을 헛딛으면 목숨을 잃을 것 같았습니다. 그런데 '도덕골'을 향해 가면 갈수록 어깨에 진 짐은 더욱더 무거워졌습니다.

천향인이 지고 가는 무거운 짐은 율법으로는 벗을 수 없고 복음으로만 그 짐을 벗을 수 있습니다. 신앙생활에서 율법과 복음의 바른 이해는 매우 중요한 과제입니다. 율법과 복음을 바로 이해하지 못하면 성숙한 신앙인의 삶을 살 수 없습니다.

하나님께서는 아브라함과의 언약으로 애굽에서 종살이하던 이스라엘 백성들을 출애굽 시키셨습니다. 이스라엘 백성들은 이제 하나님의 백성으로 새로운 삶을 살게 되었습니다. 이스라엘 백성들이 애굽에서 나온 지 3개월이 되던 날부터 시내 광야에서 장막을 치게 됩니다.

하나님께서는 백성들을 성결하게 하고 모세를 시내산으로 올라오게 합니다. 하나님께서는 이스라엘 백성들이 이 땅에서 어떠한 삶을 살아야 할지를 말씀하시면서 2개의 돌판에 계명을 직접 새겨서 모세에게 줍니다.

1계명에서 4계명은, 우리 인간이 어떻게 하나님을 섬겨야 할지에 대해 말씀하십니다. 5계명부터 10계명까지는, 하나님의 백성이 이 땅을 살면서 어떻게 살아야 할지를 기록해 놓은 것이 십계명입니다. 십계명의 핵심은 하나님 사랑과 이웃 사랑입니다.

십계명을 기준으로 더욱 구체적으로 하신 말씀이 율법입니다. 율법의 핵심은 "이렇게 행하라 그리하면 살리라"입니다. 복음은 "예수님을 믿어라. 그리하면 살리라"입니다.

하나님의 아들, 예수님께서 이 땅에 오셔서 전한 기쁜 소식입니다. 범죄하고 타락한 우리 인간은 율법대로 살지 못했습니다. 인간은 죄의 본성을 따라 자기의 정욕과 욕심에 이끌려 죄의 종으로 살아갈 수밖에 없는 존재입니다.

그래서 마귀는 자기가 원하는 대로 우리 인간을 이끌어 갑니다. 하나님께서 우리 인간의 삶을 살펴보시면서 이렇게 말씀하십니다.

[시 14:1-3] 어리석은 자는 그의 마음에 이르기를 하나님이 없다 하는도다 그들은 부패하고 그 행실이 가증하니 선을 행하는 자가 없도다 여호와께서 하늘에서 인생을 굽어살피사 지각이 있어 하나님을 찾는 자가 있는가 보려 하신즉 다 치우쳐 함께 더러운 자가 되고 선을 행하는 자가 없으니 하나도 없도다

범죄하고 타락한 인간의 본능으로는 하나님을 찾지 못하고 하나님의 말씀대로 살 수 없다는 것입니다. 율법이 하나님이 주신 목적을 이루지 못하자, 하

나님께서는 복음을 주서서 우리를 구원하셨습니다.

복음은 "내가 너를 대신해서 다 했다. 그러므로 너는 살 것이다." 예수님께서는 인간이 이루지 못한 율법을, 우리를 대신하여 다 이루었습니다.

예수님께서는 우리가 감당해야 할 죄의 형벌을 대신 짊어지셨습니다. 우리를 의롭게 하시려고 십자가에서 처형되시고 3일 만에 부활하셨습니다.

예수님의 부활은 죄를 이기고, 사망을 이기고, 마귀를 이긴 놀라운 사건입니다. 예수님의 부활로 우리 운명이 달라졌습니다. 예수님을 믿는 모든 자들에게 하나님께서는 새로운 피조물로 영원한 생명, 곧 영생을 얻게 하셨습니다.

우리는 예수님을 믿음으로 그분이 이루신 모든 것을 얻게 되었습니다.

아브라함이 하나님을 믿음으로 의로 여김을 받은 것 같이, 우리도 예수님을 믿음으로 의롭게 되는 놀라운 일이 일어납니다.

그러면 모세를 통하여 주어진 율법의 의미는 무엇입니까?

존 칼뱅은 기독교강요에서 율법의 기능을 이렇게 정리하였습니다.

첫째, 율법은 죄인을 정죄하는 기능을 하고 있습니다. 율법은 하나님의 의를 밝혀냄으로써 인간의 죄를 구체적으로 밝힙니다. 인간은 율법을 통하여 죄를 깨닫게 되고, 하나님의 긍휼을 바라보게 하여 죄인으로 하여금 복음으로 나아가게 합니다.

둘째, 율법은 죄의 악행을 억제하는 기능을 합니다. 사람들의 악행에는 반드시 형벌이 따른다는 사실을 알게 합니다. 형벌에 대한 두려움 때문에 죄의 악행을 행하지 못하도록 억제합니다. 율법은 악행을 억제하는 기능은 하지만 악행을 제거하지는 못합니다.

셋째, 율법의 기능은 신자들에게 하나님의 뜻을 알게 하는 기능을 합니다.

율법을 통해서 하나님을 섬기는 삶이 무엇인지 깨닫게 하고, 하나님의 기쁨이 되는 삶이 무엇인지 알려주고, 하나님께서 기대하는 삶이 무엇인지 깨닫게 합니다.

율법의 기능은 죄를 깨닫게 하여 그 죄를 가지고 예수 그리스도께 나아가 죄의 멍에서 벗어나게 합니다. 죄의 영향력에서 벗어난 삶은 오직 복음으로만 가능합니다.

> [마 5:48] 그러므로 하늘에 계신 너희 아버지의 온전하심과 같이 너희도
> 온전하라

하나님께서 인간에게 율법을 주신 이유는 '너 자신을 바로 알라'는 깊은 뜻이 있습니다. 우리 인간은 타락한 본성을 가지고 있는 형편없는 존재입니다. 인간은 타락의 본성을 인정하고, 나도 그러한 존재라는 사실을 인정해야 예수 그리스도를 만날 수가 있습니다.

예수 그리스도께서 이 땅에 오신 목적은 의인을 부르러 오신 것이 아니라, 죄인을 불러 회개시켜 하나님의 자녀로 만들기 위해서 오신 것입니다. 율법을 주신 목적은 내가 죄인임을 깨닫게 하여 예수 그리스도께 나아가게 하는 것입니다.

복음은 예수 그리스도를 통하여 받게 된 은혜와 진리입니다. 우리는 복음 안에서 진정한 자유와 안정과 평화를 누리며 이 세상을 살아갈 수 있습니다.

복음은 인간에게 들려진 가장 기쁜 소식으로 예수 그리스도께서 나를 대신하여 율법의 요구를 다 성취하셨다는 것입니다.

복음은 죄인을 구원하시려고 예수 그리스도께서 이 땅에 오셨다는 기쁜 소

식입니다.

복음은 그리스도께서 우리 인간의 모든 죄를 사함 받게 하셨다는 놀라운 소식입니다.

복음은 예수 그리스도의 부활을 믿는 자들을 의롭게 하여 예수님의 부활에 동참하게 합니다.

우리는 예수 그리스도와 함께 살아난 새로운 피조물이 되었습니다. 이제 우리는 하나님의 은혜 안에 살게 되었습니다. 은혜란 값없이 주시는 하나님의 선물로 내가 해결할 수 없는 모든 영역의 일들을 하나님께서 나 대신 해결해 주시는 것을 말합니다. 하나님의 은혜가 우리를 구원하였고, 우리는 하나님의 은혜 안에 살게 되었습니다.

복음의 진리는 어떤 경우에도 변하지 않습니다. 예수님께서 길이 되시고, 진리가 되시고, 생명이 되십니다. 진리 되신 예수님께서 우리와 함께 계신다는 것은, 우리가 복음 안에서 자유인이 되었다는 말씀입니다.

복음은 우리로 하여금 새로운 존재로서 새로운 삶을 살게 합니다. 율법적인 삶은 상대의 잘못을 지적하고 정죄하는 삶입니다. 그러나 복음의 삶은 진정한 평화를 누리는 삶이며, 형제를 사랑하고 축복하는 삶입니다.

남을 비판하는 것, 남을 정죄하는 것은 정당하고 의롭게 보입니다. 그러나 분명한 것은, 내가 남을 비판하는 그 비판으로 상대방이 절대로 달라지거나 변화되지 않습니다. 왜냐하면 내가 비판하는 그 비판은 율법과 같아서 사람을 변화시킬 능력이 없습니다. 또한 내 비판은 항상 정당하지도 않습니다. 잘못된 시각에서 남을 비판하는 경우들이 너무 많습니다. 그 어떤 정죄나 비판도 상대방을 바꾸거나 변화시킬 수가 없습니다.

예수님께서는 남의 잘못을 지적하고 비판하는 자들을 향하여 이렇게 말씀하십니다.

[마 7:1-2] 비판을 받지 아니하려거든 비판하지 말라 너희가 비판하는 그 비판으로 너희가 비판을 받을 것이요 너희가 헤아리는 그 헤아림으로 너희가 헤아림을 받을 것이니라

남을 비판하고 정죄하는 일은 너무나 재미가 있고 신이 납니다. 남의 흉을 볼 때 시간 가는 줄 모르고, 남을 정죄하는 일은 너무 즐겁고 행복합니다. 그 이유는 우리 인간은 타락의 본성을 가지고 있기 때문에 그렇습니다.

율법의 본능은 정죄하고 죄를 지적하는 것입니다. 그래서 율법적인 사람은 본능적으로 다른 사람을 정죄하거나 죄를 지적하는 일을 잘합니다.

남을 정죄하는 삶은 잘못된 삶입니다. 복음적인 삶은 남의 실수를 나의 실수로 받아들이고, 남의 아픔을 나의 아픔으로 받아드리는 삶입니다. 복음적인 삶은 남의 기쁨을 내 기쁨으로 받아들여 함께 즐거워하는 삶입니다.

[롬12:15] 즐거워하는 자들과 함께 즐거워하고 우는 자들과 함께 울라

복음적인 삶은 위로가 되고 소망이 되는 아름답고 복된 삶입니다. 복음적인 삶은 하나님께 기쁨이 되는 복된 삶입니다.

사랑하는 성도 여러분!

여러분은 율법과 복음을 바로 이해하고 있습니까? 그리고 우리는 복음적인 삶을 살고 있습니까? 그런데 이 땅을 살아가고 있는 수많은 그리스도인들이 율법과 복음을 바로 이해하지 못하는 신앙생활을 하고 있습니다. 우리는 율법과 복음을 바로 이해해야 합니다. 율법은 우리의 죄를 깨닫게 하는 초등학문으로, 내가 얼마나 큰 죄인이라는 것을 알게 하는 데 그 목적이 있습니다.

그러나 복음적인 삶은 우리 모두를 살리고 행복하게 합니다. 복음적인 삶은 언제나 남을 축복하며 격려합니다. 예수님께서 우리를 대신하여 죽으심으로 율법을 온전히 지켰습니다. 예수님께서 율법이 요구하는 우리의 죗값을 다 치르셨습니다.

예수님께서 나를 대신해서 행하신 일들을 믿음으로 받아들이면 복음적인 사람이 됩니다. 예수님께서 행하신 모든 일들은 우리가 행한 것이 됩니다.

우리는 예수님과 함께 죽고 예수님과 함께 살아난 새로운 피조물입니다.

복음은 성령 안에서 거듭나 믿음에서 난 의로 이 땅을 살게 합니다. 복음을 바로 알면 우리는 남을 비판하고 정죄하는 율법의 삶에서 함께 울고, 함께 기뻐하는 복음적인 삶으로 바뀌게 됩니다.

율법은 거룩하고 의롭습니다. 죄를 깨닫게 하여 예수 그리스도에게로 나아가게 하는 초등교사와 같은 역할을 합니다. 율법도 거룩하고 의로우며 선한 하나님의 선물입니다. 하지만 율법은 우리를 구원하지는 못합니다. 그렇다면 결국 율법은 우리를 어디로 인도할까요?

[갈 3:10] 무릇 율법 행위에 속한 자들은 저주 아래에 있나니 기록된 바누구든지 율법 책에 기록된 대로 모든 일을 항상 행하지 아니하는 자는 저주 아래에 있는 자라 하였음이라

율법 아래 있으면 누구든지 저주를 받게 됩니다. 복음은 놀라운 하나님의 은혜와 복을 줍니다. 하나님께서 선물로 주신 율법과 복음을 바로 이해합시다. 우리 모두 복음 안에서 참된 자유를 누리는 복된 삶을 삽시다. 할렐루야!

7. 두드리라 그리하면 열리리라

[눅 11:9-12] 내가 또 너희에게 이르노니 구하라 그러면 너희에게 주실 것이요 찾으라 그러면 찾아낼 것이요 문을 두드리라 그러면 너희에게 열릴 것이니 구하는 이마다 받을 것이요 찾는 이는 찾아낼 것이요 두드리는 이에게는 열릴 것이니라 너희 중에 아버지 된 자로서 누가 아들이 생선을 달라 하는데 생선 대신에 뱀을 주며 알을 달라 하는데 전갈을 주겠느냐

'세속현자'에게 속아서 잘못된 길을 가며 방황하던 '천향인'에게 '전도자'가 나타나서 올바른 길을 제시해 줍니다. 천향인은 그가 가던 길을 돌이켜 좁은 문을 향하여 발걸음을 옮겼습니다. 그는 길을 가면서 수많은 유혹이 있었지만, 그들의 이야기에 귀를 기울이지 않고 좁은 문을 향하여

나아갔습니다.

드디어 그토록 바라고 기다리던 좁은 문에 이르렀습니다. 천향인은 잠겨있는 좁은 문으로 가서 문을 두드렸습니다. 그러자 좁은 문 안에 있던 '선행'이라는 사람이 문을 열고 황급히 천향인을 좁은 문 안으로 끌어당깁니다. 천향인은 너무나 놀라서 선행이라는 사람에게 이렇게 말합니다.

"여보시오! 왜 이렇게 사람을 강제로 끌어당기는 겁니까? 가만히 두어도 내가 들어올 것인데 …."

"모르는 소리 하지 마세요. 좁은 문으로 들어가고자 하는 자들을 사탄이 그대로 두지 않습니다. 사탄은 '바알세불'을 시켜서 좁은 문으로 들어가는 자들을 화살로 쏴 죽입니다. 그래서 내가 황급히 당신을 끌어당긴 것입니다."

천향인은 지나온 과정에서 생긴 모든 일을 선행에게 이야기했습니다.

"멸망의 도시, 장망성에서 전도자를 만나서 좁은 문으로 들어가야 마지막 하나님의 심판에서 구원받는다는 복음을 들었습니다. 그래서 이곳으로 '갈팡질팡'과 함께 오다가 절망의 늪에 빠져 죽을 고생을 했고, 또 '세속현자'에게 속아서 '도덕골'로 '율법'이라는 선생과 그의 아들 '예의'를 만나러 갔습니다. 그런데 어깨에 진 짐이 더 무거워 견딜 수가 없었습니다. '도덕골'로 가는 길은 너무 험해서 절벽에서 떨어질 위험을 당할 뻔했는데 다행히 그 길을 가는 도중에 '전도자'를 만나서 다시 이곳에 오게 됐습니다"라고 그 과정을 소상하게 다 말했습니다. 그러자 선행은 말합니다.

"참으로 잘 오셨습니다. 참으로 장하십니다. 이제 좁은 문으로 들어왔으니, 그와 같은 일이 없을 것입니다. 이제는 당신은 세상 사람들과는 다른 삶을 살게 될 것입니다. 좁은 길로 걸어가는 모든 사람은 하나님께서 모든 일에 개입하십니다. 좁은 길로 걸어가는 사람에게 하나님께서 특권을 주셨는데 바로 기도입니다. 좁은 길로 걸어가는 자는 참으로 복 있는 사람입니다. 세상의 모든 유혹을 물리치고 하나님과 직접 교제하면서, 하나님의 뜻을 좇아 살아가는 자들은 좁은 길로 가는 사람들입니다. 구하고 두드리는 자에게 반드시 열리는 기적이 일어납니다."

오늘까지 우리의 삶을 되돌아보면, 그 어느 것 하나 힘들지 않고 어렵지 않는 것이 없었습니다. 그런데 어떤 이들은 힘들고 어려운 일을 잘 극복하고, 자신이 바라고 원하는 목적을 이루며 이 땅을 살아갑니다. 그러나 어떤 이들은 조금만 힘들고 어려워도 견디지 못하고, 모든 것을 포기해 버리는 자들이 있습니다.

직장생활에서 인정받는 길은 묵묵히 맡겨진 일에 최선을 다하면, 자연스럽게 인정받게 됩니다. 인정을 받으면 직급도 올라가고, 월급도 많이 받고 풍족한 삶을 살게 됩니다.

신앙생활도 교회에서 인정받고, 중직을 맡고 헌신하는 자들을 살펴보면 참고 인내하면서 묵묵히 일하며 봉사하는 사람들입니다.

목회도 마찬가지입니다. 힘들고 어려워도 묵묵히 주님 바라보면서 최선을 다하면, 하나님께서 반드시 길을 열어주시고 은혜를 부어 주십니다. 하나님의 은혜가 임하지 않고는 참된 목회가 불가능합니다.

사역자란 주님의 일을 하는 것입니다. 주님께서 기뻐하는 일이라면, 교인들이 싫어해도 그 일을 이루어 나가는 것이 사역자의 사명입니다. 교인이 아닌 주님이 떠나라 하시면, 과감하게 떠나는 것이 사역자의 용기입니다.

하나님의 자녀인 우리에게는 기도할 수 있는 특권이 있습니다. 우리가 믿음으로 기도하면, 하나님께서 응답해 주시는데 기도 응답의 결과는 상상을 초월합니다. 하나님께서는 내가 기도하는 것만 이루어 주시는 분이 아니라, 내가 기도하지도 않는 것도 다 이루어 주시는 여호와 이레의 하나님이십니다.

여호와 이레의 하나님! 나의 필요를 늘 준비해 주시는 하나님이십니다.

주님께서는 우리에게 구하고, 찾고 두드리면 열어주시겠다고 약속하셨습니다. 이 말씀을 믿음으로 받아들이고 우리의 삶에 적용하면, 길이 열리고 문제가 해결되는 놀라운 기적이 일어납니다. 두드리는 자에게 길은 열리게 되어 있습니다.

신앙생활에 있어서 가장 중요한 요소가 있다면 바로 기도가 아닌가 생각합니다. 기도는 하나님과의 교제요, 기도는 하나님과의 대화입니다.

기도는 영적으로 숨을 쉬는 호흡입니다. 숨 쉬는 것이 자연스럽고 편안하면 건강한 사람이듯이, 기도가 자연스럽고 편안하면 영적으로 건강한 사람입니다. 우리가 하나님과의 관계가 가까워질수록 기도가 편안해집니다.

다윗의 일상은 기도로 이루어집니다. 다윗은 어떤 상황에 있든지 하나님께 기도하며 하나님의 응답에 따라 움직이고 생활을 하는 사람이었습니다. 다윗은 원수들이 시기하고 질투하여 그를 죽이려고 달려들 때 이렇게 고백합니다.

[시 109:4] 나는 사랑하나 그들은 도리어 나를 대적하니 나는 기도할 뿐
이라

다윗은 그들과 다투며 대적하지 않고 하나님께 기도하였습니다.
주님께서 말씀하십니다.

"구하라 그리하면 얻을 것이다."

여러분, 우리가 이 세상을 살면서 이런 놀라운 축복이 어디에 있습니까? 자녀는 부담 없이 아버지에게 무엇을 청구할 수가 있습니다. 그러나 우리가 육신의 부모에게 무엇을 청해도 얻을 수 있는 것은 지극히 제한적입니다. 왜냐하면 부모가 자식을 위해서 할 수 있는 능력이 그리 많지 않기 때문입니다.

하지만, 우리가 하나님께 청구하는 기도는 제한이나 제약을 받지 않습니다. 하나님께서는 전능하신 분으로 우리가 구하는 모든 것을 들어주실 수 있는 능력을 소유하셨습니다.

그러므로 내가 하나님을 진실로 바로 믿고 있는지 한번 점검해 보아야 합니다. 나의 기도가 탐욕과 욕심의 기도가 아닌지 살펴보아야 합니다.

우리는 믿음으로 구하지 않고 하나님을 불신하면서 기도하고 있지는 않습니까? 이런 기도는 응답을 받을 수 없습니다.

우리가 믿음으로 기도하면 하나님께서는 반드시 응답하십니다. 우리는 기도하면서 기다리는 인내가 필요합니다. 믿음으로 기도한 모든 것은 때가 되면 이루어지고 넘치는 복으로 채워주십니다.

주님께서 말씀하십니다.

"찾으라 그리하면 찾아낼 것이다."

누가복음 15장에 '잃은 양의 비유'와 '잃은 드라크마의 비유'가 나옵니다. 한 여자가 10개의 드라크마 중 하나를 잃어버렸습니다. 그는 잃어버린 하나를 찾기 위하여 등불을 켜고, 짐을 들어내고, 방을 쓸어서 마침내 잃어버린 드라크마를 찾았습니다. 그는 벗과 이웃을 불러 모아 말하되 "나와 함께 즐기자! 잃어버렸던 드라크마를 찾았노라"고 하며 즐거워하였습니다.

여러분이 잃어버린 것은 무엇입니까?

돈을 잃어버렸습니까? 건강을 잃어버렸습니까? 직장을 잃어버렸습니까? 명예와 지위를 잃어버렸습니까?

오늘 저와 여러분이 믿음으로 기도하면 잃어버린 모든 것을 다시 찾을 수가 있습니다. 헛된 탐욕과 욕심을 버리고 진리 안에서 믿음으로 기도하면 우리는 잃어버린 모든 것을 찾을 수가 있습니다.

그런데 잃어버린 것을 찾기 위해서는 남다른 헌신과 희생이 있어야 합니다. 드라크마를 찾기 위하여 온 집을 뒤지며 쓸어 담는 땀 흘리는 수고가 없이는 잃어버린 것을 찾을 수가 없습니다.

우리가 잃어버린 것을 찾게 될 때 함께 기뻐할 수가 있습니다. 두드리는 자에게 길은 열리고 문이 열리게 되어 있습니다.

누가복음 18장에 한 과부가 불의한 재판관을 찾아갑니다. 이 과부는 날마다 재판관을 찾아가서 내 원수에 대한 원한을 풀어 달라고 간청합니다. 불의한 재판관은 하나님을 두려워하지 않고 사람을 무시하는 사람이었습니다. 그러나 그는 "과부가 날마다 나를 번거롭게 하니 내가 그 원한을 풀어 주리라"고 했습니다.

주님께서 우리에게 말씀하십니다.

"불의한 재판관이 말하는 것을 들으라. 하물며 하나님께서 밤낮 부르짖는 택하신 자들의 원한을 풀어주지 아니하겠느냐? 그들에게 오래 참으시겠느냐?"

두드리는 자에게는 반드시 길이 열리고 문제가 풀립니다.

야곱은 장자가 되고 싶었습니다. 그리고 아버지 이삭으로부터 장자의 축복을 받고 싶었습니다. 그런데 야곱은 차자였고, 아버지 이삭은 장자인 에서만 사랑했습니다. 그러나 야곱은 장자의 축복을 받는 꿈을 포기하지 않고, 장자가 되는 문을 두드렸습니다. 그래서 에서가 배고픈 틈을 이용하여 팥죽을 끓여 놓고, 사냥하고 돌아오는 에서를 기다립니다. 시장하고 지친 에서가 팥죽을 보고 환장을 합니다. 야곱에게 팥죽을 달라고 요청합니다. 야곱은 형에서의 요청을 거절하면서 장자의 명분을 팔면 팥죽을 주겠다고 합니다.

에서는 야곱의 요청을 받아들여 팥죽 한 그릇에 장자의 명분을 팝니다. 야곱은 합법적으로 장자의 명분을 샀습니다. 그리고 아버지 이삭에게 에서로 변장하여 들어가서 야곱은 장자의 축복을 받습니다.

> [창 27:28-29] 하나님은 하늘의 이슬과 땅의 기름짐이며 풍성한 곡식과 포도주를 네게 주시기를 원하노라 만민이 너를 섬기고 열국이 네게 굴복하리니 네가 형제들의 주가 되고 네 어머니의 아들들이 네게 굴복하며 너를 저주하는 자는 저주를 받고 너를 축복하는 자는 복을 받기를 원하노라

야곱은 그가 바라던 장자의 문을 두드려 장자의 축복을 받게 되었습니다.

야곱은 이 일로 형의 노여움을 사게 되고 외삼촌 라반의 집으로 도망갑니다. 야곱은 그곳에서 20년 동안 최선의 노력을 다하여 외삼촌을 큰 부자가 되게 했습니다. 그리고 4명의 부인과 8명의 자녀를 얻게 됩니다.

외삼촌은 야곱의 노동력을 착취하고 품값을 10번이나 변경하면서 야곱의 재산을 다 착취했습니다. 야곱은 고향으로 돌아가겠다고 외삼촌 라반에게 말합니다. 그러자 외삼촌 라반은 너무 놀라서 야곱을 붙잡으면서 제안합니다.

"네가 원하는 대로 품값을 줄 테니 같이 일하자."

야곱은 외삼촌에게 자기가 일한 품값으로 얼룩 양과 얼룩 염소, 얼룩소를 달라고 합니다. 야곱은 품값을 외삼촌이 아닌 하나님께 받기를 원했습니다. 그러자 라반은 너무 기뻐하면서 얼룩이를 야곱의 품값으로 주기로 약속합니다. 야곱의 품값으로 모든 짐승의 얼룩이를 주기로 약정했습니다.

라반은 그날 밤, 얼룩 양과 얼룩 염소를 구별하여 그의 아들들에게 3일 길을 가게 하여 양을 치게 합니다. 야곱에게는 품값을 주지 않겠다는 것입니다. 그러나 얼마 지나지 않아서 외삼촌의 양과 염소가 얼룩이로 다 바뀝니다. 건강한 양과 염소는 모두 얼룩이 새끼를 낳습니다. 우리가 믿음으로 바로 살면 내가 원하는 만큼 품값을 받는 축복을 받게 됩니다.

이제 야곱은 큰 부자가 되어 고향을 돌아오게 되었습니다.

그렇습니다. 문을 두드리면 열리게 되어 있습니다. 야곱이 아무리 착취를 당해도 하나님께서는 야곱이 수고한 모든 것을 다 보상하셨습니다. 야곱은 장자의 축복을 받았고, 많은 자손을 얻게 되고, 거부가 되는 복까지 받게 되었습니다.

우리는 기도로 끈질기게 문을 두드려야 하고, 우리의 삶 속에서 문을 두드리면서 살아야 합니다. 문을 두드리는 자에게 반드시 길이 열립니다.

사랑하는 성도 여러분!

저와 여러분은 하나님께 기도하고 응답받는 체험을 하면서 신앙생활을 하고 있습니까? 기도 응답의 체험이 없으면 신앙생활의 활력을 잃어버리고 승리하는 삶을 살 수가 없습니다. 우리가 하나님께 기도하면서도 응답받지 못하는 경우가 많은데 그 이유가 어디에 있는지 아십니까?

우리는 하나님께 기도하면서 하나님께서 응답하실 것을 믿지 않습니다.

우리의 기도는 하나님과의 관계의 회복이 아니고 탐욕과 욕심의 기도입니다.

우리는 기도하면서 하나님의 뜻을 생각하지 아니하고 내 욕망대로 기도합니다.

우리의 이런 기도는 하나님의 응답을 받을 수 없습니다.

하나님께서는 좁은 문을 통과하여 좁은 길로 가는 사람들에게 놀라운 특권을 주셨습니다. 이 특권이 바로 기도입니다. 우리의 신앙생활에서 진정한 기도가 회복되면 하나님과의 관계가 회복되고 축복이 회복됩니다.

기도의 핵심은 나의 필요를 공급받는 것이 아니라 하나님과의 관계의 회복입니다.

하나님과의 관계가 회복되면 여호와 이레의 하나님께서 나의 필요를 준비하십니다. 하나님과의 관계가 회복되면 필요한 모든 영역에서 하나님께서 나의 필요를 채워주십니다. 우리 모두 기도가 회복되어 구하고, 찾고, 두드리는 것마다 응답받는 놀라운 은혜와 축복의 역사가 있기를 바랍니다.

8. 선행의 복음

[약 1:26-27] 누구든지 스스로 경건하다 생각하며 자기 혀를 재갈 물리지 아니하고 자기 마음을 속이면 이 사람의 경건은 헛것이라 하나님 아버지 앞에서 정결하고 더러움이 없는 경건은 곧 고아와 과부를 그 환난 중에 돌보고 또 자기를 지켜 세속에 물들지 아니하는 그것이니라

'천향인'은 머나먼 길을 걸어와 잠겨져 있는 문을 두드렸습니다, 그러자 '선행'라는 사람이 문을 열어주었습니다. 천향인은 선행이라는 사람의 도움으로 좁은 문으로 들어왔습니다. 선행은 선한 행동으로 '착한 마음, 좋은 행동'이라는 의미를 지닙니다. 복음은 선행을 통해 전해집니다.

만일 그리스도인들이 삶의 현장에서 선행을 잃어버리면, 복음이 전해지지 않고 막혀버립니다. 복음이 막혀버린 현장에는 사탄이 역사하고, 사탄이 역사하는 현장에는 인생의 비극이 시작됩니다.

러시아의 정교회가 선행의 복음을 저버리고 타락한 길로 갈 때, 레닌이 일어나 수많은 사람에게 재산을 공유한다는 유혹의 말로 공산주의를 일으켰습니다.

타락한 인간을 향하여 "인간은 선하다. 우리는 부자와 가난한 자가 없이 다 함께 잘 살 수 있다"라는 공동소유의 유혹에 빠져 공산주의가 일어나게 된 것입니다. 사탄은 공산주의를 통하여 수천만 명을 억울하게 죽게 했습니다.

아시아의 일곱 교회가 왕성했던 중동지역의 그리스도인들이 선행의 복음을 져버리면서 이곳에 회교도가 들어옴으로써 이슬람국가가 다 되고 말았습니다.

당시 동방의 그리스도인들은 선행의 복음을 잃어버렸습니다. 당시 최대의 성지인 콘스탄티노플을 중심으로 신앙적 미신에 사로잡혀 있었습니다. 교회 건물 내부에는 온갖 성상을 만들어 숭배하며 신앙의 본질을 잃어버렸습니다. 그러자 중동 일대가 이교도의 침입으로 기독교가 무너져 버린 것입니다.

신앙적 최대의 위기는 정치적, 경제적 안정입니다. 경제적으로 안정이 되면 자동으로 신앙이 타락하게 되어 있습니다.

오늘, 이 시대에 우리는 선행의 복음을 회복해야 합니다.

그리스도인이 선행의 삶을 살며 이웃에게 감동을 주지 못할 때 복음의 문은 막혀버립니다. 그러므로 그리스도인은 세상의 빛이 되고 소금이 되어야 합니다.

우리는 가정에서 자녀들에게 그리스도인의 삶을 보여 주어야 합니다. 그래야 저와 여러분의 자녀가 예수님을 바로 믿을 수가 있습니다.

안디옥에서 맨 먼저 믿지 않는 사람들로부터 예수님을 믿는 사람을 그리스도인이라 칭함을 받았습니다. 그리스도인이란 그리스도를 닮은 사람입니다.

우리가 진정한 예수 그리스도의 제자가 되면 예수님을 닮게 됩니다. 예수님을 믿는 사람은 그분이 어떤 분인지 삶을 통하여 보여 주어야 합니다.

오늘, 이 시대에 우리는 '나는 진정으로 그리스도인인가?'라는 물음에 비추어 자신을 되돌아보아야 합니다.

나는 나의 삶을 통하여 예수님을 증거하고 있는지 우리 자신을 살펴보아야 합니다. 만일 우리의 삶이 세상 사람들의 삶과 전혀 다른 것이 없다면, 우리는 교인은 될 수 있어도 그리스도인은 될 수가 없습니다.

우리가 진정으로 그리스도인이 되지 못하면, 예수님을 믿는 자가 아닙니다. 진정한 그리스도인이 되기 위해 멀리해야 할 것이 있다면, 그것은 거짓말입니다.

거짓말은 참으로 무서운 것입니다. 우리가 거짓말을 아무런 가책이 없이 하게 되면, 사탄은 저와 여러분의 영혼을 점령하고 내 삶을 지배합니다. 사탄은 거짓의 영이요 거짓의 아비입니다.

"저 사람의 말은 진실해. 저분이 그렇다고 하면 인정하고 믿어야 해."

내 주위에서 이런 소리를 들어야 진정한 그리스도인이며, 바로 이것이 그리스도인의 정체성이 아닐까요?

거짓말은 나로 하여금 거짓의 영의 지배를 받고 살게 합니다. 저와 여러분의 마음에서 성령이 떠나가고 거짓의 영 사탄이 지배하게 되면, 우리는 고범죄[故犯罪]를 짓게 됩니다.

고범죄는 하나님께서 가장 싫어하는 범죄로 내가 행하는 모든 행위가 나쁘고 악한 줄 알면서도 행하는 죄를 고범죄라고 합니다. 고범죄는 참으로 무서운 죄입니다. 고범죄는 고의로 죄를 짓는 것입니다. 우리는 끊임없이 고범죄를 짓지 않도록 기도해야 합니다.

그리스도인의 삶은 진실해야 합니다.

그리스도인의 삶은 정직해야 합니다.

그리스도인의 삶은 하나님과 동행하는 삶을 살아야 합니다.

내 입의 말과 생각과 행동이 주님께 열납되는 삶이 그리스도인의 삶입니다.

오늘 본문 말씀은 그리스도인이 신앙생활을 어떻게 하여야 하는지 우리에게 구체적으로 말씀하고 있습니다. 우리는 타락의 본성을 가지고 있어서 성령 안에서 거듭나지 않으면, 내가 생각하는 것, 말하는 것, 행동하는 모든 것이 다 죄 가운데서 행하게 됩니다.

그러므로 그리스도인은 성령 안에서 성령의 지배를 받고 살아야 합니다. 내 안에 성령이 역사하면, 우리는 악한 자를 멀리하고 선한 행실의 삶을 살 수 있습니다.

선행의 삶을 사는 자는 착하고 바르게 사는 사람입니다. 착하고 바르게 사는 사람들은 선한 양심의 소유자입니다. 양심은 하나님께서 주신 선물이므로 우리의 양심을 잘 가꾸어야 합니다. 양심에는 3종류가 있는데 깨끗한 양심, 더러운 양심, 화인 맞은 양심이 있습니다. 하나님께서는 우리의 양심을 통하여 말씀하십니다.

깨끗한 양심의 소유자가 있습니다. - 깨끗한 양심을 소유한 사람은 믿음이 올바르게 성장할 수가 있습니다. 하나님께서는 우리의 양심을 통하여 하나님의 음성을 듣게 하십니다.

> [딤전 3:8-9] 이와 같이 집사들도 정중하고 일구이언을 하지 아니하고 술에 인박히지 아니하고 더러운 이를 탐하지 아니하고 깨끗한 양심에 믿음의 비밀을 가진 자라야 할지니

깨끗한 양심에 믿음의 비밀을 가진 자가 진정한 그리스도인입니다. 깨끗한 양심을 소유하면, 거짓을 멀리하여 믿음으로 맡겨진 직분을 잘 감당하게 됩니다. 우리 모두 깨끗한 양심을 소유하여 하나님과 사람들에게 인정받는 그리스도인이 됩시다.

반대로 더러운 양심의 소유자가 있습니다. - 더러운 양심의 소유자는 거짓의 영이 지배하는 사람으로 생각하는 것, 말하는 것, 행동하는 모든 것이 추하고 많은 사람에게 상처를 줍니다.

> [딛 1:15] 깨끗한 자들에게는 모든 것이 깨끗하나 더럽고 믿지 아니하는 자들에게는 아무것도 깨끗한 것이 없고 오직 그들의 마음과 양심이 더러운지라

"아무것도 깨끗한 것이 없고 그들의 마음과 양심이 더러운지라."
마음과 양심이 더러워지면, 진리 안에서 믿음으로 살 수가 없습니다. 더러운 양심의 소유자는 하나님을 시인하나 그의 행위로는 부정하는 사람입니다. 더러운 양심의 소유자는 선한 일을 져버린 사람입니다. 더러운 양심의 소유자는 회개하여 마음을 깨끗하게 하여야 합니다.

주님 앞에 나와 진실로 회개하면, 예수 그리스도의 보혈로 더러운 양심이 깨끗하게 치유될 수가 있습니다. 더러운 양심의 소유자는 성령의 불을 받아야 하고, 성령의 불을 받으면 우리의 더러운 양심이 깨끗한 양심으로 바뀌는 놀라운 역사가 일어납니다.

화인 맞은 양심의 소유자가 있습니다. - 화인 맞은 양심의 소유자는 양심의 소리를 들을 수가 없는 자들입니다. 화인 맞은 양심은 아무리 못되고 악한 죄를 지어도 그 양심이 죽어서 전혀 자기 잘못을 느끼지 못합니다. 이들은 입만 열면 거짓말을 합니다. 그러나 자기 잘못을 느끼지 못합니다.

[딤전 4:1-2] 그러나 성령이 밝히 말씀하시기를 후일에 어떤 사람들이 믿음에서 떠나 미혹하는 영과 귀신의 가르침을 따르리라 하셨으니 자기 양심이 화인을 맞아서 외식함으로 거짓말하는 자들이라

화인 맞은 양심의 소유자는 그 어떤 죄를 지어도 마음의 가책이나 잘못을 느끼지 않습니다. 이런 자들은 돌이킬 희망이 없는 자들이요, 저주받은 자들입니다.

선한 마음을 가진다는 것은 하나님께서 주시는 양심의 소리를 들으면서 살아가는 사람을 말합니다. 그리스도인은 양심에 부끄럽지 않은 삶을 살아야 할 의무와 책임이 있습니다.

양심은 인류 도덕의 기초요, 윤리입니다. 우리는 성령 안에서 양심이 부끄럽지 않은 삶을 살아야 합니다. 양심을 따라서 살아가는 자는 믿음의 사람이요, 복 있는 사람입니다. 선행의 삶은 자기 혀를 다스리며 사는 사람입니다.

하나님께서는 인간을 창조하실 때 당신의 형상대로 창조하셨습니다. 하나

님의 형상대로 인간을 창조하셨다는 것은 하나님과 교제하며 교통할 수 있는 존재로 만드셨다는 것을 말합니다.

하나님께서 우리 인간 속에만 하나님의 영을 불어 넣으셨습니다. 인간은 창조의 왕관으로 하나님과 소통하면서 교제할 수 있는 유일한 피조물입니다. 인간은 하나님과 교제하며 사람과 소통하며 살아가는 위대한 존재입니다.

또한 인간의 말에는 놀라운 능력이 들어 있습니다. 내가 어떤 말을 하며 사느냐에 따라 내 인생에 창조의 역사가 일어납니다.

"못 살겠다, 죽겠다, 나는 망했다, 나는 되는 일이 없다."

이런 말을 계속하면 내가 말한 그대로 이루어집니다.

> [민 14:27-28] 나를 원망하는 이 악한 회중에게 내가 어느 때까지 참으랴 이스라엘 자손이 나를 향하여 원망하는바 그 원망하는 말을 내가 들었노라 그들에게 이르기를 여호와의 말씀에 내 삶을 두고 맹세하노라 너희 말이 내 귀에 들린 대로 내가 너희에게 행하리니

"내 귀에 들린 대로 너희에게 행하리니!"

그렇습니다. 저와 여러분이 평소에 하는 모든 말을 하나님께서 다 듣고 계십니다. 우리가 말한 대로 그대로 이루어집니다. 우리의 말은 내 인생의 운명을 결정합니다.

믿음으로 살아가는 사람은 자기의 혀를 다스릴 줄 압니다. 자기 혀를 다스리는 사람은 원수가 없고 하나님의 언약하신 모든 축복을 받아 누리게 됩니다.

선행의 사람은 고아와 과부를 돌보며 세속에 물들지 않습니다. 믿음으로 살아가는 자들이 끊임없이 추구해야 할 일이 있다면, 믿음과 선행으로 고아

와 과부를 돌보는 일입니다. 고아와 과부는 부모가 없고 남편이 없는 자만 말하는 것이 아니라, 아무도 의지할 사람이 없는 외로운 사람들을 말합니다.

우리는 이들을 가까이해야 합니다. 그들에게 나아가 그들의 아픔과 고통을 함께 들어주고 함께 나눠야 합니다. 우리는 너무 풍요로운 시대에 살고 있지만, 한편으로는 더 고독하고 더 외롭습니다. 우리는 외롭고 고독한 그들에게 가까이 다가가 친구가 되어주고 함께 교제하는 삶이 고아와 과부를 돌보는 삶입니다.

60대 이상이 된 사람들 대부분은 가난이 어떤 것인지를 경험한 사람들입니다. 지금도 기억나는 것이 초등학교에서 먹었던 '옥수수죽'이 생각이 납니다. 너무나 맛있게 먹었던 기억이 아름다운 추억으로 남아 있습니다.

우리가 세상을 살면서 가난을 경험하고 체험했다는 것은 엄청난 자산입니다. 가난을 경험하고 체험한 자들은 위기를 극복하는 능력이 있습니다. 이것은 엄청난 자산이 아닙니까?

우리가 자녀를 양육하면서 부족하고 모자란 가난을 적용해 보십시오. 부족하고 모자란 결핍을 경험해야 진정한 감사의 삶을 살 수 있습니다.

우리는 고아와 과부를 돌보는 선행의 삶을 살면서 세속에 물들지 않아야 합니다.

사랑하는 성도 여러분!

우리의 삶은 선행의 삶을 살고 있습니까? 우리의 삶이 선행을 잃어버리면 복음의 문이 막힙니다. 복음의 문이 막히면 이 나라, 이 민족에게 비극이 찾아옵니다.

평양이 한때는 동방의 예루살렘이었습니다. 그런데 교회가 사명을 잃어버리고 교회가 폐쇄되고, 복음의 문이 막혀 공산주의가 들어와 오늘의 현실을 만들었습니다. 오늘 우리가 신앙의 본질인 선행을 잃어버리면, 언제 이 땅에 북한 공산주의의 위협이 들어올지 모릅니다. 우리는 정신을 차리고 신앙의 삶을 회복해야 합니다.

우리는 거짓말하지 말고 진실한 말만 하면서 선행으로 진리인 복음을 전하며 이 땅을 삽시다.

우리 모두 혀에 재갈을 물려 말을 조심합시다. 우리가 하는 모든 말을 하나님께서 듣고 심판하신다는 사실을 잊지 말아야 합니다.

불신앙의 말을 하지 맙시다. 원망하거나 불평하는 말을 하지 맙시다. 함부로 남을 판단하고 정죄하는 말을 하지 맙시다.

우리는 언제나 신앙의 말을 하며, 언제나 남을 격려하며 축복하는 말을 합시다.

"감사합니다. 사랑합니다. 축복합니다."

"죄송합니다. 미안합니다. 다 나 때문입니다."

경건한 삶은 고아와 과부를 돌보는 삶을 삽시다. 우리의 주위에 외롭고 고독한 사람들이 너무 많습니다. 우리 모두 그들을 찾아가서 그들의 이야기를 그냥 들어주고, 그들을 격려하며, 위로하며 삽시다.

제발 충고하거나 가르치려 하지 마십시오. 고아와 과부를 돕는 일에 우리 모두 힘을 모아 동참합시다.

우리 모두 선행의 복음으로 나를 다스리고, 선행의 복음으로 이웃을 섬기고, 선행의 복음으로 하나님께 영광을 돌리는 삶을 삽시다.

9. 인생의 상담자 예수님

[요 4:9-19] 사마리아 여자가 이르되 당신은 유대인으로서 어찌하여 사마리아 여자인 나에게 물을 달라 하나이까 하니 이는 유대인이 사마리아인과 상종하지 아니함이러라 예수께서 대답하여 이르시되 네가 만일 하나님의 선물과 또 네게 물 좀 달라 하는 이가 누구인 줄 알았더라면 네가 그에게 구하였을 것이요 그가 생수를 네게 주었으리라 여자가 이르되 주여 물 길을 그릇도 없고 이 우물은 깊은데 어디서 당신이 그 생수를 얻겠사옵나이까 우리 조상 야곱이 이 우물을 우리에게 주셨고 또 여기서 자기와 자기 아들들과 짐승이 다 마셨는데 당신이 야곱보다 더 크니이까 예수께서 대답하여 이르시되 이 물을 마시는 자마다 다시 목마르려니와 내가 주는 물을 마시는 자는 영원히 목마르지 아니하리니 내가 주는 물은 그 속

에서 영생하도록 솟아나는 샘물이 되리라 여자가 이르되 주여 그런 물을 내게 주사 목마르지도 않고 또 여기 물 길으러 오지도 않게 하옵소서 이르시되 가서 네 남편을 불러 오라 여자가 대답하여 이르되 나는 남편이 없나이다 예수께서 이르시되 네가 남편이 없다 하는 말이 옳도다 너에게 남편 다섯이 있었고 지금 있는 자도 네 남편이 아니니 네 말이 참되도다 여자가 이르되 주여 내가 보니 선지자로소이다

좁은 문에 들어간 천향인은 '선행'과 대화를 시작했습니다.

"천향인 씨, 이곳을 어떻게 알고 좁은 문에 들어오게 되었나요?"

"전도자란 분이 좁은 문, 어린양의 문으로 들어가면 영생을 얻게 된다고 하며 그 길을 가르쳐 주었습니다."

"그분이 올바른 길을 가르쳐 주었군요. 그런데 왜 이 길을 혼자 오셨나요?"

"이 구원의 길을 함께 가자고 가족들과 이웃 사람들에게 말씀을 드렸습니다. 그런데 아무도 내 말을 믿지 않았고 따라오지도 않았습니다."

선행은 다시 물었습니다.

"이 길을 오면서 되돌아가자고 하는 사람이 없었나요?"

"옹고집과 갈팡질팡이 함께 오면서 나를 멸망의 도시로 돌아가자고 유혹했습니다. 하지만 제가 그의 말을 듣지 않자 옹고집은 나를 욕하면서 돌아갔고, 갈팡질팡은 나와 함께 이 길을 오다가 절망의 늪에 빠져 크게 상심하다가 멸망의 도시로 돌아갔습니다."

선행과 천향인은 대화를 이어갔습니다.

"갈팡질팡은 작은 어려움도 이겨내지 못하였군요."

"저도 마찬가지입니다. 세속현자에 속아서 율법이라는 선생을 만나러

갔으니까요.”

“당신도 세속현자에게 속을 뻔하였군요. 그들은 모두 사기꾼입니다.”

“저는 율법 선생을 찾아가다가 험난한 산을 만나게 되었습니다. 조금만 더 가다가는 무너진 산에 깔리거나 절벽에 떨어져 죽고 말았을 것입니다.”

“당신은 이곳에 용케 오게 되었군요. 참으로 대단하십니다.”

“모든 것이 주님의 크신 은혜입니다. 저는 이곳에 올 자격이 없습니다.”

그때 선행은 미소를 지으며 말했습니다.

“이곳에 온 사람은 과거에 무슨 잘못을 했는지는 중요하지 않습니다. 주님께서는 잘못을 뉘우치고 회개하면, 과거의 죄를 절대로 기억하시지 않습니다. 이제 제가 당신이 가야 할 길을 가르쳐 드리겠습니다. 저 앞에 길이 보이나요? 저 길은 주님과 믿음이 넘치는 사람들이 닦아놓은 길입니다. 그 길은 좁기는 하지만 곧게 닦여져 있지요.”

천향인은 물었습니다.

“저 길을 따라가면 다른 길은 없습니까?”

“물론 있습니다. 다른 길은 넓고 구부러져 있습니다. 천향인 당신이 가야 할 길은 좁고 곧은 길입니다. 좁은 길을 가다가 ‘해석자’의 집에 들르십시오. 해석자는 당신에게 정말 유익한 이야기를 들려줄 것입니다.

“그런데 선행 씨는 내가 지고 있는 무거운 짐을 벗게 해 주실 수 없나요?”

선행은 얼굴에 미소를 지으며 친절하게 말했습니다.

“비록 짐이 무겁겠지만, 구원에 이르기까지 참고 인내하며 이 짐을 지고 가야 합니다. 그곳에 가면 저절로 이 무거운 짐이 떨어져 나갈 것입니다."

선행은 상담자로서 천향인이 바른길을 가도록 상담해 주었습니다.

우리가 이 세상을 살면서 나에게 상담자가 있다는 것은 놀라운 은혜요, 축복입니다. 세상을 살면서 극단적인 선택을 하는 사람들의 공통점이 있다면, 그들에게는 상담자가 없었다는 것입니다. 내담자는 상담자를 찾아가서 자기의 고민과 문제를 말하면, 상담자는 그 문제를 해결할 방법을 구체적으로 가르쳐 줍니다. 우리가 이 세상을 살면서 아무리 힘들고 어려운 일이 생겨도 상담자가 문제를 해결할 방법을 가르쳐 주면, 문제는 쉽게 풀리게 됩니다.

우리에게는 내 인생의 문제를 상담해 주고 해결해 주시는 분이 계십니다. 바로 그분이 예수그리스도이십니다.

예수님은 우리 인생의 목마름의 갈증을 해결해 주시는 상담자입니다.

예수님은 우리가 두려워하는 사망을 생명으로 바꾸어 주시는 상담자입니다.

예수님은 우리의 신앙의 갈등을 은혜로 해결해 주시는 상담자입니다.

예수님은 우리의 사명을 회복하여 복된 삶을 살게 하시는 상담자이십니다.

우리가 예수님을 만나면 우리 인생의 모든 문제가 다 해결이 됩니다.

우리 인생은 참으로 목마른 삶입니다. 오늘, 이 시대의 수많은 사람이 인생의 목마름에 허덕이면서 이 땅을 살아가고 있습니다. 이 인생의 목마름을 어느 누가 그 무엇으로 해결할 수가 있겠습니까?

사마리아 여인은 인생 목마름의 대표자라고 할 수 있는 사람이었습니다. 그는 뛰어난 미모의 여인이었습니다. 그런데도 남편에게서 사랑의 갈등을 느끼며 하루하루를 살고 있었습니다.

이 여인의 남편은 여섯 명이었습니다. 여러분, 남편을 여섯 명이나 바꿀 수 있는 여인이라면 사마리아 여인의 미모가 어느 정도인지 우리는 짐작할 수가 있습니다. 그는 뛰어난 미모의 소유자였습니다. 그러나 여인의 운명은 미모가 결정하는 것이 아닙니다.

또한 사마리아 여인은 학식이 풍부하고 대화를 잘하는 지식인이었습니다. 사마리아 여인이 예수님과 대화하는 것을 보십시오. 막힘이 없습니다. 그리고 지식이 얼마나 풍부한지 예수님의 질문에 거침없이 대답을 잘합니다.

오늘도 공부를 많이 하고 학식이 풍부한 사람일수록 더 심한 인생의 갈증을 느끼며 살아갑니다. 왜냐하면 학문이 인생의 목마름의 갈증을 해결할 수 없기 때문입니다. 많은 것을 알면 알수록 인생의 피곤함을 더 느끼게 됩니다.

또한 대화를 잘하고 사교성이 풍부한 사람일수록 더 고독하고 외롭게 살아가는 것 알고 있습니까? 강의를 잘하고 사교성이 풍부하여 대화를 재미있게 잘하는 사람일수록 집에 들어가면 아무 말도 하지 않는다고 합니다. 그 사람의 삶이 재미가 없다는 것입니다. 그것도 모르고 사람들은 이렇게 말합니다.

"저런 사람하고 한번 살아봤으면 얼마나 좋을까요?"

그렇지 않습니다. 착각하지 마십시오. 우리 인생은 누구나 목마른 갈증을 느끼며 하루하루를 살고 있습니다.

[전 1:8] 모든 만물이 피곤하다는 것을 사람이 말로 다 말할 수는 없나니 눈은 보아도 족함이 없고 귀는 들어도 가득 차지 아니하도다

그렇습니다. 아무리 많은 것을 알아도, 많은 것을 소유해도, 미모가 뛰어나도 인생의 목마름은 해결되지 않습니다. 누가 인생의 목마름의 갈증을 해결해 줄 수 있겠습니까?

하나님께서는 우리 인생의 목마름의 갈증을 해결해 주시기 위해 우리를 찾

아오셨습니다. 하나님께서는 우리 인간을 창조하실 때부터 인간과 영원히 함께 살 수 있도록 사람을 창조하셨습니다. 그래서 우리 인간의 영혼 속에는 영원을 사모하는 마음이 자리 잡고 있습니다.

> [전 3:11] 하나님이 모든 것을 지으시되 때를 따라 아름답게 하셨고 또 사람들에게는 영원을 사모하는 마음을 주셨느니라 그러나 하나님이 하시는 일의 시종을 사람으로 측량할 수 없게 하셨도다

사마리아 여인에게 물을 좀 달라 부탁하신 예수님께서는 "이 물을 마시는 자는 다시 목마르거니와 내가 주는 물을 마시는 자는 영원히 목마르지 아니하리라"고 말씀하십니다.

이 물은 야곱의 우물에서 나는 자연수를 가리키며, 인간이 추구하는 재물, 명예, 인간의 모든 욕망을 상징하는 말입니다.

세상 사람들이 추구하는 물은 마시면 마실수록 더 심한 갈증을 느낍니다. 그러나 주님께서 주시는 생수를 마시면, 갈증이 해소되고 영원히 목마르지 않습니다.

인간은 아무리 많은 재물을 소유해도 자족하지 못하고 만족하지 못합니다. 재물은 가지면 가질수록 더 가지고 싶은 욕망이 생깁니다. 그래서 재물이 생수가 될 수가 없습니다.

명예도 마찬가지입니다. 사람들에게 인정받으면 인정받을수록 더 심한 갈증을 느끼는 것이 명예입니다. 그래서 명예도 생수가 될 수가 없습니다.

욕망도 마찬가지입니다. 갖고 싶은 것 다 가져도 만족하지 못하고 더 큰 갈증을 느끼게 됩니다. 욕망도 생수가 될 수 없습니다.

예수님의 말씀을 들은 사마리아 여인은 예수님에게 이렇게 말합니다.

[요 4:15] 여자가 이르되 주여, 그런 물을 내게 주사 목마르지도 않고 또 여기 물 길러 오지도 않게 하옵소서

사마리아 여인은 예수님께 생수를 구했습니다. 이 생수를 마시게 되면 이 세상을 살면서 목마르지 않는 삶을 살아갈 수가 있다고 믿었습니다. 복음이 얼마나 놀라운 기쁜 소식이냐고 하면, 누구든지 예수님에게 나오는 자들은 영원히 목마르지 않는 생수를 마시게 된다는 것입니다.

여러분은 인생의 목마름 속에서 얼마나 심한 갈증과 고통을 느끼고 있습니까? 이 세상에서 제공하는 물로는 우리 인생의 갈증을 해결할 수가 없습니다.

돈도 내 인생의 갈증을 해결하지 못하는 물입니다.

명예와 지식도 내 인생의 갈증을 해결하지 못하는 물입니다.

이 세상의 그 어떤 부귀와 영화도 내 인생의 갈증을 해결하지 못하는 물입니다.

인생의 갈증을 해결하지 못하는 이 물에 소망을 두고 살아가는 사람은 참으로 어리석은 사람이요, 미련한 사람입니다. 예수님께서 오늘 우리에게 말씀하십니다.

[요한복음 4:14] 내가 주는 물을 마시는 자는 영원히 목마르지 아니하리니 내가 주는 물은 그 속에서 영생하도록 솟아나는 샘물이 되리라

우리 모두 주님께서 주시는 생수를 마시고 목마르지 않은 은혜가 여러분에게 임하기를 바랍니다. 하나님께서는 예배를 통하여 생수가 공급되게 하셨습니다. 사마리아 여인은 예수님이 주시는 생수를 공급받았습니다. 여인은 믿

음으로 이렇게 고백합니다.

"주여! 그런 물을 내게 주사 영원히 목마르지 않게 하옵소서."

사마리아 여인은 믿음으로 구하고 그 생수를 마셨습니다. 생수를 공급받은 이 여인은 예수님께 이런 질문을 하게 됩니다.

"우리 조상들은 이 산에서 예배하였는데 당신들은 예루살렘에서 예배해야 한다고 말합니다. 어디에 가서 예배를 드려야 합니까?"

그때 주님께서는 사마리아 여인에게 이렇게 말씀하십니다.

[요 4:23-24] 아버지께 참되게 예배하는 자들은 영과 진리로 예배할 때가 오나니 곧 이때라 아버지께서는 자기에게 이렇게 예배하는 자들을 찾으시느니라 하나님은 영이시니 예배하는 자가 영과 진리로 예배할지니라

예배는 신앙인에게 매우 중요한 신앙의 행위입니다. 우리는 예배를 통하여 주님께서 주시는 생수를 공급받습니다. 예배를 통하여 생수를 공급받게 되면 인생의 모든 갈증이 해결됩니다. 예배 가운데 임재하신 하나님을 만나는 것이 생수를 공급받는 길입니다.

생수를 공급받으면 자족하는 삶, 만족하는 삶을 살게 됩니다.

생수를 공급받으면 기쁨이 회복되고 감사가 회복됩니다.

생수를 공급받으면 사명이 회복됩니다.

생수를 공급받은 이 여인은 놀라운 신앙의 결단을 하게 됩니다.

[요 4:28-30] 여자가 물동이를 버려두고 동네로 들어가서 사람들에게 이르되 내가 행한 모든 일을 내게 말한 사람을 와서 보라 이는 그리스도가 아니냐 하니 그들이 동네에서 나와 예수께로 오더라

생수를 공급받은 이 여인은 삶이 바뀌는 인생이 되었습니다. 그 여인은 물동이를 버려두고 마을로 달려갔습니다. 물동이를 버렸다는 것은 이 세상의 모든 욕망을 다 버렸다는 것입니다. 피해의식을 가지고 도피하던 삶을 살던 이 여인이 이제는 당당하게 마을에 들어가 자신감을 가지고 자신을 변화시킨 복음을 전합니다.

"내가 예수님을 만났다. 바로 그분이 그리스도가 아니냐? 내가 만난 예수님을 당신들도 나와서 만나보라!"

참으로 놀라운 신앙고백입니다. 생수를 마신 이 여인의 전도로 동네 사람들이 다 나와서 예수님을 그리스도로 영접했습니다. 그들은 모두 영원히 목마르지 않은 생수를 공급받았습니다.

사랑하는 성도 여러분!

여러분의 인생 상담자는 누구입니까? 내 인생을 책임지고 올바른 길로 인도해 주시는 상담자가 있다는 것은 우리에게 엄청난 축복입니다.

전능하신 하나님께서 나의 상담자가 되시면, 나는 바른길을 갈 수가 있습니다.

주님께서 나의 상담자가 되어주시면, 우리는 아무 근심 걱정이 없습니다.

주님께서는 나의 상담자시며, 나의 길과 진리요, 나의 생명이 되십니다.

그런데 우리는 이 세상이 제공하는 욕망에 마음이 다 빼앗기고 있습니다.

우리는 재물에 마음을 빼앗겨 재물을 추구하며 살아갑니다.

우리는 외모에 마음을 빼앗겨 내 외모만 가꾸면 행복한 삶을 살 것으로 착각합니다.

우리는 명예와 지식에 마음을 빼앗겨 이것을 얻기 위하여 내 인생을 거기에 다 투자합니다. 그러나 이 세상이 주는 물로는 내 인생이 바뀌지 않습니다.

세상이 주는 물은 마시면, 마치 바닷물을 마신 것처럼 더 심한 갈증을 느끼며 살아가게 됩니다.

그러므로 우리는 인생의 상담자를 바로 만나야 합니다. 그분은 바로 예수 그리스도입니다. 그분은 우리에게 영원히 목마르지 않는 생수를 주시는 분입니다. 주님께서 주시는 생수를 마시는 자는 인생의 모든 갈증이 다 해결됩니다.

주님께서 주시는 생수를 마시면 재물을 지배하고 다스리는 자가 됩니다. 재물을 지배하고 다스리면, 가난해도 풍족한 삶을 살 수가 있습니다.

주님께서 주시는 생수를 마시면, 외모지상주의 유혹에서 해방되어 자기 얼굴에 만족한 삶을 살게 됩니다. '나는 이 세상에서 제일 잘 생긴 미남이며 미녀다'라는 생각을 하게 됩니다.

왜 내가 가장 잘 생긴 미남, 가장 아름다운 미녀입니까? 전 세계에서 나와 똑같이 생긴 사람이 없지 않습니까? 그러므로 내가 전 세계에서 가장 잘 생긴 하나님의 걸작품이지요.

주님께서 주시는 생수를 마시는 자는 사명을 감당하면서 행복하고 복된 삶을 살 수가 있습니다. 날마다 예수님께서 주시는 생수를 공급받아 위대한 삶, 복된 삶을 살아가시기를 바랍니다.

우리 모두 우리 인생의 상담자이신 예수님을 만납시다. 내 인생의 모든 문제를 최고의 상담자이신 예수님과 상담하십시오. 내 인생의 상담자 예수께서는 나를 모든 문제에서 벗어나 평탄한 삶, 형통한 삶을 살게 하십니다. 실타래처럼 얽히고설킨 내 인생의 모든 문제를 풀 수 있는 분은 오직 예수 그리스도 한 분밖에 없습니다. 할렐루야!

10. 하나님을 떠난 사람들

[롬 1:21-32] 하나님을 알되 하나님을 영화롭게도 아니하며 감사하지도 아니하고 오히려 그 생각이 허망하여지며 미련한 마음이 어두워졌나니 스스로 지혜 있다 하나 어리석게 되어 썩어지지 아니하는 하나님의 영광을 썩어질 사람과 새와 짐승과 기어 다니는 동물 모양의 우상으로 바꾸었느니라 그러므로 하나님께서 그들을 마음의 정욕대로 더러움에 내버려두사 그들의 몸을 서로 욕되게 하게 하셨으니 이는 그들이 하나님의 진리를 거짓 것으로 바꾸어 피조물을 조물주보다 더 경배하고 섬김이라 주는 곧 영원히 찬송할 이시로다 아멘 이 때문에 하나님께서 그들을 부끄러운 욕심에 내버려 두셨으니 곧 그들의 여자들도 순리대로 쓸 것을 바꾸어 역리로 쓰며 그와 같이 남자들도 순리대로 여자 쓰기를 버리고 서로 향하여

음욕이 불일 듯하매 남자가 남자와 더불어 부끄러운 일을 행하여 그들의 그릇됨에 상당한 보응을 그들 자신이 받았느니라 또한 그들이 마음에 하나님 두기를 싫어하매 하나님께서 그들을 그 상실한 마음대로 내버려 두사 합당하지 못한 일을 하게 하셨으니 곧 모든 불의, 추악, 탐욕, 악의가 가득한 자요, 시기, 살인, 분쟁, 사기, 악독이 가득한 자요 수군수군하는 자요 비방하는 자요 하나님께서 미워하시는 자요, 능욕하는 자요, 교만한 자요, 자랑하는 자요, 악을 도모하는 자요, 부모를 거역하는 자요 우매한 자요, 배약하는 자요, 무정한 자요 무자비한 자라 그들이 이같은 일을 행하는 자는 사형에 해당한다고 하나님께서 정하심을 알고도 자기들만 행할 뿐 아니라 또한 그런 일을 행하는 자들을 옳다 하느니라

천향인은 '해석자'의 집에 들어가 신앙생활을 하면서 당하는 시련과 어려움을 극복하는 비결을 상세하게 들었습니다. 해석자는 천향인을 그의 작은 방으로 안내했습니다. 작은 방에는 황금 면류관을 쓴 초상화가 있었고, 그분의 손에는 책이 들려져 있었습니다. 그리고 그의 등 뒤에는 온 세계가 그려져 있었습니다.

"아시다시피 이 초상화에 그려진 분은 매우 존귀한 분이십니다."

한눈에 봐도 그분은 예수 그리스도였습니다. 해석자가 이 초상화를 먼저 보여 준 이유가 있었습니다. 천향인은 앞으로 온갖 시련과 어려움을 극복해야 하는데, 반드시 그분의 도움이 필요하다는 것입니다. 바로 그분이 예수 그리스도이십니다.

해석자는 천향인의 손을 잡더니 넓은 응접실로 들어갔습니다. 그런데 응접실이 먼지투성이었습니다. 해석자는 잠시 그곳을 둘러보더니 하인을 불렀습니다.

"이보게, 청소를 얼마나 하지 않았으면 이렇게 방이 더러운가?"

하인은 대답했습니다.

"해석자님, 이 방은 아무리 닦아도 먼지가 없어지지 않습니다. 이 방을 깨끗하게 하려고 온갖 노력을 다 해봤지만, 그 어떤 노력으로도 이 방을 깨끗하게 할 수 없습니다."

그때 한 소년이 들어와 물을 뿌리자, 먼지가 없어지고 방이 아주 깨끗하게 청소가 되었습니다. 궁금해진 천향인은 해석자에게 물었습니다.

"이것은 무엇을 의미하나요?"

해석자는 말했습니다.

"이 방은 한 번도 복음을 받아들인 적이 없는 인간의 마음입니다. 그리고 이 먼지는 사람의 마음속에 있는 원죄를 의미하지요. 사람의 그 어떤 노력으로도 마음속에 있는 원죄를 씻어낼 수 없습니다. 그래서 인간의 마음속에는 더러운 원죄가 가득 차 있습니다."

해석자는 이어서 말했습니다.

"청소하는 하인은 율법을 상징하는데, 율법으로는 인간의 죄를 절대로 씻을 수 없고, 인간을 완전하게 할 수가 없습니다. 그리고 물은 그리스도의 보혈을 상징합니다. 그리스도 예수의 보혈이 우리 속에 들어오게 되면, 그 어떤 추악한 모든 죄도 깨끗하게 씻겨집니다.

물을 뿌리는 소년은 복음을 전하는 전도자를 말합니다. 전도자가 복음을 전할 때 그 복음을 받아들이면, 그 죄인의 모든 죄가 깨끗하게 되고, 의인이 되어 하나님의 자녀가 됩니다. 바로 이것이 복음의 능력입니다. 하나님을 떠난 인간에게 하나님을 만나게 하는 것이 복음입니다.

여러분은 하나님을 떠난 삶을 살고 있지는 않습니까? 이 시대의 수많은 사람이 하나님을 떠나서 그들의 삶을 살고 있습니다. 하나님을 떠나서 살아간다는 것은 내 생각과 내 방법대로 산다는 것입니다. 하나님을 떠난 자들은 하나님을 영화롭게 하지 않고 감사하지도 않습니다.

하나님께서 우리 인생을 살펴보실 때 하나님이 없다고 생각하고 살아가는 모습을 보면서 얼마나 통탄하시겠습니까? 우리의 마음속에서 하나님이 떠나면, 사탄이 우리의 마음을 다스리고 주관합니다. 타락한 삶의 증거는 하나님을 찾지 않고 선을 행하지 않습니다.

복음은 인류에게 들려주신 가장 기쁜 소식으로 우리를 자유롭게 하고 만족하게 합니다. 예수님께서는 우리에게 복음을 전해주기 위하여 이 땅에 오셨습니다. 하나님을 떠난 자들에게 하나님을 만날 수 있는 길을 열어주셨는데 이것이 바로 복음입니다.

우리 인간은 죄의 본성을 가지고 이 세상에 태어났습니다. 그러므로 죄를 짓는 것이 너무 자연스럽고 편합니다. 죄의 본성을 가진 인간은 자연스럽게 하나님을 멀리하게 되어 있습니다.

오늘 본문 말씀은 타락한 인간의 현주소를 그대로 소개하고 있습니다. 인간 내면의 실상을 숨기지 않고 그대로 보여준 대표적인 신학자가 존 칼뱅입니다. 그래서 부패한 중세 시대에 종교개혁이 일어났던 것입니다.

존 칼뱅은 인간의 실상을 5가지로 정리하였는데 다음과 같습니다.

1] 인간의 전적 부패 - 인간은 전적으로 부패하고 타락하였습니다.

2] 무조건적인 선택 - 인간은 하나님의 무조건적인 선택이 있어야 구원을 받을 수 있습니다.

3] 제한적 속죄 - 인간이 속죄는 유일하신 예수 그리스도의 보혈을 믿어야 속죄가 이루어집니다.

4] 불가항력적인 은총 – 인간의 구원은 하나님의 전적인 은혜로 받을 수 있습니다.

5] 성도의 견인 – 하나님께서는 성도들을 이 세상 끝날 때까지 이끌어 주십니다.

우리가 타락한 인간의 실상을 그대로 인정하면, 우리의 삶에서 놀라운 혁명이 일어납니다. 우리 사회는 불안전한 인간을 믿을 수 없으므로 그를 감시하고 사람들로부터 평가받게 합니다. 그리고 선거를 통해서 그의 업적을 판단 받게 하였습니다. 바로 이것이 민주주의의 시작입니다. 사람의 내면에 있는 탐욕과 욕심을 인정하고 세운 제도가 민주주의요, 자본주의입니다.

오늘 본문 말씀은 인간 타락의 실상을 그대로 보여주고 있습니다. 인간은 참으로 타락한 존재입니다. 타락한 인간의 실상을 살펴보면, 한결같이 이기적이고, 자기중심으로 가득 차 있습니다.

하나님을 떠난 사람에게 당신이 바라는 소원이 무엇이냐고 물어보면, 그 대답은 한결같이 비슷합니다. 좋은 직장을 얻고, 사업을 하여 돈을 많이 벌어서 자기가 갖고 싶은 것 다 가지고, 자기가 하고 싶은 대로 다 하면서 사는 것입니다.

여러분, 이 세상에 그런 사람이 있을까요? 있습니다. 그 대표적인 사람이 솔로몬 왕이었습니다. 솔로몬은 왕이 되어 정치를 잘하여 전쟁이 없었고, 무역으로 많은 돈을 벌어들여 태평성대를 이루었습니다. 솔로몬은 13년 동안이나 궁궐을 짓고, 정원을 만들고, 노래하는 사람들을 불러 모아 매일 잔치를 하고, 처첩들을 많이 두었습니다.

그렇게 살아간 솔로몬이 행복했나요? 아닙니다. 그는 말년에 자기의 인생을 이렇게 고백하고 있습니다.

[전 1:2-3] 전도자가 이르되 헛되고 헛되며 헛되고 헛되니 모든 것이 헛
되도다 해 아래에서 수고하는 모든 수고가 사람에게 무엇이 유익한가

이 모든 사실을 깨닫고 보니, 모든 일과 모든 수고가 바람을 잡으려는 것과
같았다고 전도서에서 고백합니다. 참으로 놀라운 것은 동서고금을 막론하고
형편이 좋아지고 안정이 되면, 자동으로 성적 타락이 오게 됩니다. 성적인 타
락은 사람이 마치 짐승처럼 행동하면서 살아간다는 것입니다. 하나님께서는
이들을 그 더러움에 그대로 버려두십니다.

[롬 1:24] 그러므로 하나님께서 그들을 마음의 정욕대로 더러움에 내버려
두사 그들의 몸을 서로 욕되게 하게 하셨으니

바로 이것이 인간의 타락한 실상입니다. 인간이 타락하면 자연스럽게 짐승
처럼 행동하면서 살게 됩니다. 특히 타락한 인간은 마음에 하나님 두기를 싫
어합니다. 우리 인간이 타락하면 하나님의 말씀을 들어도 감동이 일어나지
않고, 오히려 하나님의 말씀이 부담으로 다가옵니다. 그래서 하나님의 말씀
을 멀리하는 삶을 살게 됩니다. 이러한 삶을 가리켜 시편 기자는 "어리석은
자"라고 말씀합니다.

[시 14:1] 어리석은 자는 그의 마음에 이르기를 하나님이 없다 하는도다
그들은 부패하고 그 행실이 가증하니 선을 행하는 자가 없도다

하나님을 마음에 두기를 싫어하는 자들에게 하나님께서는 그들을 그 상실
한 마음대로 내버려 두시겠다고 말씀하십니다. 다시 말하면 하나님께 버림받

게 된다는 것입니다.

하나님께 버림받은 대표적인 자가 있다면 가인입니다. 가인은 축복받는 동생 아벨을 시기하고 질투하다가 그를 불러내어 돌로 쳐 죽입니다. 아무도 모르게 저지른 죄악이 발각됩니다. 하나님께서는 가인을 찾아가서 네 아우 아벨이 어디에 있느냐고 묻습니다. 그때 가인은 대답합니다.

"내가 내 아우를 지키는 사람입니까?"

그때 하나님께서는 이렇게 말씀하십니다.

"네 아우의 피 소리가 내게 호소하느니라. 그러므로 너는 땅에서 저주를 받으리니, 밭을 갈아도 땅이 너에게 효력을 주지 아니하며, 너는 땅에서 피하며 유리하는 삶을 살게 될 것이다."

오늘도 하나님께 버림받은 자들은 가인처럼 자신의 죄를 인정하지 않고 죄악된 삶을 살고 있습니다. 밭을 갈아도 소출이 없으며, 하는 일마다 되는 일이 없고, 한평생 방황하며 유리하는 삶을 살게 됩니다. 하나님을 마음에 두기를 싫어하는 자는 가인과 같은 삶을 살게 됩니다.

타락한 인간은 도덕적으로 부패한 삶을 살게 됩니다.

타락한 인간은 하나님께서 가장 싫어하는 행동을 합니다.

타락한 인간은 하나님께서 주신 양심의 소리를 듣지 못하고 도덕적으로 부패한 삶을 살게 됩니다.

이들은 하나님을 미워하는 자요, 부모를 거역하는 자들입니다.

이들은 무정한 자요, 무자비한 자들입니다.

이들은 교만한 자요, 악을 도모하는 자들입니다.

오늘 본문 말씀은 이들의 삶을 이렇게 소개하고 있습니다.

[롬 1:29-31] 곧 모든 불의, 추악, 탐욕, 악의가 가득한 자요, 시기, 살인, 분쟁, 사기, 악독이 가득한 자요, 수군수군하는 자요 비방하는 자요, 하나님께서 미워하시는 자요, 능욕하는 자요, 교만한 자요, 자랑하는 자요, 악을 도모하는 자요, 부모를 거역하는 자요 우매한 자요, 배약하는 자요, 무정한 자요 무자비한 자라

그렇습니다. 이들은 불의를 행하고, 추악하고 탐욕스러운 삶을 삽니다. 이들은 서로 수군수군하며, 시기와 악독, 살인, 분쟁, 교만이 가득한 삶을 살아갑니다. 이들은 또한 악을 자랑할 뿐만 아니라, 자기와 같이 악을 행하는 자들을 선하다고 칭찬합니다. 하나님께서는 이들에게 또한 이렇게 말씀하십니다.

[롬 1:28] 또한 그들이 마음에 하나님 두기를 싫어하매 하나님께서 그들을 그 상실한 마음대로 내버려 두사 합당하지 못한 일을 하게 하셨으니

하나님으로부터 버림받은 자들이 가장 악한 자들이요, 가장 불쌍한 자들입니다. 하나님께서는 이들을 그대로 버려두겠다고 말씀하십니다.

사랑하는 성도 여러분!

저와 여러분은 인간의 본성을 어떻게 생각합니까? 범죄하고 타락한 인간의 본성을 인정하십니까? 아니면 인간은 선하고 착하다고 생각하십니까?

성령님께서는 "나는 죄인이다"라고 인정하는 자들을 예수님께로 이끄십니다. 예수님을 믿을 때 죄인이 의롭게 됩니다.

[롬 3:24] 그리스도 예수 안에 있는 속량으로 말미암아 하나님의 은혜로

값 없이 의롭다 하심을 얻은 자 되었느니라

[롬 4:25] 예수는 우리가 범죄한 것 때문에 내줌이 되고 또한 우리를 의롭
다 하시기 위하여 살아나셨느니라

[고전 6:11] 너희 중에 이와 같은 자들이 있더니 주 예수 그리스도의 이름
과 우리 하나님의 성령 안에서 씻음과 거룩함과 의롭다 하심을 받았느니
라

　하나님께서는 예수님의 대속을 통해 죄인이었던 우리를 의롭게 하셨습니
다. 이것은 믿음으로 말미암은 최고의 은혜입니다. '의롭다하심'은 하나님께
서는 예수 그리스도를 믿는 자에게 베풀어 주신 최고의 선물입니다. 이 은혜
를 받은 우리는 절대로 교만할 수 없고 겸손할 수밖에 없습니다.

　사도 바울은 예수님을 만난 이후 자기의 이름을 바꾸었습니다. 그의 이름
은 본래 사울이었는데 '큰 자'라는 뜻입니다. 그런데 그의 이름을 바울로 바
꾸었습니다. 바울은 '작은 자'라는 뜻입니다. 그는 예수 그리스도를 만난 이후
큰 자를 추구하는 교만한 삶에서 작은 자를 추구하는 겸손한 삶으로 바뀌었
습니다.

　바울은 "나는 사도 중에서 가장 작은 자다"라고 고백했습니다. 사도 바울은
예수님을 믿고 의롭다 함을 받은 후 평생 작은 자로서 겸손한 삶을 살았습니
다.

　저와 여러분의 삶은 어떠한 삶을 살고 있습니까? 큰 자를 추구하는 사울의
삶입니까? 아니면 작은 자를 추구하는 바울의 삶입니까? 오늘 저와 여러분
이 큰 자가 되기를 추구하는 사울과 같은 삶을 산다면, 엄청난 스트레스를 받

으며 말할 수 없는 고통의 삶을 살게 될 것입니다.

미움은 참으로 무서운 저주입니다. 사울 왕은 한평생 다윗을 증오하며 살다가 사랑하는 아들 요나단과 함께 전쟁에서 비참한 죽음으로 그의 생을 마치게 됩니다. 사울은 왕이 된 이후 타락하여 큰 자의 삶을 추구하다 하나님을 떠난 불신앙의 삶을 살았습니다.

우리가 작은 자를 추구하는 바울과 같은 삶을 살면, 엄청난 자유를 누리며 스트레스에서 해방되는 삶을 살게 됩니다.

큰 자를 추구하는 교만한 삶을 살면, 불평과 원망과 시기와 질투와 분쟁과 싸움을 하며 살게 됩니다. 그러나 작은 자를 추구하는 바울과 같은 겸손한 삶을 살면, 감사와 기쁨과 환희의 삶을 살게 됩니다.

한번 따라 합시다.

"나는 형편없는 사람이었습니다."

"나는 죄인이었습니다."

"나는 죄인 중의 괴수였습니다."

하나님께서는 형편없는 나를, 죄인이었던 나를, 죄인 중의 괴수인 나를 선택하셔서 나의 모든 죄를 속량하시고, 나를 의롭다고 선언하시고, 나를 하나님의 자녀가 되게 하셨습니다. 할렐루야!

하나님을 떠나 죄악 가운데 살던 우리에게 십자가의 은혜를 베풀어 주셨습니다. 이 복음을 깨달은 사람은 겸손할 수밖에 없습니다. 우리를 의롭다 하시고, 우리를 하나님 자녀의 삼으시고, 우리를 천국 백성이 되게 하신 하나님께 모든 감사와 찬양과 영광을 돌려드리는 삶을 사시기 바랍니다.

11. 인내를 온전히 이루라

[약 1:2-4] 내 형제들아 너희가 여러 가지 시험을 당하거든 온전히 기쁘게 여기라 이는 너희 믿음의 시련이 인내를 만들어 내는 줄 너희가 앎이라 인내를 온전히 이루라 이는 너희로 온전하고 구비하여 조금도 부족함이 없게 하려 함이라

'해석자'는 천향인의 손을 잡고 또 다른 방으로 갔습니다. 그곳에는 두 아이가 의자에 앉아 있었는데 한 아이는 활짝 웃고 있었습니다. 하지만 다른 아이는 얼굴을 찡그리고 있었습니다. 나이가 어린 아이의 이름은 '인내'이고 나이가 많은 아이의 이름은 '욕망'입니다.

그런데 욕망이라는 아이는 얼굴을 찡그리고 있었습니다. 욕망이 얼굴이 찡그리고 있는 이유는 아버지가 선물을 내년에 주기로 했기 때문입니다. 반면 인내는 내년의 선물을 받기로 한 것에 기대가 부풀어 있었습니다. 그래서 아버지는 선물 보따리를 욕망이라는 아이에게 가져다 주었습니다. 그런데 욕망이라는 아이는 선물 보따리를 풀어본 후 그의 얼굴은 선물을 받기 전보다 더 어두워졌습니다. 그 이유를 물었더니 내년에 받을 선물을 미리 받았기 때문에 내년에 대한 기대가 사라졌기 때문이라고 했습니다.

천향인은 이 비유의 의미를 해석자에게 물어보았습니다. 해석자는 설명합니다.

"욕망은 세상에 소망을 두고 살아가는 사람을 의미하고, 인내는 하늘에 소망을 가지고 살아가는 사람을 의미합니다."

우리의 삶을 되돌아보면, 그 순간을 참지 못하고 인내하지 못하여 성공의 기회를 잃어버릴 때가 참으로 많습니다. 그 순간만 참고 넘기면 아무 일이 아닌데, 그 순간을 참지 못해서 인생을 망치는 경우가 얼마나 많은지 모릅니다.

대화하면서 상대방의 이야기를 진지하게 잘 듣게 되면, 모든 오해가 풀리게 됩니다. 그런데 화가 나면 상대방이 하는 그 어떤 말도 내 귀에 들리지 않습니다. 그리고 자기주장만 하고 자기 할 말만 합니다.

우리의 내면에 자리 잡은 욕망은 우리를 파멸로 몰아갑니다. 힘든 일이 있어도 잘 견디고 인내하면, 우리는 위기를 극복하고 새로운 축복의 삶에 도전할 수가 있습니다.

구약성경 역대상에 '야베스'라는 믿음의 사람이 나옵니다. 야베스란 이름의 뜻은 '고통'이라는 뜻과 '가난'이라는 뜻이 있습니다. 그의 출생은 난산으로, 그의 어머니가 야베스를 너무 힘들게 낳았습니다. 그리고 그 이름대로 너무나 가난한 삶을 살았습니다. 하지만 야베스는 자기의 환경을 바라보지 않고, 하나님께 소망을 두고, 참고 인내하면서 믿음의 확신을 가지고 기도했습니다. 야베스는 하나님께 기도하면 반드시 응답하신다고 확신했습니다.

야베스는 하나님께 이렇게 기도하였습니다.

"내게 복에 복을 더하소서."

"나의 지경을 넓혀 주옵소서."

"환란에서 벗어나 근심이 없게 하옵소서."

하나님께서는 그의 기도에 구체적으로 응답하셨습니다. 야베스는 시련과 역경을 당했지만, 인내하면서 헌신의 삶을 살아 마침내 존귀한 자가 되었습니다. 하나님께서 믿음으로 헌신한 자의 기도를 응답해 주십니다.

인내는 우리의 삶을 바꾸는 놀라운 능력이 있습니다. 야고보는 수많은 시련과 역경을 인내하면서 믿음의 본을 보였습니다. 그는 참믿음이 어떤 것인지 그의 삶을 통하여 초대교회 성도들에게 구체적으로 보여 주었습니다. 야고보는 초대교회의 지도자로서 성도들의 신앙을 바로 잡아주는 기둥 같은 역할을 하다가 주후 44년에 헤롯에게 순교를 당했습니다.

오늘 본문 말씀은 믿음 생활에서 가장 중요한 것이 있는데 그것은 '인내'라고 말씀하십니다. 성도의 인내는 모든 시험을 극복하는 능력입니다.

저와 여러분은 신앙생활을 하면서 당면하는 시험을 어떻게 극복합니까? 하나님께서 나를 시험하시는 것이 아닙니다. 내 욕심 때문에 내가 시험을 당한다는 것을 먼저 인정하고 받아들여야 합니다.

모든 시험이 나의 욕심 때문이라는 것을 인정하면, 시험의 원인을 알게 되고 모든 시험을 해결할 수 있는 길이 열리게 됩니다.

[약 1:13-14] 사람이 시험을 받을 때에 내가 하나님께 시험을 받는다 하지 말지니 하나님은 악에게 시험을 받지도 아니하시고 친히 아무도 시험하지 아니하시느니라 오직 각 사람이 시험을 받는 것은 자기 욕심에 끌려 미혹됨이니

우리가 세상을 살아가면서 겪는 모든 시험은 내 욕심 때문입니다. 내게 당면하는 시험은 내 욕심으로 인하여 일어난 일들입니다. 이 사실을 인정하면, 문제가 보이고 문제가 풀리기 시작합니다.

욥과 아브라함이 당한 시험은 유혹이 아닙니다. 하나님께서 그들의 믿음을 달아 보려고 주신 시험으로 유혹과 다릅니다. 그러나 우리가 겪는 대부분 시험은 내 욕심 때문에 마귀의 유혹으로 말미암은 것들입니다.

그러면 우리가 시험을 당할 때 어떻게 해야 합니까? 시험을 당할 때 절대로 누군가를 원망하거나 불평해서는 안 됩니다. 시험을 당할 때 나와는 상관없는 일이라고 핑계하고 도망쳐도 안 됩니다. 시험을 피하여 도망가면, 요나처럼 폭풍우를 만나고 물고기 배속에 들어가는 고통을 당하게 됩니다.

우리는 시험을 당할 때 그 시험을 받아들여야 합니다. 시험을 받아들이면 눈이 열리게 되고 시험을 해결할 수 있는 길이 보이게 됩니다. 시험을 당할 때 하나님의 약속을 믿고 인내해야 합니다. 시험을 당할 때 참고 인내하면, 이 시험이 엄청난 축복이 됩니다.

[약 1:12] 시험을 참는 자는 복이 있나니 이는 시련을 견디어 낸 자가 주께서 자기를 사랑하는 자들에게 약속하신 생명의 면류관을 얻을 것이기 때문이라

그렇습니다. 시험을 참고 인내하면 복이 됩니다. 저는 시험을 당할 때 이 말씀을 매일 암송하면서 믿음으로 선포했습니다. 그랬더니 눈이 열리고 길이 보였습니다. 저는 주님께서 열어주신 길을 걷기 위해 과감하게 모든 것을 포기하고 나아갔습니다. 그랬더니 하나님께서는 모든 것을 다 준비해 놓으시고 저에게 길을 열어주셨습니다.

주님께서는 시련을 견디어 내고 시험을 이기는 자에게 생명의 면류관을 주십니다. 시험을 당할 때 인내하는 사람은 반드시 승리합니다. 인내는 모든 시험을 극복하는 능력이 있습니다.

하나님께서는 성도의 인내를 통하여 조금도 부족함이 없는 삶을 살게 하십니다. 믿음으로 인내하며 살아가는 자에게 하나님께서는 부족함이 없는 삶을 살게 하십니다. 우리가 세상을 살면서 힘들고 어려운 일을 당해도 조금만 참고 견디면 좋은 일이 있습니다. 그 순간만 넘기면 아무 일도 아닌데, 그 순간을 참지 못하여 축복받을 기회를 놓치는 경우가 너무 많습니다.

제가 양평에서 목회할 때 있었던 일입니다. 교인 중에 차○○ 집사님과 부인 전○○집사님이 계셨습니다. 이분들이 양평에 내려오기 전에, 서울에서 생활했는데 건축업을 하는 남편이 바람이 났습니다. 어느 날 새 부인을 집으로 데리고 옵니다. 본 부인과 그의 어머니는 2층으로 올려보내고 새 부인과 함께 1층에서 생활을 하는 것입니다.

이런 일이 일어난다면 여러분은 어떻게 대처하겠습니까? 당장 이혼하고 끝내지 않겠습니까? 그런데 전 집사님은 자식 때문에 이런 상황을 그냥 받아들이고 같이 생활을 합니다. 그런데 더더욱 믿기지 않은 것은 차 집사님과 바람을 피운 여자가 교인이라는 것입니다. 당시 예수님을 믿지 않던 그는 바람을 피운 여자의 전도를 받아 교회에 나갔습니다. 교회에 다니면서 말씀을 듣는 순간 성령님께서 강하게 역사하였습니다.

그는 집으로 돌아와 결단합니다. 자신이 유혹받아 잘못한 죄를 인정하고 회개합니다. 그는 바람을 피운 여자에게 자신이 살던 집을 다 넘겨주고, 가족과 함께 양평으로 내려와 새로운 삶을 시작했습니다.

자신의 죄를 회개하고 새로운 삶을 시작한 집사님의 가정이 어떠했을까요? 백안리 마을에서 가장 좋은 집을 짓고 풍족한 삶을 살게 되었습니다. 잘못을 뉘우치고 회개하는 자에게 하나님께서는 놀라운 축복으로 갚아주십니다. 차집사님은 몇 년 후, 그의 삶이 회복되는 놀라운 복을 받게 되었습니다.

우리가 역경과 시련을 겪을 때 참고 인내하면 하나님께서는 우리에게 풍족한 삶을 살게 하십니다.

[시 23:1-2] 여호와는 나의 목자시니 내게 부족함이 없으리로다 그가 나를 푸른 풀밭에 누이시며 쉴 만한 물가로 인도하시는도다

하나님께서 나의 목자가 되십니다. 하나님께서는 나에게 부족함이 없는 삶을 살게 하십니다. 하나님의 뜻은 내가 세상의 유혹을 물리치고 평안한 삶을 사는 것입니다. 우리가 매사에 참고 인내하면, 풍족한 삶을 살게 하십니다.

"인내를 온전히 이루라 이는 너희로 온전하고 조금도 부족함이 없게 하시리라."

이 언약의 축복이 저와 여러분에게 임하기를 주 예수 그리스도의 이름으로 축원합니다.

우리가 이 세상을 살면서 가장 필요한 것이 있다면 무엇일까요? 야고보서

는 지혜를 위로부터 내려온 선물이라고 말씀하십니다. 하나님께서는 지혜를 구하는 자에게 꾸짖지 아니하시고 후하게 주신다고 약속하였습니다. 지혜는 하나님께서 우리에게 주시는 놀라운 선물입니다.

지혜와 지식은 다릅니다. 지식이 세상의 정보라면, 지혜는 모든 문제를 해결하는 능력입니다. 우리가 지혜를 소유하게 되면, 이 세상을 살아가는 것 힘들지 않습니다. 하나님께서 주시는 지혜 속에는 우리의 삶의 모든 문제를 해결하는 능력이 들어 있습니다.

[잠 3:13-14] 지혜를 얻은 자와 명철을 얻은 자는 복이 있나니 이는 지혜
를 얻는 것이 은을 얻는 것보다 낫고 그 이익이 정금보다 나음이니라

지혜는 은과 금을 얻는 것보다 낫고 어떤 보화보다 귀합니다. 지혜의 오른손에는 장수의 복이 있고 그 왼손에는 부귀의 복이 있습니다. 지혜와 명철을 얻는 사람이 걷는 길은 즐거운 길이요, 평강의 길입니다.

우리는 믿음으로 이 지혜를 구하여야 합니다. 우리가 이 지혜를 구하면서 참고 인내하면, 우리는 기도 응답으로 지혜를 얻게 됩니다. 우리가 기도하면서 응답받지 못하는 것은 인내하지 못하기 때문입니다. 기도하면서 인내하지 못하면 우리는 기도 응답을 받을 수가 없습니다. 믿음의 기도는 반드시 응답이 되는데, 인내하며 기다려야 합니다. 기도하고 인내하면서 하나님께서 주시는 지혜의 복을 다 받아 누리시기를 축원합니다.

사랑하는 성도 여러분!
저와 여러분의 삶에는 어떤 열매가 있습니까? 열매 없는 나무는 찍어서 불에 던지겠다고 주님께서 말씀하셨습니다. 열매를 맺기 위해서는 부단한 노력

과 인내가 필요합니다. 또한 열매는 때가 되어야 열매를 맺습니다.

우리는 세상을 살면서 시험과 역경을 당할 때가 있습니다. 그러나 하나님께서는 우리가 감당하지 못하는 시험을 절대로 주시지 않습니다. 우리는 시험을 당하면서 자신을 되돌아보면 이 시험의 원인이 내 욕심 때문에 오게 되었다는 사실을 알게 됩니다. 문제의 원인을 알면 쉽게 문제가 풀립니다.

우리의 삶에 가장 필요한 것이 인내입니다. 인내는 위기를 극복하게 하고 기회를 만들어 줍니다. 힘들고 어려운 역경을 당해도 인내하면 반드시 축복된 좋은 일이 일어납니다. 끝까지 참고 인내하면, 부족함이 없는 축복의 삶을 살게 됩니다.

신앙생활에 기도 응답은 너무나 중요합니다. 우리는 기도 응답을 확신해야 합니다. 믿음으로 구하고 조금도 의심하지 말아야 합니다. 그리고 응답받을 때까지 믿음으로 인내하면서 기다려야 합니다.

우리는 지혜를 구하여야 합니다. 지혜는 우리의 인생의 운명을 바꾸어 놓습니다. 지혜를 소유한 자는 참으로 복된 사람입니다. 오늘 우리는 너무나 힘이 들고 어려운 시대를 살고 있습니다. 우리 모두 하나님께 지혜를 구합시다.

우리 모두 인내로 모든 시험을 믿음으로 극복하고, 하나님께서 약속하신 모든 축복을 받아 누립시다. 우리 모두 끝까지 참고 인내하며 풍성한 축복의 열매를 맺고 살아갑시다. 저와 여러분 모두가 인내를 온전히 이루어 하나님께 영광을 돌리는 삶이 되시기를 간곡히 부탁드립니다.

제 3 부

무거운 죄짐을 벗어버리다

12. 은혜 넘치는 삶

[룻 2:1-4] 나오미의 남편 엘리멜렉의 친족으로 유력한 자가 있으니 그의 이름은 보아스더라 모압 여인 룻이 나오미에게 이르되 원하건대 내가 밭으로 가서 내가 누구에게 은혜를 입으면 그를 따라서 이삭을 줍겠나이다 하니 나오미가 그에게 이르되 내 딸아 갈지어다 하매 룻이 가서 베는 자를 따라 밭에서 이삭을 줍는데 우연히 엘리멜렉의 친족 보아스에게 속한 밭에 이르렀더라 마침 보아스가 베들레헴에서부터 와서 베는 자들에게 이르되 여호와께서 너희와 함께하시기를 원하노라 하니 그들이 대답하되 여호와께서 당신에게 복 주시기를 원하나이다 하니라

'해석자'는 천향인을 데리고 다른 방으로 갔습니다. 그 방 벽난로는 불

이 활활 타오르고 있었습니다. 그런데 누군가 벽난로의 불을 끄기 위하여 물을 붓고 있었습니다. 하지만 불은 꺼지지 않고 벽난로의 불은 점점 활활 타오르고 있었습니다. 불을 끄려고 그토록 시도하는 자가 누군가 살펴보았더니 바로 사탄이었습니다.

천향인은 해석자에게 물었습니다.

"사탄이 불을 끄기 위하여 벽난로에 물을 붓는데 왜 불이 꺼지지 않습니까?"

그러자 해석자는 천향인에게 이렇게 대답합니다.

"저 벽난로 뒤를 보세요."

벽난로 뒤에서 한 분이 기름을 계속 붓고 있었습니다. 천향인은 바로 그분이 예수 그리스도라는 사실을 금방 알 수 있었습니다.

해석자는 말합니다.

"하나님의 은혜 때문입니다. 그래서 벽난로의 불이 꺼지지 않는 것입니다."

우리는 주위 사람으로부터 은혜를 많이 받았다는 말을 종종 듣습니다. 그런데 많은 사람이 은혜에 대해서 잘못 생각하고 착각하는 사람이 많습니다. 목회자로 살면서 "목사님, 오늘 말씀에 은혜를 받았습니다"라는 말을 종종 듣습니다. 그때 저는 "무슨 말씀에 은혜가 되었습니까?"라고 물으면 너무 황당한 대답을 들을 때가 많습니다.

성경 말씀을 설명하기 위해 비유와 예화를 사용할 때가 있는데 그 말에 은혜를 받았다고 말합니다. 아닙니다. 그것은 은혜가 아닙니다. 예화는 진리의 말씀을 전달하는 도구일 뿐입니다.

은혜는 값없이 주시는 하나님의 선물로 우리 인생의 운명을 바꾸어 놓습니다. 은혜는 내가 할 수 없는 영역의 일을 하나님께서 나 대신 해결해 주는 것을 은혜라고 합니다. 우리는 하나님의 은혜로 이 엄청난 믿음의 선물을 받았습니다. 하나님의 은혜는 우리 안에서 놀라운 믿음의 역사를 일으킵니다.

우리는 하나님의 선한 일을 위하여 지음을 받은 새로운 피조물입니다.

새로운 피조물은 은혜 가운데서 믿음의 선한 일을 창조해 나아갑니다.

새로운 피조물은 시련과 역경을 당해도 좌절하거나 낙심하지 않습니다.

새로운 피조물은 모든 역경을 축복된 환경으로 바꾸어 나아갑니다.

사사시대에 베들레헴에서 한 유력한 자가 있었는데 '엘리멜렉'이었습니다. 그는 나오미와 결혼하여 '말론'과 '기룐'이라는 두 아들을 낳았습니다. 엘리멜렉의 가정은 참으로 행복했습니다. 그런데 베들레헴에 흉년이 찾아왔습니다. 이 흉년으로 엘리멜렉은 이웃 나라 모압으로 이민을 갔습니다. 모압으로 이주한 그 가정은 얼마 못 가서 파산하게 됩니다. 남편인 엘리멜렉이 죽고 두 아들도 죽게 됩니다.

베들레헴에서 풍년이 찾아왔다는 소식을 들은 나오미는 큰 며느리 '오르바'를 권고하여 친정으로 돌려보내고, 작은 며느리 '룻'에게도 친정으로 돌아가라 권합니다. 하지만 룻은 시어머니와 함께 운명을 같이하기로 다짐합니다. 하나님의 은혜는 룻의 운명을 축복의 삶으로 바꾸어 놓습니다.

여러분, 코로나 시대에 하루하루의 삶이 얼마나 힘들고 어려운 일이 많았습니까? 장사는 되지 않고, 은행 금리는 계속 올라가고, 직장 생활도 위협을 느끼고, 불안 가운데서 하루하루를 살아갔습니다. 우리는 어떤 희망도, 꿈도 보이지 않는 시대에 살았습니다.

여러분은 오늘 이 시대의 상황을 어떻게 받아들이고 있습니까? 오늘 본문 말씀에 등장하는 룻은 오늘날 저와 여러분이 겪고 있는 환경보다 더 힘들고 어려운 형편 속에서 살고 있었습니다. 이보다 더 큰 불행이 어디에 있겠습니까?

여러분에게는 남편이 있고 아내가 있지만, 룻은 자기를 돌보아 줄 남편도 자식도 없습니다. 나이 많은 시어머니를 모시고 살아가는 가난한 과부입니다.

여러분은 내일 양식을 걱정은 하지 않고 살고 있지만, 룻은 내일 먹을 양식도 없는 막막한 삶을 살고 있었습니다.

저와 여러분이 지금 아무리 힘들고 어려운 일을 당해도 룻과 비교하면, 우리는 엄청난 부자요, 축복의 삶을 살고 있습니다. 룻은 하나님을 잘 섬긴다는 믿음의 가정에 시집왔는데 남편이 병들어 죽고, 남편의 병을 고치기 위하여 재산을 다 팔아 가난하게 되었으니, 이보다 더 큰 불행이 어디에 있겠습니까?

이렇게 되면 대부분 사람은 하나님을 버리고, 시집 식구를 버리고 도망가는 것이 지극히 당연한 일이 아닙니까?

그런데 룻은 늙은 시어머니를 떠나가지 않고 시어머니와 함께 베들레헴으로 돌아왔습니다. 베들레헴으로 돌아오니 사람들은 서로 비웃습니다.

"저 사람이 나오미가 아니야?"

"맞아, 모압으로 이민 갔던 나오미가 저렇게 쫄딱 망해서 돌아왔네!"

이 소리를 듣고 나오미는 이렇게 말합니다.

[룻 1:20-21] 나오미가 그들에게 이르되 나를 나오미라 부르지 말고 나를 마라라 부르라 이는 전능자가 나를 심히 괴롭게 하셨음이니라 내가 풍족하게 나갔더니 여호와께서 내게 비어 돌아오게 하셨느니라 여호와께서 나를 징벌하셨고 전능자가 나를 괴롭게 하셨거늘 너희가 어찌 나를 나오미라 부르느냐 하니라

정말 엘리멜렉의 가정은 하나님의 징벌을 받아 쫄딱 망했습니다. 그러나 룻은 하나님을 버리지 않고 시어머니를 버리지 않습니다. 비록 룻이 이방 여인이지만 시어머니가 전해준 은혜의 복음을 받아들여 하나님을 믿고 은혜의 삶을 살기로 결단했습니다.

룻은 자신의 삶을 한탄하고 불평하기보다는 모든 것을 믿음으로 받아들이고 감사하면서 하루하루를 살아갔습니다.

은혜의 사람은 자신의 환경을 거부하거나 불평하면서 살지 않고 자신이 처한 환경을 믿음으로 다 받아들입니다.

은혜의 사람은 하나님의 약속만 믿고 하나님만 바라보며 살아갑니다.

은혜의 사람은 순종하는 삶을 살아갑니다.

나오미의 가정은 얼마나 하루하루의 삶이 난감했겠습니까? 사람들 대부분은 어려움을 당하면 일가친척을 찾아가서 도움을 구할 수도 있는데 이들은 그렇게 살지 않았습니다.

나오미와 룻은 남의 도움을 구하지 않고 자력으로써 자신의 문제를 해결해 나갑니다. 이러한 자립심은 믿음의 기적을 일으킵니다. 힘들고 어려울 때 남의 도움을 구하면 그 어려움이 지속되지만, 어려움을 당할 때 남의 도움을 거절하면 빨리 자립하게 됩니다.

룻이 베들레헴으로 돌아온 시기는 추수 때였습니다. 룻은 시어머니에게 밭으로 나가서 이삭을 주워 오겠다고 말합니다. 그러자 나오미는 "내 딸아, 갈지어다"라고 하면서 이삭 줍는 것을 허락합니다.

룻이 밭에 나가서 이삭을 줍는데 그 밭이 엘리멜렉의 친족 '보아스'의 밭이었습니다. 보아스가 룻에게 말합니다. 이삭을 주우려 다른 밭으로 가지 말고, 자기 밭에서 주우라고 다정하게 일러줍니다. 그리고 목마르거든 물을 마시라고 하면서 점심 식사 때에 같이 식사하자고 다정하게 말합니다.

보아스는 일하는 일꾼들에게 아무도 룻을 건드리지 못하게 명령합니다. 일하는 일꾼들에게 이삭을 많이 흘려서 룻이 이삭을 많이 줍게 하라고 당부합니다.

이방 여인인 룻이 시어머니를 잘 봉양한다는 소문이 베들레헴에 자자하게 퍼졌습니다.

어느 날, 나오미는 룻을 불러서 이렇게 말합니다.

"내 딸아, 내가 너를 위하여 안식할 곳을 구하여 복되게 해야 하지 않겠느냐. 너는 목욕을 하고 기름을 바르고 의복을 단정히 입고 타작마당에 내려가라. 아무도 보이지 않게 숨어 있다가 보아스가 눕는 곳에 들어가서 발치 이불을 들고 들어가서 누우라."

참으로 엄청난 말입니다. 어떻게 며느리에게 이런 일을 시킬 수 있겠습니까? 그런데 룻은 놀라운 결단을 합니다.

[룻 3:5-6] 룻이 시어머니에게 이르되 어머니의 말씀대로 내가 다 행하리이다 하니라 그가 타작마당으로 내려가서 시어머니의 명령대로 다 하니라

룻이 목욕하고 밤에 타작마당에 내려갔습니다. 룻이 보아스가 자는 방에 들어가 발치의 이불을 덮었습니다. 잠을 자던 보아스가 인기척을 느끼면서 일어납니다. 그러자 한 여인이 자기 발치에 누워있습니다. 보아스가 묻습니다.

"너는 누구냐?"

"나는 당신의 여종 룻이오니 옷자락을 펴서 여종을 덮으소서. 이는 당신이 나의 기업을 무를 자가 됨이니이다."

'기업 무를 자'란 만일 형이 자식이 없이 세상을 떠나게 되면 동생이 들어가서 형수에게 임신하게 하여 그의 대를 이어주게 하는 법입니다. 형제가 없으면 가장 가까운 친척이 이 일을 해야 하고 이 일을 한 사람은 그 집의 재산을 상속받게 됩니다.

당시 유대인의 재산은 50년마다 돌아오는 희년이 되면 다 본래 주인에게 돌아오게 됩니다. 그래서 가정마다 자기 재산이 돌아와서 부의 균형이 이루어집니다.

보아스가 룻에게 말합니다.

"내 딸아, 여호와께서 너에게 복을 주시기 원하노라. 두려워하지 말라. 내가 네 말대로 다 네게 행하리라. 나는 기업을 무를 자이나, 나보다 더 가까운 친족이 있으니, 그에게 먼저 기회를 주고 그 사람 다음에 내가 선택하리라."

룻은 그 밤에 아무도 모르게 집으로 돌아왔습니다.

다음 날, 보아스는 성문에 올라가 장로 10명을 청하여 놓고 가까운 친척을 불러 그에게 묻습니다.

"우리 형제 엘리멜렉의 소유지를 팔려 하니 그것을 사겠느냐?"

"나는 내 기업에 손해가 있을까 하여 나는 기업을 무르지 못하겠다"라고 하면서 그의 신발을 벗습니다.

그래서 보아스가 엘리멜렉의 가문의 기업 무를 자가 되어 룻을 아내로 맞이하게 됩니다.

'며느리는 며느리지 딸이 될 수 없다'라는 말을 요즘 우리는 주위에서 종종 듣습니다. 아닙니다. 며느리도 딸이 될 수가 있습니다.

오늘 본문 말씀에도 나오미는 며느리를 향하여 한 번도 '며느리'라고 부르지 않고 '내 딸아'하고 부릅니다. 그리고 시어머니가 며느리를 중매까지 해서 결혼시킵니다. 룻은 며느리로서 시어머니의 말이라면 무슨 말이든지 순종을 합니다.

은혜의 사람은 순종하는 삶을 삽니다. 순종은 놀라운 축복의 열매를 맺게 합니다. 순종의 사람은 참으로 복된 삶을 삽니다. 은혜의 사람은 축복의 주인공이 됩니다.

룻은 보아스와 결혼하게 됩니다. 그녀는 결혼하여 시어머니를 모시고 행복하게 살면서 아들을 낳았는데, 그가 '오벳'입니다. 오벳이 바로 다윗 왕의 할아버지입니다.

어떻게 이런 일이 일어날 수가 있습니까? 어떻게 이방 여인이 다윗 왕의 할머니가 되고 예수님의 족보에 올라오는 믿음의 가문이 되었느냐는 것입니다.

바로 이것이 은혜입니다. 있을 수가 없는 일을 있게 하는 것이 은혜입니다. 은혜란 우리의 상상을 뛰어넘는 놀라운 축복의 사건을 일으킵니다.

죄인인 우리가 모든 죄를 용서받게 되는 것이 하나님의 은혜입니다.

마귀의 자식인 우리가 하나님의 자녀가 된 것이 하나님의 은혜입니다.

내가 믿음의 선물을 받아 예수 그리스도를 믿게 된 것이 하나님의 은혜입니다.

지금까지 살아온 모든 과정이 다 하나님의 은혜로 이루어진 사건입니다.

은혜는 우리가 꼭 붙잡아야 할 하나님 축복입니다.

사랑하는 성도 여러분!

오늘 이 시대의 천향인인 우리에게 꼭 필요한 것이 있다면 하나님의 은혜입니다. 저와 여러분이 은혜의 사람이 되면, 세상 살아가는 것이 힘들지 않습니다. 은혜로 산다는 것은 내 능력으로 사는 것이 아니라, 하나님의 능력으로 사는 것을 말합니다. 내 힘으로 해결할 수 없는 그 어떤 어려운 일도, 하나님의 손에 붙잡히면 너무 쉽게 해결이 됩니다. 하나님의 은혜는 참으로 놀라운 축복입니다.

은혜의 사람은 좌절하거나 낙심하지 않고 늘 감사하는 삶을 삽니다.

은혜의 사람은 그 어떤 경우에서라도 소망을 가지고 믿음으로 살아갑니다.

은혜의 사람은 언제나 자신을 낮추며 겸손한 삶을 삽니다.

은혜의 사람은 반드시 승리하는 삶을 살게 됩니다.

바울은 자신을 바라보면서 "나의 나 된 것은 하나님의 은혜다"라고 고백합니다. 다윗 왕은 자신을 돌아보면서 "내게 주신 모든 은혜를 내가 무엇으로 보답할까?"라고 하면서 빚진 자의 마음으로 한평생을 살았습니다. 은혜를 깨닫고 은혜에 보답하는 삶은 참으로 아름답습니다.

우리 모두 은혜가 넘치는 사람이 됩시다. 은혜가 넘치는 사람이 되어야 은혜로운 삶을 살 수가 있습니다. 우리 모두 은혜가 넘치는 삶을 살면서 하나님께 영광을 돌립시다. 우리 모두 은혜가 넘치는 삶을 통해 행복하고 복된 삶을 삽시다. 할렐루야!

13. 믿음의 선한 싸움을 싸워라

[엡 6:10-20] 끝으로 너희가 주 안에서와 그 힘의 능력으로 강건하여지고 마귀의 간계를 능히 대적하기 위하여 하나님의 전신 갑주를 입으라 우리의 씨름은 혈과 육을 상대하는 것이 아니요 통치자들과 권세들과 이 어둠의 세상 주관자들과 하늘에 있는 악의 영들을 상대함이라 그러므로 하나님의 전신 갑주를 취하라 이는 악한 날에 너희가 능히 대적하고 모든 일을 행한 후에 서기 위함이라 그런즉 서서 진리로 너희 허리띠를 띠고 의의 호심경을 붙이고 평안의 복음이 준비한 것으로 신을 신고 모든 것 위에 믿음의 방패를 가지고 이로써 능히 악한 자의 모든 불화살을 소멸하고 구원의 투구와 성령의 검 곧 하나님의 말씀을 가지라 모든 기도와 간구를 하되 항상 성령 안에서 기도하고 이를 위하여 깨어 구하기를 항상 힘쓰며

여러 성도를 위하여 구하라 또 나를 위하여 구할 것은 내게 말씀을 주사 나로 입을 열어 복음의 비밀을 담대히 알리게 하옵소서 할 것이니 이 일을 위하여 내가 쇠사슬에 매인 사신이 된 것은 나로 이 일에 당연히 할 말을 담대히 하게 하려 하심이라

'해석자'는 천향인을 궁궐로 데리고 갔습니다. 천향인이 해석자에게 물었습니다.

"저도 저 궁궐에 들어갈 수 있나요?"

"물론입니다."

궁궐 앞에 많은 사람이 들어가려고 기다리고 있었습니다. 그런데 그 누구도 궁궐에 들어갈 엄두를 못 내고 있었습니다. 왜냐하면 궁궐 앞에는 무기를 든 병사들이 지키고 있었기 때문입니다. 병사들은 무기를 휘두르고 있었습니다. 천향인도 궁궐을 쳐다보고만 있었습니다.

그때 한 남자가 용기 있게 궁궐 앞에 나아가더니 책상 앞에 있는 자에게 이렇게 소리쳤습니다.

"제 이름을 그 명부에 올려주십시오."

그리고 칼을 뽑아 들고 문 앞에 있는 병사들을 향하여 돌진했습니다. 병사들도 온 힘을 다하여 그를 막으려 했으나 병사들은 그를 당해내지 못하고 쓰러졌습니다. 그러자 성문은 활짝 열렸습니다.

"어서 오시오. 그대는 영원한 영광을 얻게 될 것이오."

궁궐 꼭대기에 있는 세 사람이 그를 환영해 주었습니다. 궁궐 안에 들어간 남자는 찬란한 옷을 입고 머리에는 면류관을 썼습니다. 천향인은 고개를 끄떡이며 해석자에게 물었습니다.

"이것은 무엇을 의미하는 것입니까?"

해석자는 말했습니다.

"신앙생활을 하면서 어떤 어려움이 있어도 용기 있게 앞으로 나가면 반드시 승리할 수 있다는 것을 의미합니다."

오늘 본문 말씀은 우리의 삶을 '영적 전투'라고 설명하고 있습니다. 전쟁이란 우리 삶에서 죽고 사는 문제가 달린 일입니다. 이 세상에 죽고 사는 문제보다 더 큰 문제가 어디에 있습니까? 신앙생활은 죽느냐 사느냐 하는 문제처럼 가장 소중한 일입니다.

성도가 이 세상을 살면서 해야 할 영적인 싸움은 이 세상을 통치하는 권세자들과 어두움을 주관하는 미혹의 영들과의 싸움입니다.

저와 여러분은 이 나라의 통치자들을 위하여 기도해야 합니다. 권세자들이 하나님의 청지기가 되어 백성을 잘 돌볼 수 있도록 기도해야 합니다. 사무엘은 나라를 위하여 기도를 쉬는 죄를 범하지 말게 해 달라고 기도했습니다. 나라의 위정자들을 위한 기도는 곧 나를 위하는 기도입니다.

세상을 주관하는 악한 영인 사탄은 사람의 마음을 사로잡고 있습니다. 이 능력을 우리는 지금 목격하고 있습니다.

여러분, 지금 인터넷의 유튜브를 보십시오. 어린아이로부터 어른에 이르기까지 그들의 마음을 사로잡고 있습니다. 유튜브를 틀어주면 울던 꼬마도 울음을 그칩니다. 어디를 가든지 주위를 살펴보십시오. 모두 다 유튜브에 빠져 있습니다.

오늘 우리의 싸움은 하늘에 있는 악한 영들을 상대하여 싸워야 합니다. 어떻게 우리가 이 싸움을 자력으로 이길 수 있겠습니까? 불가능합니다. 그러므로 우리는 성령으로 충만해야 합니다.

우리의 영적 싸움은 하늘에 있는 악한 영들과의 싸움입니다. 이 싸움에서 승리하는 자가 진정한 그리스도인입니다.

군인은 전쟁터에서 승리하기 위해 완전 무장을 하고 방패를 가져야 합니다. 육신의 건강을 위하여 보약을 먹듯이 영적인 건강을 위하여 성령으로 충만해야 합니다. 우리가 성령 충만하면 놀라운 힘과 능력이 솟아오릅니다. 성령 충만하면 매사에 두려움이 사라지고 담대해집니다.

오늘 본문 말씀은 우리가 영적 전쟁에서 승리하기 위해 어떤 무장을 해야 하는지 구체적으로 말씀하고 있습니다.

성도는 하나님의 전신 갑주로 무장해야 합니다. 유대인들은 안식일에는 그 어떤 전화도 받지 않습니다. 그리고 가족이 함께 모여서 하나님의 말씀을 함께 읽고, 그 말씀을 어떻게 실천하며 살아왔는지를 함께 나누는 삶을 어린 시절부터 교육받습니다. 그래서 유대 사회에서 가장은 제사장의 역할을 잘 감당해야 합니다.

우리는 어떻게 자녀들의 신앙교육을 하고 있습니까? 우리 자녀들이 주일날 교회 가서 예배를 드렸으니까, 신앙교육은 됐다고 생각하면 큰 오산입니다. 우리 자녀의 신앙교육은 가정에서 이루어져야 합니다.

우리의 자녀는 학원 공부도 중요하지만, 신앙교육은 더 중요합니다. 신앙교육만 바로 되면 자기 스스로 자기 앞길을 개척해 나아갑니다.

오늘 본문 말씀은 진리의 허리띠와 의의 흉배를 붙이고 복음의 신발을 신어야 한다고 말씀합니다. 이것을 신앙생활에 적용하라는 말씀입니다.

"진리의 허리띠를 띠고"

진리 되신 예수님과 함께 생활하는 삶을 살라는 것입니다. 어디를 가든지 예수님을 앞세우고 성령님의 인도를 받으라는 것입니다.

"의의 흉배를 붙이고"

내가 어디를 가든지 "나는 의롭다함을 받은 하나님의 자녀다!"라는 확신을 가져야 합니다. 예수님을 믿는 나를 누구도 정죄할 수 없는 그리스도인답게 살라는 것입니다.

교통사고로 둘이 싸우다가 경찰서에서 조사받다가 서로의 신분을 확인하던 중에 한 사람은 교회 장로이고, 다른 한 사람은 교회 안수집사였다고 합니다. 얼마나 창피하고 부끄러운 일입니까? 우리는 어디를 가든지 의의 호심경을 붙이고 다녀야 합니다.

"나는 의롭다고 인정받은 하나님의 자녀다!"

얼마나 자랑스러운 표현입니까?

"평안의 복음의 신발을 신고"

우리는 어디를 가든지 평안의 복음을 전하는 사람이 되어야 합니다. 복음이 증거되는 현장에는 생명이 살아나는 놀라운 일이 일어납니다. 마귀가 가장 두려워하는 일은 우리가 복음을 전하는 것입니다. 내가 복음을 전하는 자가 되면, 마귀는 우리를 가까이하지 못하고 멀리 도망을 칩니다.

복음이란 기쁜 소식입니다. 복음이란 하나님께서 우리를 구원하려 이 세상에 오셨습니다. 바로 그분이 임마누엘 되신 예수 그리스도입니다.

하나님께서 우리의 죄를 대신 속량해 주셨다는 것이 복음입니다. 하나님이신 예수님께서 십자가에서 우리의 죗값으로 대신 처형을 당하셨다는 것입니다.

복음이란 예수님께서 십자가에서 죽으시고 3일 만에 부활하셨는데, 예수님의 부활을 믿는 자들은 영원히 죽지 않는 영생의 복을 받게 되었다는 것입니다. 우리가 이 일의 증인입니다.

우리가 이 복음을 전하면 마귀는 벌벌 떨면서 도망을 갑니다. 우리가 복음을 전하면 우리의 영이 살아납니다.

우리는 하나님의 전신 갑주로 무장하여 그 누구도 우리를 대적하지 못하도록 해야 합니다. 우리 모두 하나님의 전신 갑주로 무장합시다.

성도는 믿음의 방패를 가지고 신앙생활을 하여야 합니다. 오늘 본문 말씀은 믿음을 방패라고 설명합니다. 방패란 대적으로부터 오는 모든 불화살을 막고, 창검을 막는 역할을 합니다. 우리가 신앙생활을 하면서 사탄의 공격을 받을 수 있습니다. 사탄의 모든 위협은 믿음의 방패로 막을 수가 있습니다.

사탄은 이 세상의 모든 질병으로 믿는 자들을 위협하고 있습니다. 우리가 이름도 알 수 없는 불치의 병들이 얼마나 많습니까? 이러한 무서운 병들이 매스컴을 통하여 알려지고, 또 각종 암, 폐 질환, 심혈관 질환, 뇌 질환 등 우리가 알지도 못하는 무서운 질병이 우리를 끊임없이 위협하고 있습니다. 우리는 이러한 무서운 질병을 어떻게 물리칠 수 있을까요?

예수님께서 우리의 모든 죄와 함께 모든 질병을 다 짊어지고 가셨습니다. 이 사실을 믿어야 합니다.

[마 8:17] 이는 선지자 이사야를 통하여 하신 말씀에 우리의 연약한 것을 친히 담당하시고 병을 짊어지셨도다 함을 이루려 하심이더라

우리는 이 사실을 믿음으로 고백하고 선포해야 합니다.

"예수님께서 내 질병을 지고 가셨다. 나는 예수님 때문에 질병의 저주에서 벗어나게 되었다."

우리는 이 질병을 믿음의 방패로 막아야 합니다. 모세는 모든 질병을 믿음의 방패로 막고 한평생 건강하게 살았습니다.

[신 34:7] 모세가 죽을 때 나이 백이십 세였으나 그의 눈이 흐리지 아니하였고 기력이 쇠하지 아니하였더라

우리도 모세처럼 믿음의 방패로 질병을 막으면, 죽기 직전까지 눈이 흐리지 아니하고 기력이 쇠하지 않는 건강한 삶을 살 수가 있습니다. 우리는 가정에 찾아오는 실패의 우환을 믿음의 방패로 막을 수 있습니다.

우리는 염려와 근심과 걱정을 믿음의 방패로 막아야 합니다. 오늘 저와 여러분이 아무리 염려하고, 근심하고 불안해도 달라지는 것은 아무것도 없습니다.

하나님께서 주신 권세를 가지고 믿음으로 명령하십시오. 우리는 믿음의 방패로 우리에게 찾아오는 모든 불행을 막을 수가 있습니다. 성도는 하나님의 말씀을 실제화하여 하나님의 말씀을 삶에 적용하며 살아야 합니다.

사탄이 가장 무서워하는 것이 있다면 하나님의 말씀입니다. 성도가 이 세상에 살면서 죄와 사탄을 대적하기 위해서는 성령의 검, 하나님의 말씀으로 무장하라고 하십니다. 칼은 상대방을 공격할 때 사용하는 무기입니다. 우리는 성령의 검, 하나님의 말씀으로 죄를 공격하고 사탄을 공격해야 합니다. 우리는 말씀으로 죄를 물리치고 사탄을 물리칠 수 있습니다.

우리는 하나님의 말씀을 내 삶 속에서 실제화해야 합니다. 하나님의 말씀은 이 세상을 살아가면서 일어나는 모든 문제의 해답입니다. 말씀 속에 모든 문제의 해답이 다 들어있고 해결책이 다 들어있습니다. 우리는 믿음으로 이 말씀을 실제화하여 활용하면, 모든 문제가 다 해결됩니다.

하나님의 말씀을 내 것으로 만들기 위해서는 그 말씀대로 지키며 살아야 합니다. 그 말씀을 지키는 자는 언약의 축복을 다 내 것으로 만들 수 있습니다. 축복의 말씀에는 반드시 내가 지켜야 할 의무가 뒤를 따릅니다.

[신 28:1] 네가 네 하나님 여호와의 말씀을 삼가 듣고 내가 오늘 네게 명령하는 그의 모든 명령을 지켜 행하면 네 하나님 여호와께서 너를 세계

모든 민족 위에 뛰어나게 하실 것이라

그렇습니다. 말씀을 삼가 듣고 지키며 순종하는 자는 축복의 주인공이 됩니다. 이 마지막 시대에 성령의 검인 하나님의 말씀을 실제화하여 저와 여러분의 삶을 바꾸고 운명을 바꿉시다.

성도는 성령 안에서 깨어 기도하는 삶을 살아야 합니다. 성도가 기도하지 않으면 사탄의 미혹에서 벗어나 승리하는 삶을 살 수 없습니다.

예수님께서는 공생애 사역에서 기도를 중요하게 생각하셨습니다. 예수님께서 친히 기도의 본을 보이신 이유는 뭘까요? 우리에게 기도가 얼마나 소중한지 보여 주시기 위함이었습니다. 우리가 기도하지 않는 것은 하나님과 상관없이 내 생각과 내 방법대로 모든 일을 하겠다는 것입니다.

기도 시간은 평안하고 즐거워야 합니다. 기도 시간은 주님과 만나서 대화하는 시간으로 어느 시간보다 행복해야 합니다. 그런데 우리는 기도가 힘이 들고, 기도가 중노동처럼 느껴진다면, 우리의 신앙에 문제가 있는 것이 아니겠습니까? 하나님께서는 우리가 기도하는 것만큼 일하신다는 말이 있습니다.

우리의 기도가 주님의 뜻과 일치될 때 놀라운 기적이 일어납니다. 우리가 성령 안에서 생활하며 기도하면 풍성한 응답의 축복을 누리게 됩니다.

사랑하는 성도 여러분!

저와 여러분은 믿음의 선한 싸움을 어떻게 싸우고 있습니까? 저와 여러분은 하나님의 전신 갑주로 무장하고 있습니까? 우리는 전신 갑주를 입고 믿음의 방패를 가지고 성령의 검인 하나님의 말씀으로 죄와 싸우면서 사탄을 물리쳐야 합니다.

저와 여러분은 진리이신 예수님을 앞세우며 살고 있습니까? 어디를 가든지 내가 그리스도인이라는 사실을 알리고 성도로서 합당한 삶을 살아가고 있습니까?

저와 여러분은 어디를 가든지 평안의 복음을 전하고 있습니까? 우리는 예수 그리스도를 믿는 것이 얼마나 복되고 행복한지를 가는 곳곳마다 보여 주면서 살아야 합니다.

우리는 영적인 싸움에서 믿음의 방패를 사용해야 합니다. 우리는 믿음의 방패로 사탄이 우리에게 가져다주는 모든 저주를 막아야 합니다. 믿음의 방패로 질병을 막고, 믿음의 방패로 실패를 막고, 믿음의 방패로 모든 우환과 염려와 근심을 막고 살아야 합니다. 우리는 믿음의 방패를 잘 활용하여 승리하는 삶을 살아야 합니다.

우리는 머리에 구원의 투구를 써야 합니다. 구원의 투구를 써야 한다는 것은 분명하게 구원의 확신을 갖고 신앙생활을 하는 것을 말합니다. "나는 구원받은 하나님의 자녀이다"라는 확신이 있어야 합니다. 그러면 사탄이 이단을 통하여 역사하는 모든 미혹에서 벗어날 수가 있습니다.

우리는 성령의 검, 하나님의 말씀으로 죄를 공격하고 사탄을 공격하면서 신앙생활을 합시다.

무엇보다도 우리는 성령 안에서 깨어 기도하여 믿음의 선한 싸움을 싸웁시다. 우리 모두 주님께서 우리에게 주신 전신 갑주로 무장하고 믿음의 선한 싸움을 싸웁시다. 하나님의 기록된 말씀, 곧 성령의 검으로 악한 세력과 싸워서 승리하는 삶을 삽시다. 할렐루야!

14. 마음이 완고한 자들

[히 3:7-19] 그러므로 성령이 이르신 바와 같이 오늘 너희가 그의 음성을 듣거든 광야에서 시험하던 날에 거역하던 것 같이 너희 마음을 완고하게 하지 말라 거기서 너희 열조가 나를 시험하여 증험하고 사십 년 동안 나의 행사를 보았느니라 그러므로 내가 이 세대에게 노하여 이르기를 그들이 항상 마음이 미혹되어 내 길을 알지 못하는도다 하였고 내가 노하여 맹세한 바와 같이 그들은 내 안식에 들어오지 못하리라 하였다 하였느니라 형제들아 너희는 삼가 혹 너희 중에 누가 믿지 아니하는 악한 마음을 품고 살아 계신 하나님에게서 떨어질까 조심할 것이요 오직 오늘이라 일컫는 동안에 매일 피차 권면하여 너희 중에 누구든지 죄의 유혹으로 완고하게 되지 않도록 하라 우리가 시작할 때에 확신한 것을 끝까지 견고

히 잡고 있으면 그리스도와 함께 참여한 자가 되리라 성경에 일렀으되 오늘 너희가 그의 음성을 듣거든 격노하시게 하던 것 같이 너희 마음을 완고하게 하지 말라 하였으니 듣고 격노하시게 하던 자가 누구냐 모세를 따라 애굽에서 나온 모든 사람이 아니냐 또 하나님이 사십 년 동안 누구에게 노하셨느냐 그들의 시체가 광야에 엎드러진 범죄한 자들에게가 아니냐 또 하나님이 누구에게 맹세하사 그의 안식에 들어오지 못하리라 하셨느냐 곧 순종하지 아니하던 자들에게가 아니냐 이로 보건대 그들이 믿지 아니하므로 능히 들어가지 못한 것이라

'해석자'는 천향인의 손을 잡고 또 다른 방으로 데리고 갔습니다. 캄캄한 방에 한 남자가 고개를 푹 숙이고 한숨을 쉬고 있었습니다. 마치 삶의 의욕을 모두 잃어버린 사람처럼 보였습니다. 천향인은 그에게 가까이 가서 물었습니다.

"당신은 무슨 죄를 지어서 이곳에서 이런 고통을 겪고 있나요?"

"나는 올바른 신앙인이었습니다. 천국에 들어가는 것을 믿어 의심치 않았지요. 그리고 신앙생활을 하면서 헌신된 삶을 살았습니다. 그런데 마음이 완고해지면서 그만 마귀의 꼬임에 넘어가고 말았습니다. 마음이 완고한 나에게서 하나님의 성령님이 떠나시고, 마귀가 내 마음에 들어와 나를 다스리며 지배하게 되었습니다. 사탄이 내 마음을 지배하는 순간 내 마음은 점점 완고하여져 갔습니다. 나는 그 누구의 권면이나 지도를 거역했습니다. 그리고 하나님의 말씀도 내게 들리지 않았습니다. 내 마음과 생각은 오직 세상의 부귀와 영화와 쾌락에 사로잡혀 있었습니다.

나는 이러한 것들을 향유하면 행복하리라 굳게 믿었습니다. 그러나 이런 내 생각은 모두 다 허망한 것들이었습니다. 나는 예수님을 부정하면서

예수 그리스도를 다시 십자가에 못을 박았습니다. 이로 인하여 나는 하나님의 노여움을 사게 되었고, 내 마음은 이미 완고하여 굳어져 있습니다."

천향인은 절망에 빠진 그분에게 이렇게 말했습니다.

"다시 희망을 품으면 되지 않을까요? 하나님께서는 너그러운 분이라 당신이 잘못을 뉘우치고 회개하면 받아주시지 않을까요?"

남자는 고개를 저었습니다.

"저는 회개가 되지 않습니다. 누가 나를 이 절망에서 구원해 줄 수 있겠습니까?"

해석자는 천향인에게 다가가서 이렇게 말했습니다.

"이 사람의 비참한 현실을 보십시오. 마귀의 꼬임에 넘어가면, 마음이 완고해집니다. 마음이 완고해지면, 하나님의 은혜를 받을 수가 없습니다."

우리는 신앙생활을 하면서 마음이 완고한 자들을 종종 만납니다. 이들은 그 어떤 사람의 충고나 권면을 받아들이지 않습니다. 마음이 완고해지면 자기가 생각하는 모든 것이 진리라고 생각합니다.

마음이 완고해지면 교만해집니다. 교만은 참으로 무서운 영적 질병입니다. 암이 왜 무서운 병입니까? 암은 걸려도 본인은 모릅니다. 본인이 암으로 고통을 느끼게 되어 병원에 가면, 이미 손을 쓸 수 없는 말기가 되어 있습니다.

이처럼 교만한 사람은 자기가 교만하다는 것 전혀 모릅니다. 교만한 사람은 언제나 자기 자신은 올바르고 겸손한 사람으로 착각하면서 살아갑니다.

이스라엘 백성들이 출애굽 하여 광야에서 하나님의 백성으로 훈련을 받습니다. 이스라엘 백성들은 드디어 바란 광야까지 왔습니다. 모세는 거기서 각 지파 중에서 지도자 한 명씩을 뽑아서 12명을 가나안 땅 정탐꾼으로 보냈습니다. 그들은 임무를 마치고 돌아와서 보고했습니다.

10명의 정탐꾼의 보고는 잘못된 보고가 아니었습니다. 사실에 근거한 정확한 보고였습니다. 그러나 그들은 전능하신 하나님을 믿지 않았습니다. 하나님께서는 홍해를 가르시고 이스라엘 백성들로 하여금 그 길을 통과하게 하셨습니다. 하지만 세계최강의 군대인 애굽 군대는 하나님을 시험하다가 홍해에서 몰살당했습니다. 이 광경을 이스라엘 백성들은 목격했습니다. 하지만 그들의 마음은 완고하여 하나님께서 하신 일들을 기억하지 않았습니다.

참으로 놀라운 사실은 이스라엘 백성들은 믿음의 사람, 여호수아와 갈렙의 말을 따르지 않고 10명이 전하는 정탐꾼의 불신앙의 말을 믿고 따랐습니다.

"우리가 애굽 땅에서 죽었거나 광야에서 죽었으면 좋았을 것이다. 애굽으로 돌아가자." 하나님께서는 이들이 하는 모든 말을 다 듣고 계셨습니다.

[민 14:28] 그들에게 이르기를 여호와의 말씀에 내 삶을 두고 맹세하노라 너희 말이 내 귀에 들린 대로 내가 너희에게 행하리니

내 귀에 하나님의 말씀이 들리지 않으면 우리는 정신을 차려야 합니다. 성령의 역사가 아니고는 내 마음의 완고함을 발견할 수가 없습니다.

오늘 본문 말씀에는 하나님께서는 출애굽 한 이스라엘 백성들에게 경고의 말씀을 하십니다. 이스라엘 백성들이 왜 하나님께서 주시는 약속의 땅, 가나안에 들어가지 못하였는지를 구체적으로 말씀하고 계십니다.

하나님의 자녀는 성령의 음성에 귀를 기울여야 합니다.

사실 동숭교회에서 양평으로 파송될 때 시골이 아닌 도시에서 목회하게 하여 달라고 간절히 기도했습니다. 성령님께서 그 기도를 생각나게 하셨습니다. 저는 성령님의 음성을 믿음으로 받아들였습니다.

만나교회에 부임하고 한 달도 되기 전에 성령님께서 주신 말씀은 교회를 건축하라는 것이었습니다. 일반적인 상식으로는 이해가 되지 않고, 있을 수 없는 일이었습니다. 저는 또 성령님의 음성을 믿음으로 받아들이고 성도들에게 건축헌금을 작정하게 하고 교회 건축을 시작했습니다.

성령님께서는 또 말씀하십니다. 뉴타운 교회 건축을 빚 없이 짓게 하리라는 말씀이었습니다.

지난날을 뒤돌아보니 내 생각대로 일하지 않고 성령님의 음성에 순종한 것이 얼마나 감사한 일인지 모릅니다. 성령님께서 저에게 감동을 주어서 시킨 모든 일들은 잘못된 것이 없었습니다. 저는 1분 이후에 일어날 일들도 모르지만, 성령님께서는 모든 것을 다 아시고 말씀하십니다.

저는 성령님의 말씀을 믿음으로 '아멘'하고 행동했습니다. 제가 양평 백석교회에서 광명 만나교회로 온 일이 잘못되었습니까? 아닙니다. 최상의 선택이었습니다. 교회도 이 일로 인하여 엄청나게 부유해지고 저희 가정도 마찬가지입니다. 성령님께서는 왜 형편도 되지 않고 교인들이 반대하는데 빚을 내어 교회를 짓게 했습니까? 교회를 짓고 난 이후에 보니 바로 뉴타운이 발표되었습니다.

우리 교회의 모든 일들은 조성래 목사가 한 것이 아니라 성령님께서 하셨습니다. 성령님의 음성에 순종하는 삶을 살면 놀라운 기적을 체험하게 됩니다.

우리는 마음이 완고한 삶을 살아서는 안 됩니다. 마음이란 인간의 사고와 행동의 중심인 지성과 감성과 의지를 말합니다.

'마음이 완악하다'는 것은 마음이 굳어 있다는 말입니다. '마음이 완고하다'는 것은 마음이 비뚤어져 있다는 뜻입니다. 마음이 비뚤어지면 하나님의 은혜를 체험하며 살지 못합니다.

사람이 마음이 완악하면 하나님을 거역하는 삶을 살게 됩니다. 이스라엘 백성들이 출애굽을 하였으나 그들은 마음이 완악하여져서 하나님의 말씀에 귀를 기울이지 않습니다. 그들에게 하나님의 말씀이 들리지 않았습니다. 하나님의 말씀이 들리지 않은 그들은 고통 가운데서 한평생을 살았습니다.

[히 3:8] 광야에서 시험하던 날에 거역하던 것 같이 너희 마음을 완고하게 하지 말라

이스라엘 백성들은 마음이 완고하게 되니 하나님의 말씀이 들리지 않았습니다. 그래서 그들은 지도자인 모세에게 항상 대항하면서 한평생을 살았습니다. '마음이 완고하다는 것'은 마음이 말라서 비틀어졌다는 뜻입니다. 마음이 완고하면 하나님을 섬기는 것이 아니라 하나님을 시험합니다. 하나님께서 하시는 모든 일에 불평과 원망을 쏟아놓습니다.

[히 3:9] 거기서 너희 열조가 나를 시험하여 증험하고 사십 년 동안 나의 행사를 보았느니라

오늘 우리의 삶은 늘 하나님을 시험하면서 살아갑니다. 우리는 하나님께서 하시는 모든 일들을 체험하면서도 그 일을 부정하면서 삽니다. 우리의 삶을 되돌아보면 늘 하나님을 시험하면서 살아가는 어리석은 자들입니다.

우리는 매 순간 선택의 갈림길에 있습니다. 우리의 선택이 지혜로우면 우리의 삶이 형통하고, 우리의 선택이 어리석으면 우리는 비참한 고통의 삶을 살게 됩니다.

우리는 날마다 우리의 마음이 완악해지지 않도록 끊임없이 회개하면서 기

도해야 합니다.

주 예수를 믿지 않는 자는 약속의 땅에 들어가지 못합니다. 이스라엘 백성들은 하나님께서 행하시는 놀라운 기적을 체험했지만, 하나님을 믿지 않았습니다.

믿지 않는 자들에게는 하나님께서 그 어떤 역사도 이루지 않습니다.

믿지 않는 자들은 한평생 방황하는 삶을 살게 됩니다.

믿지 않는 자들은 영원한 안식의 땅 천국에 들어가지 못합니다.

[히 3:18-19] 또 하나님이 누구에게 맹세하사 그의 안식에 들어오지 못하리라 하셨느냐 곧 순종하지 아니하던 자들에게가 아니냐 이로 보건대 그들이 믿지 아니하므로 능히 들어가지 못한 것이라

이스라엘 백성들은 430년 동안 애굽에서 종살이하다가 하나님께서 보낸 모세를 통하여 출애굽 하였습니다. 그러나 그들은 하나님께서 행하시는 그 놀라운 기적을 보고도 하나님을 믿지 않는 불신앙의 삶을 살았습니다. 그들은 날마다 애굽으로 돌아가자고 소리치면서 살았습니다. 애굽으로 돌아가자는 말은 하나님을 버리고 세상으로 돌아가자는 말입니다. 그들은 끝까지 하나님을 거역하고, 믿지 않다가 약속의 땅 가나안에 들어가지 못했습니다.

그러나 여호수아와 갈렙은 전적으로 하나님을 신뢰하고 믿었습니다. 모든 백성이 가나안에 들어가기를 반대할 때 여호수아와 갈렙은 이렇게 말했습니다.

[민 14:8-9] 여호와께서 우리를 기뻐하시면 우리를 그 땅으로 인도하여 들이시고 그 땅을 우리에게 주시리라 이는 과연 젖과 꿀이 흐르는 땅이니

라 다만 여호와를 거역하지는 말라 또 그 땅 백성을 두려워하지 말라 그
들은 우리의 먹이라 그들의 보호자는 그들에게서 떠났고 여호와는 우리
와 함께하시느니라 그들을 두려워하지 말라 하나

여호수아와 갈렙은 하나님께서 언약하신 약속을 믿었습니다. 그들은 하나
님께서 함께하시면 불가능이 가능이 되고, 아무리 강한 가나안 족속도 넉넉
하게 이길 수가 있다고 확신했습니다. 그러나 마음이 완고한 이스라엘 백성
들은 하나님의 말씀을 믿지 않았고, 믿음의 사람 여호수아와 갈렙을 돌로 치
려고 했습니다. 바로 그때 하나님의 영광이 회막에서 나와서 여호수아와 갈
렙을 보호했습니다.

애굽에서 나온 이스라엘 백성들은 약속의 땅 가나안에 들어가지 못했습니
다. 여호수아와 갈렙은 약속의 땅 가나안에 들어가서 축복의 조상이 되었습
니다.

사람의 마음이 완고하게 되면 하나님은 그를 떠나십니다.
저와 여러분의 마음은 완고하지 않습니까?
마음이 완고하면 하나님께서는 주시는 은혜의 삶을 살 수가 없습니다.
마음이 완고하면 성령님의 음성을 들을 수가 없습니다.
마음이 완고해지면 하나님의 말씀이 들리지 않습니다.
마음이 완고하면 순종의 삶을 살 수가 없습니다.

사랑하는 성도 여러분!
오늘 주님은 우리에게 말씀하십니다.
"너희 마음을 완고하게 하지 말라."

오늘 저와 여러분의 마음속에 성령의 기름 부으심이 끊어지면, 우리의 마음은 완고해집니다. 마음이 완고해지면 교만해지고 하나님으로부터 버림을 받습니다. 우리는 날마다 우리의 마음을 점검하면서 신앙생활을 해야 합니다.

신앙생활에서 하나님께 헌신하는 마음과 즐거움이 없다면, 우리의 마음이 완고해지고 있다는 증거입니다.

나의 삶 속에 감사가 없고 불평과 불만이 가득하면, 마음이 완고해지고 있는 증거입니다.

다른 사람에 대한 배려 없이 내 생각과 내 고집대로 행동한다면, 마음이 완고해지고 있는 증거입니다.

하나님의 말씀이 들리지 않으면, 마음이 완고해지고 있는 증거입니다.

우리의 기도가 진실성에서 위선적인 기도로 바뀌면, 마음이 완고해지고 있는 증거입니다.

우리는 날마다 깨어 기도하면서 완고한 내 마음의 죄를 참회해야 합니다. 우리의 완고한 마음을 성령의 불로 녹여야 합니다. 우리의 마음이 부드러워지고 은혜가 풍성히 임하면, 늘 감사와 기쁨이 넘치게 됩니다. 마음이 완고한 자들은 은혜와 축복의 삶을 살 수 없습니다. 우리 모두 완고한 마음에서 벗어나 은혜가 넘치는 축복의 삶을 삽시다.

15. 마라나타 신앙

[살전 4:13-18] 형제들아 자는 자들에 관하여는 너희가 알지 못함을 우리가 원하지 아니하노니 이는 소망 없는 다른 이와 같이 슬퍼하지 않게 하려 함이라 우리가 예수께서 죽으셨다가 다시 살아나심을 믿을진대 이와 같이 예수 안에서 자는 자들도 하나님이 그와 함께 데리고 오시리라 우리가 주의 말씀으로 너희에게 이것을 말하노니 주께서 강림하실 때까지 우리 살아남아 있는 자도 자는 자보다 결코 앞서지 못 하리라 주께서 호령과 천사장의 소리와 하나님의 나팔 소리로 친히 하늘로부터 강림하시리니 그리스도 안에서 죽은 자들이 먼저 일어나고 그 후에 우리 살아남은 자들도 그들과 함께 구름 속으로 끌어 올려 공중에서 주를 영접하게 하시리니 그리하여 우리가 항상 주와 함께 있으리라 그러므로 이러한 말로 서

로 위로하라

'해석자'는 천향인을 한 침실로 안내했습니다. 침실에는 한 남자가 옷을 주섬주섬 입고 있었습니다. 그런데 그 남자는 겁에 질려 몸을 부들부들 떨고 있었습니다. 천향인은 겁에 질린 남자에게 가서 물었습니다.

"당신은 무슨 연유로 겁에 질려 이렇게 떨고 있나요?"

"저는 지난밤에 잠을 자다가 무서운 꿈을 꾸었습니다. 그런데 꿈에 천둥 번개가 요란하게 쳤습니다. 이런 천둥 번개는 태어나면서 처음 보았습니다. 저는 천둥소리와 번개가 너무 무서워 몸을 벌벌 떨었습니다. 바로 그때 하늘에서 나팔 소리가 나더니 구름이 몰려오더군요. 구름 위를 유심히 보니 그분이 앉아 계셨습니다. 그분은 최후 심판하실 예수 그리스도였습니다. 그분이 이렇게 외치셨습니다.

'죽은 자들이여! 심판을 받으러 나오라!'

그러자 바위가 열리며 무덤이 갈라지고 무덤 속에서 수많은 사람이 무덤에서 나왔습니다. 무덤에서 나온 사람 중에 어떤 분은 너무나 기뻐서 얼굴이 환한 기쁜 표정을 짓는 이도 있었지만, 사람들 대부분은 겁에 질려 어디로 도망갈지 몰라 헤매고 있었습니다. 그러자 그분은 생명책을 펼치고 생명책에 기록된 자들의 이름을 불러서 그들만 구름에 태우고 가버렸습니다. 그러자 지옥문이 열렸습니다."

천향인은 말했습니다.

"결국 선택된 백성만 천국에 가게 되었군요."

"나는 죄를 많이 지어서 구름에 올라탈 엄두도 내지 못했습니다. 내가 두려워하는 것은 바로 이것 때문입니다. 심판의 날이 가까워졌는데 나는 천국에 들어갈 아무 준비도 하지 못했거든요. 이대로라면 나는 분명 지옥에 떨어지고 말 거예요"

천향인은 그에게 다시 말했습니다.

"아직 당신에게 기회는 있습니다. 너무 겁먹지 마세요."

천향인은 겁에 질린 사람을 위로해 주었습니다.

해석자는 천향인 곁으로 와서 이렇게 말합니다.

"이제 더 보여 줄 것이 없습니다. 앞으로 여행하면서 지금까지 본 것을 꼭 기억하십시오."

"잘 알겠습니다. 매일 하나님의 도움을 구하며 살겠습니다."

우리 삶의 현실을 돌아보면, 너무나 힘들고 어려운 일이 많습니다. 경제적인 불황 속에서 하루하루의 삶도 너무 힘이 드는데, 무서운 질병과의 싸움은 너무나 힘든 절망으로 우리를 끌고 갑니다.

이러한 시대를 살아가는 우리에게 가장 큰 소망이 무엇입니까? 저는 예수님의 재림이라고 생각합니다. 주님의 재림은 믿음으로 살아가는 모든 자들에게 가장 기쁜 소식이요, 가장 큰 축복의 날입니다.

저와 여러분은 예수님의 재림이 기다려지지 않습니까?

저는 이 시간 여러분에게 진지하게 이런 질문을 해 보고 싶습니다. 다 같이 눈을 감으시고 제가 묻는 말에 손을 들어 답해 보십시오. 만일 내일 예수님이 구름을 타고 재림하신다면, "나는 주님의 재림을 진심으로 환영합니다. 할렐루야!"라고 외칠 성도님은 손을 들어주십시오.

눈을 뜨십시오. 손을 든 사람 중에는 이 세상의 삶이 너무 힘이 들거나, 아니면 주님을 너무 사랑해서 주님의 재림을 기다리는 사람일 것입니다.

여러분은 오늘 이 세상의 삶이 그렇게 행복하고 좋습니까? 우리 주님께서 재림하시면 여러분이 이 세상에서 즐기며 행복하게 하는 그 어떤 것도 하나님 나라와 비교 대상이 되지 않습니다.

벽에 곰팡이가 난 지하 단칸방에 살다가 34평의 새 아파트로 이사 가자고 하면, 어떻게 하시겠습니까? 지하 단칸방의 삶이 그립다고 하면서 34평 아파트로 이사 가지 않겠다고 고집을 부리는 사람이 있을까요?

믿음으로 사는 우리의 소망은 하나님 나라요, 주님의 재림입니다. 이 소망을 굳게 붙잡아야 우리는 최후 승리자의 삶을 살 수 있습니다. 우리는 늘 죽음을 준비하면서 이 세상을 살아가야 합니다.

죽음에는 두 가지가 있습니다. 하나는 육신의 죽음이요, 다른 하나는 영혼의 죽음입니다. 사람들은 누구나 죽음에 대한 두려움과 불안 가운데 세상을 살아갑니다. 사람이 이 세상에 태어날 때는 순서가 있습니다. 연세가 많은 사람이 먼저 태어났고, 나이가 젊을수록 늦게 태어났습니다. 그런데 이 세상을 떠나는 것은 반드시 태어난 순서대로 가지 않습니다. 이곳에 예배드리는 여러분 중에서 누가 가장 먼저 죽음을 맞이할지는 아무도 모릅니다. 그래서 우리는 늘 죽음을 준비하면서 이 세상을 살아야 합니다.

[히 9:27] 한번 죽는 것은 사람에게 정해진 것이요 그 후에는 심판이 있으리니

죽음은 모든 사람에게 정해진 것입니다. 그래서 사람이 이 세상에 태어나서 한번 죽는다는 것은 그 누구도 피할 수 없는 진리입니다. 그런데 어떤 죽음을 맞이하느냐는 매우 중요합니다.

예수님을 믿고 구원받아 영원한 생명을 소유한 사람은 그의 죽음이 영생으로 바뀌어 부활합니다. 그러나 예수님을 믿지 않고 내 생각과 내 방법대로 이 세상을 살다가 죽으면, 심판을 받기 위하여 부활하는데 이들은 영원한 지옥

으로 들어갑니다.

저와 여러분은 진심으로 예수님을 믿어 영원한 생명을 소유하고 있습니까? 구원은 우리의 의지나 노력으로 얻는 것이 아니라, 오직 예수 그리스도를 믿는 믿음으로 이루어지는 하나님의 선물입니다.

우리는 이 구원의 확신을 갖고 신앙생활을 해야 합니다. 구원의 확신은 세상을 살면서 당하는 그 어떤 어려움이나 시련도 넉넉하게 이겨냅니다. 왜냐하면 아무리 큰 어려움도 죽음보다도 큰일이 아니기 때문입니다.

구원의 확신이 있는 사람은 죽음을 두려워하지 않습니다.

구원의 확신이 있는 사람은 죽음을 지배하면서 이 세상을 살아갑니다.

우리는 죽음을 준비하면서 이 세상을 살아야 합니다.

지혜로운 사람은 죽음을 준비하면서 하루하루를 삽니다.

지혜로운 사람은 재림신앙을 소유한 사람입니다.

예수님께서는 우리 인간을 완전히 구원하기 위해 이 땅에 다시 오시겠다고 약속하셨습니다. 예수님의 재림은 이 땅과 우리 인류의 완전한 회복이 이루어지는 놀라운 축복의 사건입니다.

[행 1:11] 이르되 갈릴리 사람들아 어찌하여 서서 하늘을 쳐다보느냐 너희 가운데서 하늘로 올려지신 이 예수는 하늘로 가심을 본 그대로 오시리라 하였느니라

예수님께서 십자가에 못 박히시고 부활하신 이후, 하늘로 승천하실 때 500여 명의 갈릴리 사람들이 몰려와서 예수님의 승천을 목격했습니다. 예수님의 재림은 예수님의 초림과 달리 지구상에 있는 모든 사람이 볼 수 있도록 공개적으로 이루어진다는 것입니다.

예수님께서 재림하실 때 무덤이 열리고, 죽은 자들이 먼저 일어나고, 그 후에 지상에서 생활하던 성도들이 공중으로 끌려 올라가 예수님을 영접합니다.

> [살전 4:16-17] 주께서 호령과 천사장의 소리와 하나님의 나팔 소리로 친히 하늘로부터 강림하시리니 그리스도 안에서 죽은 자들이 먼저 일어나고 그 후에 우리 살아남은 자들도 그들과 함께 구름 속으로 끌어 올려 공중에서 주를 영접하게 하시리니 그리하여 우리가 항상 주와 함께 있으리라

재림신앙이 흔들리면 온전한 믿음이 아닙니다. 만일 예수님의 부활과 재림이 없다면 우리의 믿음은 헛된 것이 되고 맙니다. 우리가 재림신앙으로 무장하면 환란을 이기고, 시련을 이기고, 사탄의 그 어떤 유혹도 넉넉하게 이길 수 있습니다.

예수님의 재림은 반드시 이 땅에서 이루어집니다. 우리는 주님의 재림을 기다리며 재림의 소망을 가지고 이 땅을 살아야 합니다. 재림신앙은 우리의 삶을 회복시키고, 우리의 신앙을 바로 세워줍니다. 재림신앙으로 사는 성도는 이 세상에서 자유하는 삶을 살고, 행복한 삶을 살게 됩니다. 왜냐하면 죽음을 두려워하지 않기 때문입니다.

예수님의 재림은 우리 믿는 자들의 진정한 소망입니다. 천국 혼인 잔치는 우리가 꿈꾸는 진정한 잔치입니다.

주님을 뜨겁게 사랑하는 어떤 분이 밤에 꿈을 꾸게 되었습니다. 성도님은 꿈에 천국으로 가게 되었습니다. 그런데 천국에서는 진수성찬을 차려놓고, 맛있는 음식을 먹으며 서로 환담하고 있었습니다. 그런데 천국에는 수저가 1m 이상 되었습니다.

"형제여! 무엇을 먹고 싶습니까?"

"예, 저는 치킨입니다."

그러자 맞은편에 있는 형제가 치킨을 찍어서 상대방에게 줍니다. 치킨을 먹은 형제는 상대방에게 묻습니다.

"형제는 무엇이 먹고 싶습니까?"

"예, 저는 소고기 불고기입니다."

그러자 형제는 소고기 불고기를 수저에 담아서 형제에게 줍니다.

천국의 식사 시간은 이런 환담을 하며 즐기는 시간이었습니다.

꿈을 꾼 성도님은 이어서 지옥으로 갔습니다. 거기서도 천국에서와 마찬가지로 진수성찬이 차려져 있습니다. 지옥에서도 수저가 1m가 되는 것으로 먹어야 했습니다. 그러자 수많은 사람이 몰려와서 식사가 시작되었습니다. 지옥에 있는 사람들은 서로 많이 먹으려고 싸우고 난리가 났습니다. 그런데 1m가 되는 수저로 먹으려 하니 음식을 하나도 입으로 들어가지 못하고, 바닥에 다 떨어뜨리고, 하나도 먹지 못하고 식사 시간이 끝나고 말았습니다. 바로 이것이 지옥의 식사 장면입니다.

저와 여러분은 어떻게 신앙생활을 하며 살아가고 있습니까? 남을 배려하면서 남을 위하여 살아가는 삶이 천국의 삶입니다. 그러나 내 욕심으로 나만을 위하는 삶은 지옥의 삶입니다.

우리는 천국의 삶을 살면서 천국의 혼인 잔치를 준비하는 삶을 살아야 합니다.

우리 주님께서 천군 천사들과 함께 구름을 타고 이 땅에 재림하실 때 성도들은 구름 속으로 끌려 올라가서 공중 혼인 잔치에 참여하게 됩니다.

천국 혼인 잔치의 광경이 어떠할까요? 수많은 천군 천사의 안내를 받으며, 믿음으로 승리한 성도들이 세마포 옷을 입고, 신랑 되신 예수님과 함께 놀라운 축제의 장이 펼쳐질 것입니다. 예수 그리스도를 신랑으로 영접하는 그 광경은 놀라운 축제일 것입니다.

> [계 19:7-8] 우리가 즐거워하고 크게 기뻐하며 그에게 영광을 돌리세 어린 양의 혼인 기약이 이르렀고 그의 아내가 자신을 준비하였으므로 그에게 빛나고 깨끗한 세마포 옷을 입도록 허락하셨으니 이 세마포 옷은 성도들의 옳은 행실이로다 하더라

이 세마포 옷은 예수님의 십자가 보혈의 피를 믿고, 죄 용서함을 받은 자들만이 입을 수 있는 옷입니다. 그리고 이 세마포 옷은 성도가 믿음으로 살면서 행한 옳은 행실의 열매입니다. 우리는 천국 혼인 잔치의 꿈을 품고 이 땅을 살아야 합니다. 우리는 천국 혼인 잔치가 끝나면 하나님께서 예비해 놓으신 천국에 들어가게 됩니다.

사랑하는 성도 여러분!
여러분은 재림신앙을 소유하고 있습니까? 아직도 예수님의 재림을 믿지 못하고, 천국에 대한 믿음의 확신도 없이, 흔들리는 불신앙의 삶을 살고 있지는 않습니까?

여러분은 이 땅에서 소망이 무엇입니까? 이 땅에 과연 소망이 있습니까? 다 부질없는 것들입니다. 여러분, 사탄에게 속지 마십시오. 우리의 소망은 주님이고, 주님께서 다시 이 땅에 오시는 재림이 우리의 진정한 희망입니다. 그런데 예수님께서는 재림의 때를 우리에게 알려주지 않으셨습니다. 주님의 재림은 본인도 모르고 아버지만 아신다고 말씀하셨습니다.

우리는 나의 죽음이 먼저인지, 주님의 재림이 먼저인지 알지 못합니다. 우

리는 내 죽음의 때도 모르고, 예수님 재림의 때도 모릅니다. 그러므로 우리는 죽음을 준비하고 재림을 준비하면서 이 땅을 살아야 합니다.

"마라나타! 나의 주 예수님! 어서 오시옵소서!"

이 마라나타의 신앙이 있어야 우리의 신앙을 굳건하게 세울 수가 있습니다. 우리 모두 마라나타의 신앙을 소유합시다. 주님의 재림을 사모하며 하루하루를 믿음으로 살아갑시다. 재림신앙을 갖고 살아가는 저와 여러분에게 하나님의 풍성한 은혜가 충만하기를 기원합니다. 마라나타! 주 예수님! 어서 오시옵소서!

16. 십자가 앞에서 죄 짐을 벗다

[사 53:1-6] 우리가 전한 것을 누가 믿었느냐 여호와의 팔이 누구에게 나타났느냐그는 주 앞에서 자라나기를 연한 순 같고 마른 땅에서 나온 뿌리 같아서 고운 모양도 없고 풍채도 없은즉 우리가 보기에 흠모할 만한 아름다운 것이 없도다 그는 멸시를 받아 사람들에게 버림받았으며 간고를 많이 겪었으며 질고를 아는 자라 마치 사람들이 그에게서 얼굴을 가리는 것 같이 멸시를 당하였고 우리도 그를 귀히 여기지 아니하였도다 그는 실로 우리의 질고를 지고 우리의 슬픔을 당하였거늘 우리는 생각하기를 그는 징벌을 받아 하나님께 맞으며 고난을 당한다 하였노라 그가 찔림은 우리의 허물 때문이요 그가 상함은 우리의 죄악 때문이라 그가 징계를 받으므로 우리는 평화를 누리고 그가 채찍에 맞으므로 우리는 나음을 받았도다

우리는 다 양 같아서 그릇 행하여 각기 제 길로 갔거늘 여호와께서는 우
리 모두의 죄악을 그에게 담당시키셨도다

천향인은 '해석자'가 보여준 놀라운 사실들을 기억하면서 길을 떠났
습니다. 천향인은 혼자서 길을 갔지만 전혀 외롭지 않았습니다. 왜냐하면
믿음으로 순종하는 삶을 살아가는 자는 성령님과 동행하는 삶을 살기 때
문에 고독하거나 외롭지 않습니다.

천향인은 언덕길을 최선을 다해 올라가고 있었습니다. 언덕에 오르는
길은 너무 가파르고 힘해서 매우 힘이 들었습니다. 천향인이 등에 지고
있는 무거운 죄 짐은 그를 너무 힘들게 했습니다. 천향인은 드디어 언덕
에 올라왔습니다.

천향인은 언덕 위에 올라왔을 때 십자가를 발견했습니다. 십자가 앞으
로 조금 떨어져 있는 곳에는 무덤이 하나 있었습니다. 십자가를 바라보는
순간 놀라운 일이 일어났습니다. 천향인의 어깨에 지워진 무거운 죄 짐의
줄이 풀어지더니 데굴데굴 굴러서 무덤으로 들어가 버렸습니다. 그동안
이 죄 짐이 천향인을 짓누르면서 얼마나 힘들게 하였는지 모릅니다. 천향
인은 감격하며 이렇게 외쳤습니다.

"주께서 고통을 당하심으로 내게 평안을 주셨고, 주께서 목숨을 버리
심으로 내게 영생을 주셨나이다. 할렐루야!"

천향인은 이제 방황하는 삶을 마치고, 영생의 삶을 살 것을 생각하니
너무나 기뻐서 몸 둘 바를 몰랐습니다. 그러나 예수님의 십자가를 생각하
니 가슴이 저렸습니다.

예수님께서 내 죄로 인하여 당하신 쓰라린 아픔과 고통, 치욕을 당하신
것을 생각하니 마음이 뜨거워졌습니다. 두 눈에서는 감격의 눈물이 줄줄

흘러내렸습니다. 그때 환하고 빛난 얼굴의 천사 3명이 날아왔습니다.

한 천사가 "평안할지어다"라고 말하자 다른 천사가 이렇게 말했습니다.

"당신은 이제 모든 죄를 용서받았습니다."

이어서 세 번째 천사가 그동안 천향인이 입고 있던 누더기를 벗기고 새 옷을 입혀 주었습니다. 이 새 옷은 세마포 옷이었습니다.

세마포 옷은 '죄 없는 사람에게 입혀 주는 옷'입니다. 천국의 혼인 잔치에서 입는 옷이 바로 세마포 옷입니다.

우리가 이 세상을 살아가면서 지고 있는 짐 중에서 가장 무거운 짐이 있다면 죄의 짐일 것입니다. 죄의 짐을 지고 사는 대표적인 사람이 있다면 감옥에서 생활하는 자일 것입니다. 이 죄의 짐이 얼마나 힘이 들고 무거웠는지 출소하는 사람은 누구나 얼굴이 싱글벙글 환하게 피어납니다.

그러나 재판정에서 형이 확정되고 감옥으로 들어가는 사람들은 한결같이 얼굴이 수심과 근심이 가득 차 있습니다. 이 세상을 살아가는 모든 사람은 죄 가운데 죄의 짐을 지고 살고 있습니다.

죄는 모든 사람이 공감하는 윤리적이고 도덕적인 죄가 있습니다. 그리고 양심적인 죄가 있습니다. 양심적인 죄는 남이 알지 못하지만, 자신은 자기가 지은 죄를 다 알고 있습니다. 죄 가운데는 가장 무서운 죄는 하나님께 지은 영적인 죄입니다. 영적인 죄는 하나님의 존재를 부정하고 하나님의 말씀을 거역한 모든 죄를 말합니다.

[시 14:1-3] 어리석은 자는 그의 마음에 이르기를 하나님이 없다 하는도다 그들은 부패하고 그 행실이 가증하니 선을 행하는 자가 없도다 여호와

께서 하늘에서 인생을 굽어살피사 지각이 있어 하나님을 찾는 자가 있는
가 보려 하신즉 다 치우쳐 함께 더러운 자가 되고 선을 행하는 자가 없으
니 하나도 없도다

사람들은 하나님을 찾지 아니하고 자기 양심을 속이며 살아갑니다. 모든
인간은 하나같이 죄의 짐을 지고 있습니다.
무서운 질병이 죄의 짐입니다.
가난이 죄의 짐입니다.
양심의 고통이 죄의 짐입니다.
불안과 근심과 걱정이 죄의 짐입니다.
죽음의 공포가 죄의 짐입니다.
이 모든 죄의 짐은 아담과 하와의 범죄, 곧 원죄에서 비롯된 것입니다.
인간이 이 세상을 살아가면서 가장 바라는 소망이 있다면, 이 죄의 짐을 벗
는 일일 것입니다. 이 죄의 짐을 벗는 길은 누군가가 나를 대신해서 죄의 형
벌을 치르는 길밖에 없습니다.
이사야는 주전 740년경에 활동한 선지자로 구약의 복음서를 기록했습니
다. 구약의 복음서에는 예수님의 생애에 일어날 모든 일들을 예언했습니다.
이사야는 예수님의 일생을 이렇게 예언하였습니다.

[사 53:2] 그는 주 앞에서 자라나기를 연한 순 같고 마른 땅에서 나온 뿌
리 같아서 고운 모양도 없고 풍채도 없은즉 우리가 보기에 흠모할 만한
아름다운 것이 없도다

예수님은 특별한 사람이 아니라 매우 평범한 사람이었습니다. 여러분, 시

중에 떠도는 예수님의 사진은 실제의 모습이 아닙니다. 예수님의 실상은 우리가 보기에 흠모할 만한 아름다운 것이 없었습니다.

예수님께서는 이 땅에 살면서 참으로 평범한 삶을 살았습니다. 그분은 목수로 일하면서 가족들을 돌보는 삶을 살았습니다. 열심히 땀 흘려 일하면서 품값을 받아 가정을 이끄셨습니다. 왜냐하면 예수님의 육신의 아버지 요셉이 일찍 세상을 떠나서 예수님께서는 가장으로서 가정을 돌보셨습니다. 가난한 노동자의 삶을 살아오신 예수님께서는 오늘 저와 여러분의 어려운 처지와 딱한 형편을 너무 잘 알고 계십니다.

예수님께서는 그분의 생애에서 단 한 번도 자기를 위하여 기적이나 이적을 행하지 않으셨습니다. 예수님께서는 땀 흘려 열심히 일하여 그 품값으로 가정을 꾸려 가셨습니다. 예수님께서 한 번도 한탕주의의 삶을 살지 않으셨습니다.

직장생활에서 열심히 일하시는 여러분은 자부심을 갖고 사십시오. 예수님께서는 여러분처럼 땀 흘려 일을 하면서 30세까지 사셨습니다. 예수님의 이 땅에서 삶은 너무나 평범한 일상이셨습니다.

그분은 나사렛 출신으로 체격이나 얼굴의 미모가 평범한 사람입니다. 그래서 빌립이 전도할 때 나다나엘은 "나사렛에서 무슨 선한 것이 나오겠느냐?"고 반문했습니다.

당시에 누가 예수님을 보아도 메시아라고 느껴지는 모습이 어느 한 곳도 찾아볼 수 없었습니다. 예수님께서 평범한 삶을 사셨습니다.

그러나 예수님의 삶은 하나님과 사람 앞에서 사랑받으며 사셨습니다. 어디서 무슨 일을 하시든 하나님 앞에서 최선을 다하는 삶을 사셨습니다. 목수로서 생활은 일하는 현장마다 위대한 작품을 만들어 놓았을 것입니다. 무슨 일을 하든지 하나님과 사람들에게 인정받고 사랑받는 삶을 살았습니다.

[눅 2:52] 예수는 지혜와 키가 자라가며 하나님과 사람에게 더욱 사랑스
러워 가시더라

세상을 살면서 가장 가치 있는 삶은 사랑받는 삶입니다. 주위 사람으로부
터 사랑을 받게 되면, 나도 행복하고 상대방도 행복하게 합니다. 내가 사랑받
으면 나를 사랑하는 분은 더 행복해합니다. 하나님과 사람에게 사랑받으며
이 세상을 사는 삶이 진정한 그리스도인의 삶입니다.

십자가는 이 세상에서 당하는 형벌 중에 가장 참혹한 사형 틀입니다. 예수
님은 십자가 위에서 우리의 죄를 대속하셨습니다.

예수님께서 왜 십자가에서 달려 돌아가셨습니까? 저와 여러분이 지은 죄
가 너무 크고 흉악하기 때문입니다.

십자가는 위에서 아래로 그어집니다. 이는 죄의 장벽이 하늘로부터 땅으로
뚫린 것을 말합니다. 십자가의 복음을 받아들이면, 하늘 문이 열리고 하나님
을 만나게 됩니다. 십자가의 복음은 하늘 문을 열게 합니다.

십자가는 하늘에서 내려온 기둥에 좌우를 연결합니다. 십자가는 인간과 인
간 사이의 장벽도 뚫어 인간관계를 회복시킵니다. 십자가의 복음은 원수도
형제로 만듭니다. 십자가의 복음은 미움을 사랑으로 바꿉니다.

십자가는 더하기입니다. 십자가의 복음은 은혜를 더하고, 사랑을 더하고,
축복을 더하고, 행복을 더합니다. 십자가의 복음을 받아들이면, 우리는 모두
행복한 삶을 살 수 있습니다. 우리는 십자가의 복음으로 죄를 이기고, 사탄을
이기고, 자신을 이기는 승리의 삶을 살 수가 있습니다.

예수님께서 십자가를 지시기 전에 모진 매를 맞으셨습니다. 예수님께서 채
찍을 맞으신 것은 저와 여러분의 질병과 저주를 친히 짊어지기 위함입니다.

[마 8:17] 이는 선지자 이사야를 통하여 하신 말씀에 우리의 연약한 것을 친히 담당하시고 병을 짊어지셨도다 함을 이루려 하심이더라

오늘 저와 여러분에게 찾아오는 모든 불치의 병은 예수님께서 친히 담당하시고 짊어지셨습니다. 그러므로 우리는 예수 그리스도의 이름으로 모든 질병을 거부해야 합니다.

"그가 채찍에 맞음으로 우리가 나음을 얻었도다. 할렐루야!"

예수님께서 머리에 가시 면류관을 쓰신 것은 저와 여러분이 생각으로 지은 모든 죄를 다 담당하신 것입니다.

예수님께서 양손에 못을 박히신 것은 저와 여러분이 손으로 지은 모든 죄를 담당하신 것입니다.

예수님이 발에 못 박히신 것은 저와 여러분이 발로 달려가 지은 모든 죄를 담당하신 것입니다.

예수님께서 창에 옆구리와 심장을 찔리신 것은 저와 여러분이 마음과 생각으로 지은 모든 죄의 값을 다 치르신 것입니다.

예수님께서 운명하시기 전에 "다 이루었다"고 선포하셨습니다. 이 말씀은 저와 여러분이 하나님 앞에서와 사람 앞에서 진 죄의 빚을 다 갚았다는 선언입니다.

다시 말하면 하나님 앞에서, 사람 앞에서 진 죄의 형벌을 우리 대신 모두 담당하셨다는 선포입니다. 이뿐만이 아닙니다. 우리의 모든 질병의 값도 우리 대신 모두 갚았다는 선포입니다. 예수님의 십자가는 우리 인생을 바꾸어 놓았습니다. 이제 우리는 그리스도 안에서 새로운 피조물이 되었습니다.

예수님께서 우리의 질병의 짐과 삶의 무거운 짐을 벗겨주셨습니다.

또한 우리의 죄의 무거운 짐과 죽음의 짐도 벗겨주셨습니다.

아담의 후손인 인간은 한평생 죄 짐을 지고 이 땅을 살아갑니다.

이 땅을 살아가는 사람들은 한결같이 죄의 짐을 지고 힘든 삶을 살아가고 있습니다.

하나님께서는 우리 인간의 이 무거운 죄의 짐을 어떻게 벗겨주는지 아십니까?

> [사 53:6] 우리는 다 양 같아서 그릇 행하여 각기 제 길로 갔거늘 여호와께서는 우리 모두의 죄악을 그에게 담당시키셨도다

이 말씀을 나에게 쉽게 적용하면 이렇습니다.

"나는 짐승 같아서 그릇 행하여, 내가 하고 싶은 대로 내 마음대로 살아왔으나, 하나님께서는 나의 모든 죄악을 예수님에게 담당시키셨도다. 할렐루야!"

예수 그리스도 안에서 믿음으로 살아가는 모든 자에게는 죄의 저주가 떠나갑니다. 하나님께서 함께하시는 모든 현장에는 은혜와 축복의 역사가 날마다 일어납니다. 우리는 예수 그리스도의 은혜를 날마다 체험하면서 살아야 합니다.

우리의 무거운 죄 짐을 벗겨주신 주님의 은혜를 날마다 찬양하면서, 날마다 승리하는 삶, 날마다 복된 삶을 살아가십시오.

사랑하는 성도 여러분!

우리 중에 죄 짐을 벗지 못하고 허덕이면서 이 땅을 살아가는 자는 없습니까? 우리 주님께서 여러분과 저의 무거운 죄 짐을 대신 짊어지셨습니다. 이 죄 짐은 우리의 의지나 노력으로 벗어지는 것이 아닙니다.

무거운 짐을 지고 언덕 위에 올라온 천향인이 십자가를 바라보는 순간 그 무거운 죄 짐은 스스로 벗겨져 떨어져 나갔습니다.

오늘 우리의 죄 짐도 예수 그리스도의 십자가 보혈을 믿음으로 받아들이는 순간 우리의 죄 짐은 떨어져 나갑니다. 예수님의 보혈은 모든 믿는 자를 다 살리고, 부활의 능력은 우리로 하여금 새로운 존재가 되게 합니다.

이제 우리는 하나님 자녀의 권세를 가지고 죄와 마귀를 다스리며 살아야 합니다. 우리는 모든 죄를 속량 받은 은혜의 사람입니다. 하나님의 자녀인 우리를 정죄할 자가 아무도 없습니다.

우리는 부활의 능력으로 이 땅을 살아가는 초자연적인 사람입니다. 예수님의 이름으로 질병을 거부하며 삽시다. 예수님의 이름으로 죄와 마귀를 물리치며 삽시다. 예수님의 이름으로 내 삶과 환경을 다스리며 삽시다.

우리 모두 죄 짐을 벗겨주시고, 우리를 하나님의 자녀 삼아주시고, 예수님의 이름의 권세를 주신 하나님께 감사와 찬양과 영광을 돌리며 삽시다. 할렐루야!

17. 천국 내비게이션

[딤후 3:14-17] 그러나 너는 배우고 확신한 일에 거하라 너는 네가 누구에게서 배운 것을 알며 또 어려서부터 성경을 알았나니 성경은 능히 너로 하여금 그리스도 예수 안에 있는 믿음으로 말미암아 구원에 이르는 지혜가 있게 하느니라 모든 성경은 하나님의 감동으로 된 것으로 교훈과 책망과 바르게 함과 의로 교육하기에 유익하니 이는 하나님의 사람으로 온전하게 하며 모든 선한 일을 행할 능력을 갖추게 하려 함이라

천향인은 십자가 앞에서 모든 죄 짐을 벗어버리고 새로운 출발을 하게 되었습니다. 그동안 그의 삶을 짓눌렀던 죄 짐을 벗었으니 기쁨과 감사가 넘쳤습니다. 천사는 길을 떠나는 천향인에게 가죽 두루마리를 어깨에 메

여 주었습니다.

두루마리 끝에는 열쇠 하나가 달려 있었습니다. 이 열쇠는 천향인이 위기를 당할 때마다 문제를 해결해 주는 열쇠였습니다. 천사는 천향인에게 이렇게 말했습니다.

"당신이 천국 문에 이르거든 이것을 보여 주십시오."

세 번째 천사가 준 두루마리는 천국에 들어가는 출입증과 같았습니다.

천향인은 천국에 들어갈 수 있는 자격을 갖추었다고 생각하니 너무 감사했습니다.

"나는 이제 하늘나라의 시민, 천국 백성이 되었다. 할렐루야!"

멸망의 도시, 장망성을 떠나 천국을 향하여 걸어온 지나온 삶에 엄청난 보람을 느꼈습니다. 십자가 언덕을 오르는 길은 비록 힘은 들었지만, 이제 몸도 마음도 가벼웠습니다. 이제 천국이 가까이 왔다는 생각과 지금까지 그토록 사모하던 예수님을 만날 일을 생각하니 너무나 행복했습니다. 그의 얼굴은 이전에 볼 수 없었던 행복이 넘쳐 흘렀습니다.

"죄의 짐은 떨어져 나가고 고통과 슬픔을 기쁨으로 바꾸어 주셨네. 은혜로운 십자가여! 은혜로운 무덤이여! 나를 위하여 수치와 고통을 당하신 주님이시여! 감사합니다. 감사합니다. 감사합니다."

천향인은 감격에 넘쳐 찬양을 계속 불렀습니다.

네비게이션은 운전자가 바라는 목적지까지 길을 안내해 주는 길잡이 역할을 합니다. 가는 길을 몰라도 네비게이션만 보고 그대로 따라가면 누구나 목적지에 쉽게 찾아갈 수가 있습니다.

우리에게는 천국으로 인도하는 네비게이션이 있습니다.

우리에게는 복을 받을 수 있는 길로 인도하는 네비게이션이 있습니다.

우리에게는 이 세상의 모든 재난을 막을 수 있는 네비게이션이 있습니다.

하나님께서 우리에게 이 놀라운 네비게이션을 주셨는데, 이 네비게이션이 무엇인지 아십니까? 바로 신구약 성경 66권입니다.

천향인에게 주신 가죽 두루마리는 성경을 가리키는데 믿음으로 살아가는 우리에게 하나님께서는 성경 네비게이션을 주셨습니다.

하나님께서는 우리가 이 땅을 살면서 축복의 주인공이 되기를 원하십니다. 우리가 이 땅에서 행복한 삶을 살면서 축복을 받는 것이 하나님께서 바라시는 간절한 소망입니다. 그래서 보혜사 성령님께서는 우리를 찾아오셔서 말씀대로 순종하는 삶을 살도록 돕습니다. 성령님의 도움이 없이는 말씀대로 순종하는 삶을 살 수가 없습니다.

우리는 성경 속의 주인공들을 모델로 삼아 그대로 따라 살면, 그들이 받은 축복을 우리도 받을 수 있습니다. 하나님께서 복을 주셔야 우리는 축복의 주인공이 될 수가 있습니다.

우리는 축복의 네비게이션인 말씀을 따라 믿음으로 살면, 반드시 축복의 주인공이 되고 천국에 입성하게 됩니다.

성경은 천국 네비게이션입니다. 멸망의 도시를 떠나 구원받은 후 천국을 향해 가는 모든 천향인에게 천사는 가죽 두루마리를 들려줍니다. 이 두루마리 속에는 엄청난 언약의 축복이 들어 있습니다.

[계 1:3] 이 예언의 말씀을 읽는 자와 듣는 자와 그 가운데에 기록한 것을 지키는 자는 복이 있나니 때가 가까움이라

하나님의 말씀이 문자로 기록이 되어 우리에게 전달된 것은 참으로 놀라운 축복입니다. 우리는 말씀 속에서 언제나 하나님을 만날 수가 있습니다. 그러

면 우리는 어떻게 이 말씀을 받아들여야 합니까?

성경은 구원에 이르는 지혜의 네비게이션입니다. 성경은 구원에 이르는 지혜를 우리에게 공급해주는 역할을 합니다.

> [딤후 3:15] 또 어려서부터 성경을 알았나니 성경은 능히 너로 하여금 그리스도 예수 안에 있는 믿음으로 말미암아 구원에 이르는 지혜가 있게 하느니라

다니엘과 그의 세 친구는 하나님께서 주시는 지혜를 소유한 사람들입니다. 이들은 바벨론에 포로로 끌려갔으나 하나님께서는 이들에게 지혜를 주셔서 세상의 모든 사람을 능가하게 하셨습니다. 하늘의 지혜를 소유한 이들에게 그 누구도 상대가 되지 못했습니다.

어느 날 느부갓네살 왕이 밤에 꿈을 꾸게 됩니다. 꿈은 꾸었는데 어떤 꿈을 꾸었는지 알지 못합니다. 당대의 박사들을 불러서 지난밤에 어떤 꿈을 꾸었는지 물어보았으나 아무도 대답하는 자가 없었습니다. 바로 이때 다니엘이 나서서 왕이 꾼 꿈을 말하고 해몽하여 앞으로 바벨론에서 일어날 모든 일을 예언했습니다. 당시 전 세계의 최고의 권력자 바벨론 왕 느부갓네살이 포로로 끌려온 다니엘을 모든 지혜자의 어른으로 삼습니다.

> [단 2:47-48] 왕이 대답하여 다니엘에게 이르되 너희 하나님은 참으로 모든 신들의 신이시요 모든 왕의 주재시로다 네가 능히 이 은밀한 것을 나타내었으니 네 하나님은 또 은밀한 것을 나타내시는 이시로다 왕이 이에 다니엘을 높여 귀한 선물을 많이 주며 그를 세워 바벨론 온 지방을 다스리게 하며 또 바벨론 모든 지혜자의 어른을 삼았으며

만일 저와 여러분이 하나님께서 주시는 지혜로 이 세상을 살아가면, 주위의 모든 사람이 우리의 경쟁 대상이 되지 못합니다. 바벨론에 사는 모든 지혜자들이 다니엘과 사드락과 메삭과 아벳느고의 경쟁 대상이 되지 못했습니다.

그들은 다니엘과 사드락과 메삭과 아벳느고의 잘못과 허물을 아무리 조사해도 발견할 수가 없었습니다. 바로 이것이 하나님께서 주신 지혜로 이 땅을 사는 자들의 모습입니다. 성경은 구원에 이르는 지혜를 공급하는 네비게이션입니다.

성경은 축복의 네비게이션입니다. 신구약 성경 66권의 하나님 말씀은 우리가 바라고 원하는 축복을 받는 모든 길을 알려 주는 네비게이션입니다. 성경은 우리가 이 세상을 살면서 주위의 모든 사람으로부터 인정받게 하는 네비게이션입니다.

[딤후 3:16] 모든 성경은 하나님의 감동으로 된 것으로 교훈과 책망과 바르게 함과 의로 교육하기에 유익하니

성경은 세상의 모든 윤리와 도덕의 기초가 되는 위대한 교훈을 담고 있습니다. 우리가 성경의 가르침대로 살면, 어디를 가서 무슨 일을 하든지 인정받으며 사랑받게 되어 있습니다.

요셉은 종으로 팔려 가서 비참한 종의 삶을 살게 되었습니다. 그러나 요셉은 항상 주인의식을 가지고 일했습니다. 종들은 주인이 보면 일하고, 주인이 보지 아니하면 일을 안 합니다. 그러나 요셉은 이 일이 내 일이라고 생각하며 주인의식을 가지고 일했습니다. 그랬더니 얼마 지나지 않아서 인정받아 주인의 재산을 맡아서 관리하는 총무가 되었고, 결국에는 애굽의 총리가 되어서 전 세계를 다스리는 지도자가 되었습니다.

성경은 우리가 불의한 삶을 살 때 우리를 책망합니다. 이 책망의 소리를 듣는 사람이 믿음의 사람이요, 이 책망의 소리를 듣고 그의 삶을 바꾸는 사람이 믿음의 사람입니다.

성경은 우리가 바라는 모든 축복을 받게 하는 네비게이션입니다. 여러분이 바라는 소망이 무엇입니까? 여러분이 원하는 모든 소원을 이루는 해답이 성경 속에 다 들어 있습니다.

여러분이 이 세상을 살면서 풍족한 삶을 사는 부자가 되기를 바랍니까? 우리는 모두 다 성경이 약속한 부자가 될 수가 있습니다.

여러분은 어떤 사람이 부자라고 생각합니까? 부동산을 많이 가진 사람, 주식을 많이 가지고 있는 사람, 현금을 많이 가진 사람, 이런 사람이 부자라고 생각합니까? 저는 그렇게 생각하지 않습니다. 저는 자족하는 삶을 사는 자들이 진정한 부자라고 생각합니다.

아무리 부동산이 많아도 이들은 진정한 부자가 아닙니다. 현금 수백억을 통장에 넣고 살아도 어떻게 하면 돈을 더 많이 불릴 수 있을까를 고민하는 사람이 어찌 부자라고 할 수가 있겠습니까? 이들은 진정한 부자가 아닙니다.

진정한 부자는 자족하며 사는 사람입니다. 진정한 부자는 베풀며 나누며 사는 사람입니다. 여러분은 진정한 부자로 살고 싶습니까? 제가 그 방법을 알려 드리겠습니다.

[신 8:18] 네 하나님 여호와를 기억하라 그가 네게 재물 얻을 능력을 주셨음이라 이같이 하심은 네 조상들에게 맹세하신 언약을 오늘과 같이 이루려 하심이니라

여러분, 물권의 축복이 하나님께 있다는 것 알고 계십니까? 하나님께서는

사랑하는 그의 자녀에게 재물 얻을 능력을 주셨습니다. 특별히 온전한 십일조 생활하는 자들에게 재물 얻을 능력과 관리할 능력을 주십니다. 재물을 다스릴 능력이 있는 사람은 탐심과 욕심에 이끌려 살지 않습니다. 이러한 삶이 풍족한 삶을 살 수 있는 비결입니다.

오늘 우리 삶에 하늘 문이 열려야 복된 삶을 살 수 있습니다. 재물을 다스릴 수 있는 능력이 생기면, 모든 일에 형통한 복이 임하게 됩니다. 이 축복의 기회를 믿음으로 붙잡으면, 여러분이 원하는 소원을 다 이루게 됩니다. 성경은 우리 삶을 풍족하게 살 수 있도록 인도하는 축복의 네비게이션입니다.

성경은 천국 네비게이션입니다. 성경은 우리에게 구원받는 비밀을 말씀하고 있습니다.

구원은 우리 인간의 의지나 노력으로 이루어지는 것이 아니라, 오직 믿음으로 이루어지는 하나님의 선물입니다. 구원의 조건은 오직 예수 그리스도, 오직 믿음입니다.

[롬 10:9] 네가 만일 네 입으로 예수를 주로 시인하며 또 하나님께서 그를 죽은 자 가운데서 살리신 것을 네 마음에 믿으면 구원을 받으리라

그렇습니다. "네 입으로 예수님을 주로 시인하며"

'주'란 나의 주인이란 뜻으로 예수님께서 내 인생의 주인이시다는 말입니다.

"예수님께서 나의 모든 죄를 십자가에서 속량하셨다."

마음으로 믿고 입으로 시인하면, 우리의 모든 죄가 속량을 받습니다. 또 예수님이 죽은 자 가운데서 3일 만에 다시 살아나신 것을 내 마음에 믿으면 구원을 받습니다. 그런데 놀라운 것은 예수님을 나의 주인으로 아무나 고백할

수가 없습니다. 성령님께서 도와주시지 않으면, 절대로 예수님을 주님이라고 고백할 수 없습니다.

예수님의 부활도 마찬가지입니다. 아무나 예수님의 부활이 믿어지지 않습니다. 이 믿음은 하나님께서 주시는 선물로 성령님의 역사로만 가능합니다.

바울과 실라가 복음을 전하다가 심한 매를 맞고 옥에 갇혔습니다. 그들은 옥에 갇혀서 기뻐하며 찬송하고 기도했습니다. 이 소리를 옥중에 있는 죄수들이 다 듣게 됩니다. 바로 그때 놀라운 일이 일어났습니다. 옥터가 움직이고, 옥문이 열리고 묶여있던 죄수들의 쇠사슬이 다 풀어졌습니다. 간수장이 이 사실을 목격하고 자결하라고 하는데 바울과 실라가 소리쳤습니다.

"네 몸을 상하게 하지 말라. 우리가 다 여기 있다."

간수가 등불을 들고 가보니 한 명도 도망가지 않고 그 자리에 있었습니다. 간수가 묻습니다.

"선생님이여! 내가 어떻게 하여야 구원을 받을 수 있습니까?"

그때 바울과 실라가 그에게 이렇게 말했습니다.

[행 16:31] 이르되 주 예수를 믿으라 그리하면 너와 네 집이 구원을 받으리라

구원은 주 예수를 믿으면 이렇게 이루어지는 하나님의 선물입니다.

성경은 천국 네비게이션입니다. 성경을 바로 깨닫고 순종하는 삶을 살게 하시는 분이 성령님이십니다. 성령님께서는 우리가 천국에 들어갈 때까지 우리의 모든 삶을 보증하십니다. 성령님께서는 언제나 말씀을 통하여 역사하십니다.

사랑하는 성도 여러분!

우리는 천국에 들어갈 수 있는 네비게이션을 가지고 있습니다. 이것은 우리에게 주신 엄청난 특권이요, 놀라운 축복입니다. 천국에 들어가는 사람은 이 네비게이션이 가르쳐 준 대로 믿고 그 길을 가는 사람입니다. 이 네비게이션은 바로 신구약 성경 66권입니다.

우리가 이 네비게이션을 따라서 바로 살면 축복의 주인공이 됩니다. 이 네비게이션을 따라 살면 반드시 천국에 들어가게 됩니다. 수없이 많은 사람이 진리를 찾다가 진리를 발견하지 못하고 이 세상을 떠났습니다. 세상의 모든 종교인들이 바로 이런 자들입니다.

하지만 우리는 진리 되신 예수님을 만나고, 진리 되신 말씀을 붙잡고, 믿음으로 이 세상을 살아가는 하나님의 자녀요, 천국의 시민입니다.

우리 모두 하나님께서 주신 네비게이션, 즉 성경을 믿고 말씀대로 순종하는 삶을 살아서 축복의 주인공이 됩시다. 우리 다 함께 천국에 입성하는 놀라운 축복이 임하기를 바랍니다.

제 4 부

믿음이 성숙하는 과정

18. 잠을 자는 자여, 일어나라

[엡 5:7-14] 그러므로 그들과 함께하는 자가 되지 말라 너희가 전에는 어둠이더니 이제는 주 안에서 빛이라 빛의 자녀들처럼 행하라 빛의 열매는 모든 착함과 의로움과 진실함에 있느니라 주를 기쁘시게 할 것이 무엇인가 시험하여 보라 너희는 열매 없는 어둠의 일에 참여하지 말고 도리어 책망하라 그들이 은밀히 행하는 것들은 말하기도 부끄러운 것들이라 그러나 책망을 받는 모든 것은 빛으로 말미암아 드러나나니 드러나는 것마다 빛이니라 그러므로 이르시기를 잠자는 자여 깨어서 죽은 자들 가운데서 일어나라 그리스도께서 너에게 비추이시리라 하셨느니라

천향인은 죄 짐을 벗어버리고 천국을 향하여 길을 가면서 위대하신 하

나님의 사랑에 압도당했습니다. 내 모든 죄를 사해주시고 깨끗한 세마포 옷과 두루마리까지 주신 하나님의 놀라운 사랑을 생각할 때 너무나 감격하여 자신도 모르게 춤을 추고 싶었습니다. 그는 좁은 길을 가는 동안 콧노래를 잠시도 멈추지 않았습니다.

천향인이 가는 길에 산과 바다가 하나님을 찬양하고, 새와 식물들이 하나님을 노래하고 있었습니다.

하나님께서 창조하신 모든 세계가 참으로 아름다웠습니다. 구원받은 천향인의 마음은 하늘로 날아갈 것 같았습니다. 천향인이 산을 넘어 언덕 아래로 내려가자 3명의 남자가 길옆에서 잠을 자고 있었습니다. 가까이 가서 보니 그들은 모두 쇠고랑에 묶여 잠을 자고 있었습니다. 그들의 이름은 '게으름'과 '우매'와 '무례'였습니다. 천향인은 길옆에서 잠을 자는 그들을 보자 성경 말씀이 떠올랐습니다.

[잠 20:4-5] 게으른 자는 가을에 밭 갈지 아니하나니 그러므로 거둘 때에는 구걸할지라도 얻지 못하리라 사람의 마음에 있는 모략은 깊은 물 같으니라 그럴지라도 명철한 사람은 그것을 길어 내느니라

천향인은 그들에게 일하지 않으면 곡식을 얻지 못하고, 수확이 없으면 먹을 것이 없다는 사실을 깨닫게 해 주어야겠다고 생각했습니다. 그래서 천향인은 그들에게 다가가 큰 소리로 말했습니다.

"모두 일어나세요. 이런 곳에서 잠을 자면 위험합니다. 원한다면 제가 당신을 묶고 있는 쇠고랑을 풀어드리겠습니다."

세 남자는 도리어 천향인을 이상하게 바라보면서 이렇게 말했습니다.

"뭐가 위험하다는 거야! 여기만큼 안전한 곳이 어디 있다고!"

그러자 다른 남자가 이어서 이렇게 말했니다.

"그러지 말고 당신도 여기 와서 한숨 자고 가게. 아! 졸려. 나는 좀 더 잠을 더 자야겠어!"

우매가 이렇게 말하자, 눈을 반쯤 떠 있는 게으름뱅이도 이렇게 말하였습니다.

"사람마다 갈 길이 다 다른 거요. 남의 일에 참견하지 말고 가던 길이나 가시오. 참 이상한 사람 다 보겠네!"

천향인은 그들이 쇠고랑을 차고 있는 그들이 너무 불쌍하고 딱했습니다. 그들은 게으름과 우매와 무례의 쇠고랑에 매여 한평생을 사는 자들이었습니다. 그들의 잘못을 깨닫게 해 주고 그들을 도와주고 싶었지만, 그들은 고마워하기는 커녕 짜증을 내면서 다시 코를 골며 잠에 빠져들었습니다. 그는 잠을 자는 그들을 불쌍히 여기며 발걸음을 재촉했습니다.

오늘, 일어나는 가장 큰 문제점이 있다면 무엇이겠습니까? 누가 바른말을 하여도 그 말을 듣지 않는다는 것입니다. 부모가 자식에게 아무리 바른말로 권해도 귀를 기울이지 않습니다. 선생님이 학생들에게 바른 진리를 말하고 가르쳐도 선생님의 말씀을 인정하지 않고 듣지 않습니다. 목사님이 교인들에게 참 진리인 하나님의 말씀을 전해도 자기 기준으로 말씀을 판단하면서 하나님의 말씀으로 인정하지 않습니다.

더더욱 놀라운 것은 자기 성향과 비슷한 사람들이 함께 모여 자기 세력을 키워나갑니다. 게으름과 우매와 무례가 바로 이런 사람들입니다. 성경은 게으른 자를 이렇게 책망합니다.

[잠 6:6] 게으른 자여 개미에게 가서 그가 하는 것을 보고 지혜를 얻으라

개미는 두령도 없고, 감독도 없어도 자기가 해야 할 일을 꾸준히 하고 최선을 다해 곡식을 모읍니다. 그리고 혼자 할 수 없는 큰일은 함께 협력하면서 그 일을 이루어 냅니다. 바로 이것이 개미의 지혜입니다.

여러분, 조그마한 개미가 자기 몸집보다도 수십 배나 큰 물건을 끌고 가는 모습을 보셨지요? 뒤에서 밀고 앞에서 당기면서 함께 끌고 가는 모습은 참으로 신기하고 놀랍지 않습니까?

우리는 개미에게서 이러한 지혜를 배워야 합니다. 그래서 개미는 그 어떤 경우에도 굶어서 죽는 일은 없습니다.

[잠 6:10-11] 좀 더 자자, 좀 더 졸자, 손을 모으고 좀 더 누워 있자 하면
네 빈궁이 강도 같이 오며 네 곤핍이 군사같이 이르리라

이 말씀을 자녀들에게 꼭 암송하게 하십시오. 해야 할 공부를 하지 않고 '좀 더 자자, 좀 더 놀자, 좀 더 누워 있자'하는 여러분의 자녀가 있다면 절대로 원하는 대학에 들어갈 수 없습니다.

공부는 누가 시켜서 하는 것이 아니라 개미처럼 자기 스스로 공부해야 좋은 대학에 들어가게 됩니다.

우리는 개미를 통해서 자기가 해야 할 일을 자기 스스로 하는 지혜를 배워야 합니다.

신앙생활에서 가장 중요한 것이 있다면, 영적인 잠에서 깨어나는 일입니다. 예수님께서 제자들과 함께 기도하시면서 잠을 자는 제자들을 향하여 "나와 함께 한 시간도 깨어 있을 수 없느냐? 시험에 들지 않게 깨어 기도하라"고 책망하셨습니다.

우리의 신앙 상태는 지금 어떤 상태입니까? 신앙의 잠을 자고 있습니까?

아니면 깨어 일어나 사명을 감당하고 있습니까?

우리는 이 세상을 살면서 어두움의 일을 벗어버려야 합니다. 사람들 대부분은 어둠의 삶을 살면서 신앙생활을 하고 있습니다. 왜냐하면 공중의 권세를 잡은 자, 악한 영 마귀가 수많은 사람을 어둠 속에 사로잡고 있습니다. 어둠 속에 사는 자는 빛을 볼 수가 없습니다.

하나님의 뜻을 깨닫지 못하고 자기중심의 삶을 사는 자들은 어둠 가운데서 신앙생활을 하는 자들입니다. 우리가 이 세상을 살면서 어둠의 삶을 청산하고 새로운 삶을 살게 되면 놀라운 기적의 역사가 일어나게 됩니다.

저희 고향 청도에서 일어난 일입니다. 어느 날 방황하던 두 젊은이가 교회 나와서 예수를 믿게 되었습니다.

이들은 교회에 나오면서부터 성령을 받아 완전히 변화되어 새로운 삶을 시작했습니다. 한 젊은이는 신학교에 들어가 목사가 되고, 한 젊은이는 충성된 교회 일군이 되어 동원교회의 장로가 되었습니다. 하나님께서는 이들의 삶에 놀라운 은총을 더하여 주었습니다. 교회 생활이 즐거웠고 교회에 헌신하며 충성하는 것이 너무나 기뻤습니다. 그 후 동원교회가 교회 건축을 하게 되었습니다.

시골 교회에서 교회를 건축한다는 것은 너무나 벅찬 일이었습니다. 왜냐하면 건축비가 많이 들어가는데 교인들 대다수가 넉넉하지 못해서 손 장로님이 교회 건축비의 50% 이상을 하나님께 드렸습니다.

하나님께서는 장로님의 삶을 놀라운 은총으로 채워주셨습니다. 교회 건축 이후에 장로님의 가정은 복을 받아 지역사회의 유지가 되고, 주위 사람들로부터 인정받는 복된 삶을 살게 되었습니다.

장로님은 두 아들을 잘 양육하여서 첫째 아들은 경북대 의대를 나와서 의사로, 둘째 아들은 목사로 사명을 잘 감당하고 있습니다.

지난해 휴가 때도 청도에 내려가 장로님을 만나서 이런 간증과 대화를 나눴습니다.

"하나님께서 우리에게 베풀어 주신 은혜가 너무 크고 놀랍지 않습니까?"

우리는 겸손하게 사명 감당하며 믿음으로 승리하는 삶을 살자고 함께 다짐했습니다.

우리는 지난날의 삶을 되돌아보면 너무나 부끄러운 일이 많습니다. 일은 내가 저지르고 책임은 남에게 전가하는 부끄러운 삶을 살았습니다. 우리의 방종과 무지의 삶은 아직도 어둠 가운데 살고 있다는 증거입니다.

우리는 게으름과 우매함과 무지의 삶을 살아왔습니다.

우리 모두 이 모든 어둠의 일을 벗어나서 빛을 비추는 새 생명의 삶, 은혜의 삶, 축복의 삶을 사시기를 바랍니다.

빛의 열매는 참으로 아름다운 열매입니다. 이 열매는 착함과 의로움과 진실한 삶을 말하는데 빛의 열매는 착하고 바른 삶입니다. 믿음으로 사는 사람들은 어디서 무엇을 하든지 착한 마음으로 일해야 합니다.

착한 마음이란 남을 축복하는 마음으로 살아가는 삶을 말합니다. 남을 축복하면 절대로 나에게 잘못된 일이 일어나지 않습니다. 예수님께서는 제자들에게 이렇게 말씀하시면서 교훈하십니다.

[마 10:12-13] 또 그 집에 들어가면서 평안하기를 빌라 그 집이 이에 합당하면 너희 빈 평안이 거기 임할 것이요 만일 합당하지 아니하면 그 평안이 너희에게 돌아올 것이니라

우리는 어디를 가든지, 누구를 만나든지 먼저 평안을 빌고 축복하면, 그 축복이 결국 자기에게 돌아오게 된다는 사실을 알아야 합니다. 반대로 우리가

남을 흉보고 저주하면, 그 사람이 저주받을 만한 잘못이 없으면, 그 저주가 우리에게 돌아온다는 사실을 잊지 마시기를 바랍니다.

우리가 남을 축복할 때는 내 마음도 편하고 안정이 됩니다. 그러나 남을 욕하고 저주하게 될 때는 우리 마음이 절대 편안하지 않습니다.

우리가 하는 말 중에 '두고 보자'라는 말이 있습니다. 이 말은 당신이 한 짓을 내가 언젠가는 갚겠다는 뜻입니다. 남에게 복수하려고 분을 품고 살아가면 그 사람은 폭탄을 품고 사는 것과 같습니다. 우리는 주님의 마음을 품고 살아가야 합니다.

빛의 열매는 의로움입니다.

믿음으로 사는 자들은 불의한 삶을 살아서는 안 됩니다. 믿음으로 사는 사람은 불의한 일을 멀리하면서 악을 선으로 이겨야 합니다. 우리는 의롭게 살아야 할 책임과 의무가 있습니다.

의롭다는 말의 뜻은 '정의를 행할 의지가 있다'는 말입니다. 오늘, 이 시대에 불의한 일들이 이곳저곳에서 많이 일어나고 있습니다.

믿음으로 사는 사람은 이 불의한 자와 함께 손을 잡아서는 안 됩니다. 손을 잡는다는 것은 불의한 자와 함께 똑같은 행동을 한다는 뜻입니다. 믿음의 사람은 하나님의 뜻에 합당한 의로운 삶을 살아야 합니다.

빛의 열매는 진실함입니다. 진실하다는 말은 마음에 거짓이 없고 순수하고 바르다는 것입니다. 우리의 삶이 거짓이 없고 순수하고 바르게 살아가면, 언젠가는 반드시 빛의 열매를 맺게 됩니다.

욥은 극심한 환란과 시련과 역경을 겪으면서도 하나님을 원망하거나 불평하지 않았습니다. 그는 재물을 잃어버리고, 자식을 잃어버리고, 그의 명성을 잃어버려도 하나님을 불신하거나 원망하지 않았습니다. 그는 하나님의 진실하심을 의심하지 않고 믿었습니다. 그는 하나님의 진실하심을 믿었습니다.

욥은 하나님께서 반드시 자신의 모든 것을 회복시켜주실 줄 믿었습니다. 그리하여 욥은 하나님을 만나고 하나님으로부터 인정받아 갑절의 축복을 받아 누리는 의인이 되었습니다.

빛의 열매는 착함과 의로움과 진실함에서 맺히는 열매입니다. 우리 모두 빛의 열매를 맺으면서 축복의 주인공으로 이 땅을 살아갑시다.

[엡 5:14] 그러므로 이르시기를 잠자는 자여 깨어서 죽은 자들 가운데서 일어나라 그리스도께서 너에게 비추이시리라 하셨느니라

우리가 영적인 잠에서 깨어나면, 그리스도께서 내 안에 들어와 빛을 비추게 됩니다. 우리는 영적인 잠에서 깨어나 성령님의 조명을 받으며 신앙생활을 해야 합니다. 우리가 성령님의 조명을 받으면, 내 실체를 바로 알게 되어 내 삶이 달라집니다. 마침내 우리는 하나님께서 기뻐하시는 복된 일을 하면서 승리하는 삶을 살게 될 것입니다. 우리 모두 영적인 잠에서 깨어납시다.

사랑하는 성도 여러분!

우리는 영적인 잠에서 깨어나야 합니다. 언제까지 게으름뱅이처럼, 우매와 무례처럼 일어나지 않고 잠을 자려고 합니까?

영적인 잠에서 깨어나지 못하면, 우리는 모두 멸망하고 맙니다.

영적인 잠에서 깨어나지 못하면, 신앙의 회복은 불가능합니다.

영적인 잠에서 깨어나지 못하면, 우리는 궁핍한 삶을 살 수밖에 없습니다.

이 영적인 잠에서 깨어나지 못하면, 우리는 축복의 주인공이 될 수 없습니다.

우리의 신앙의 삶에서 우리를 붙잡고 놓아주지 않는 것이 무엇이 있습니

까? 아직도 게으름과 무지와 우매의 쇠고랑에 매여 잠을 자는 사람은 없습니까?

이제 우리 모두 영적인 잠에서 깨어나야 합니다. 우리가 영적인 잠에서 깨어나면, 성령님께서 나에게 빛을 비추어 주십니다. 성령님의 조명을 받으면 안정과 평안의 삶을 살 수가 있습니다.

성령님의 빛이 내 마음을 비취게 되면, 어둠에서 벗어나 빛의 열매를 맺으며 풍성한 축복의 삶을 살게 됩니다. 우리 모두 성령 하나님의 조명을 받아 어둠에서 벗어나 빛의 열매를 맺는 복된 삶을 사시기를 주 예수의 이름으로 축원합니다.

19. 허울과 위선의 신앙

[눅 18:9-14] 또 자기를 의롭다고 믿고 다른 사람을 멸시하는 자들에게
이 비유로 말씀하시되 두 사람이 기도하러 성전에 올라가니 하나는 바리
새인이요 하나는 세리라 바리새인은 서서 따로 기도하여 이르되 하나님
이여 나는 다른 사람들 곧 토색, 불의, 간음을 하는 자들과 같지 아니하고
이 세리와도 같지 아니함을 감사하나이다 나는 이레에 두 번씩 금식하고
또 소득의 십일조를 드리나이다 하고 세리는 멀리 서서 감히 눈을 들어
하늘을 쳐다보지도 못하고 다만 가슴을 치며 이르되 하나님이여 불쌍히
여기소서 나는 죄인이로소이다 하였느니라 내가 너희에게 이르노니 이
에 저 바리새인이 아니고 이 사람이 의롭다 하심을 받고 그의 집으로 내
려갔느니라 무릇 자기를 높이는 자는 낮아지고 자기를 낮추는 자는 높아

지리라 하시니라

천향인은 가던 길을 재촉하여 빠른 걸음으로 앞을 향하여 걸었습니다. 그러자 어떤 남자 두 명이 담장을 훌쩍 넘어 그의 뒤를 따라오고 있었습니다. 두 사람은 천향인이 가는 길을 따라오고 있었는데 천향인은 발걸음을 멈추고 두 사람에게 이렇게 물었습니다.

"이보시오, 당신들은 어디서 와서 어디로 가는 사람이오?"

"우리의 이름은 '허울'과 '위선'이요. 우리는 헛된 영광 지방 출신의 사람들이요. 지금 우리는 찬양을 드리려 천국에 가는 길입니다."

"아니 길이 있는데 어찌하여 담을 넘어오는 겁니까? 문을 통하여 들어오지 않는 자들은 절도요, 강도라고 성경에 말씀하셨습니다."

천향인이 이렇게 말하자, 두 남자는 몹시 불쾌한 표정을 지었습니다.

"어느 길로 가든 무슨 상관이요. 우리는 지름길을 찾았을 뿐이요."

"하지만 하나님께서는 우리에게 그렇게 말씀하시지 않으셨습니다. 바른길을 걷기 위해서는 반드시 좁은 문을 통과해야만 합니다."

"참나, 그 사람 고지식하네! 우리 처지가 당신과 다른 것이 뭐요? 어디를 가든지 천국에 가면 되지 않소? 그리고 담을 넘는 것은 우리 마을이 수천 년 동안 행해오던 관습이요. 주님도 우리의 관습을 인정해 주실 거요."

그러나 천향인은 그렇게 생각하지 않았습니다. 그것은 결코 옳은 방법이 아니라는 생각이 들었습니다. 천향인은 확신에 찬 모습으로 이렇게 말했습니다.

"하나님의 법을 어기고 관습이라는 미명으로 행하는 모든 일이 옳은 일이 아니라고 저는 생각합니다."

"뭐요? 당신이 우리를 가르치려 하는 거요? 당신이 뭔데 우리에게 이러쿵저러쿵 참견하는 거요?"

"제가 생각하기로는 하나님의 말씀을 어기고, 자기 멋대로 판단하고 살아가는 자는, 결국 천국에 들어가지 못할 뿐 아니라, 구원도 받을 수도 없을 것입니다."

"지금 그 말은 우리 조상들을 욕되게 하는 것이오. 그런 말을 하지 마시오."

두 남자는 끝내 천향인의 말을 들으려 하지 않았습니다. 오랜 침묵을 깨고 두 남자가 천향인에게 말을 걸었습니다.

"아까는 우리가 너무 흥분한 것 같소. 우리도 율법을 따라, 양심을 따라 살고 있소. 그런데 무엇이 당신과 다르다는 것입니까?"

그래서 천향인은 자신이 받은 은혜를 이야기해 주었습니다.

"당신이 입은 옷과 내가 입은 옷은 다른 옷이오. 이 옷은 천사가 내가 입고 있던 누더기를 벗기고 갈아입혀 준 것이오. 그리고 내 어깨에 있던 죄 짐도 벗겨 주었고, 내 이마에 표시도 해 주었습니다. 무엇보다 나는 천국에 들어갈 수 있는 두루마리를 가지게 되었소. 당신들이 나와 함께 천국에 간다 해도 두루마리가 없다면, 천국에는 들어가지 못할 거요."

하지만 허울과 위선은 천향인을 조롱하며 그를 따르지 않았습니다. 천향인은 허울과 위선을 뒤로하고 앞서 나아갔습니다.

신앙생활에서 허울과 위선은 타락의 길로 이끄는 대단히 위험한 사탄의 선물입니다. 그 대표적인 사람들이 바리새인과 서기관들입니다. 이들의 신앙은 허울과 위선으로 가득 차 있습니다. 예수님께서 제자들에게 이들의 허울과 위선을 이렇게 지적하고 있습니다.

[눅 20:46-47] 긴 옷을 입고 다니는 것을 원하며 시장에서 문안받는 것과 회당의 높은 자리와 잔치의 윗자리를 좋아하는 서기관들을 삼가라 그들은 과부의 가산을 삼키며 외식으로 길게 기도하니 그들이 더 엄중한 심판을 받으리라 하시니라

허울과 위선의 삶은 실속이 없는 가상의 삶을 사는 것을 말합니다. 허울과 위선은 자기를 높이고 자기를 자랑하는 자들입니다. 이들은 자기 이름이 드러나지 않는 곳에서는 그 어떤 선행도 하지 않습니다.

그들은 언제나 높은 자리, 곧 상석을 좋아합니다. 또한 이들의 기도는 하나님께 하는 것이 아니라, 사람들에게 자기의 신앙을 자랑하기 위한 기도입니다. 이들은 기도 시간이 되면, 많은 사람이 모이는 길거리에 나가서 큰 소리로 길게 기도합니다.

그러나 이들의 삶은 기도와 다른 삶을 삽니다. 과부의 재산을 빼앗고 불의한 방법으로 돈을 모으는 자들입니다. 하나님께서 이들에게 엄중한 심판을 하시겠다고 말씀하십니다.

여러분의 삶은 허울과 위선의 삶을 살고 있지는 않습니까?

사실 타락한 우리 인간의 삶 자체가 허울과 위선의 삶입니다. 어느 모임에 가든지 대화의 내용을 분석해 보면, 누구나 할 것 없이 자기 자랑과 자기 위선으로 가득 차 있습니다. 모임의 대화 내용은 자기 자랑만 하고 다른 사람의 자랑만 듣다가 돌아옵니다.

다른 사람이 내 기분을 상하는 말을 할 때 참지 못합니다. 바로 이것이 우리의 삶의 실체입니다. 참으로 우리의 삶은 허울과 위선의 삶입니다.

허울과 위선은 천향인과 대화가 되지 않습니다. 왜냐하면 그들의 삶 자체가 완전히 다르기 때문입니다. 허울과 위선은 주님의 음성이 들리지 않습니

다.

오늘 우리는 허울과 위선의 삶이 어떤 것인지를 함께 생각하면서 은혜를 나누고자 합니다.

바리새인의 신앙은 허울과 위선의 삶이었습니다. 바리새인의 기도는 허울과 위선의 기도입니다. 허울이라는 단어는 실속이 없는 겉모양을 말하고, 위선이라는 단어도 겉으로만 그런 척한다는 말입니다. 쉽게 말하면 거짓이라는 말입니다. 가까이 있는 위선보다는 멀리 있는 솔직함이 좋다는 말이 있습니다.

우리 주변에는 친절함의 가면을 쓰고 우리에게 가까이 오는 무서운 세력들이 있습니다.

마틴 루터는 위선은 충분히 가치를 인정받지만, 진실은 무시당한다고 했습니다.

[눅 18:11-12] 바리새인은 서서 따로 기도하여 이르되 하나님이여 나는 다른 사람들 곧 토색, 불의, 간음을 하는 자들과 같지 아니하고 이 세리와도 같지 아니함을 감사하나이다 나는 이레에 두 번씩 금식하고 또 소득의 십일조를 드리나이다

바리새인의 기도는 하나님 앞에서 자기의 선행을 자랑하는 기도였습니다. 그는 토색, 불의, 간음을 하지 않았다고 자랑하며 기도합니다. 토색한다는 것은 돈이나 물건을 강제로 남에게 달라고 하는 것입니다. 불의라는 말은 의리나 도리에 어긋난 행동을 하는 것을 말합니다. 간음이라는 말은 배우자 이외의 여인에게 성관계를 요구하는 것을 말합니다.

바리새인은 기도하면서 자기는 이렇게 불의한 행동을 하지 않고 바르게 살

았다고 자랑합니다. 바리새인의 기도는 하나님께 기도한 것이 아니라, 많은 사람 앞에 자기 의를 자랑하는 기도였습니다.

또한 바리새인은 자기 선행을 기도를 통해 이렇게 자랑합니다.

"나는 이레에 두 번씩 금식하고 또 소득의 십일조를 드리나이다."

여러분, 금식은 하나님께 하고, 십일조도 하나님께 드립니다. 그런데 바리새인은 왜 이 사실을 사람들에게 알려야 합니까? 이것은 영적인 교만이요, 자기 자랑의 극치입니다.

하나님께서는 이러한 자의 기도를 받지 않으십니다. 하나님께서 받지 않는 금식, 하나님께서 받지 않는 십일조는 아무 의미가 없는 것입니다.

세리의 기도는 진실한 기도입니다. 세리의 기도는 자기의 죄를 자복하는 기도였습니다. 하나님께서는 자기의 죄를 자복하고, 회개하는 자의 기도를 들으시고 은혜와 복을 더하여 주십니다.

다윗 왕은 충신 우리아의 아내와 동침하는 끔찍한 죄를 지었습니다. 하지만 그는 죄를 숨기지 않고 크게 뉘우치고 자복하는 기도를 드렸습니다.

[시 51:1-3] 하나님이여 주의 인자를 따라 내게 은혜를 베푸시며 주의 많은 긍휼을 따라 내 죄악을 지워 주소서 나의 죄악을 말갛게 씻으시며 나의 죄를 깨끗이 제하소서 무릇 나는 내 죄과를 아오니 내 죄가 항상 내 앞에 있나이다

죄를 참회하고 회개하는 자에게는 하나님의 긍휼하심이 임합니다. 하나님의 긍휼하심이 임하게 되면 그의 인생의 운명이 바뀝니다.

다윗은 흉악한 죄를 지었지만, 자기 죄를 자복하고 참회할 때 놀라운 기적이 일어났습니다. 다윗은 하나님을 만나게 되고 그는 성군으로 거듭나게 됩

니다. 할렐루야!

하나님 앞에 죄를 자복하고 회개하는 자에게는 하나님의 풍성한 은혜와 축복이 임합니다.

세리는 바리새인과 달리 하나님 앞에 나와 자기의 죄를 이렇게 자복하고 회개합니다.

> [눅 18:13] 세리는 멀리 서서 감히 눈을 들어 하늘을 쳐다보지도 못하고 다만 가슴을 치며 이르되 하나님이여 불쌍히 여기소서 나는 죄인이로소이다 하였느니라

하나님께서는 세리의 운명을 바꾸어 놓으셨습니다. 그는 하나님으로부터 의롭다하심을 받고 집으로 돌아갔습니다. 세리는 죄를 회개함으로 죄인에서 의인으로 변화되었습니다.

이제 그는 죄의 지배를 받는 삶이 아니라, 하나님 말씀의 지배를 받고 사는 사랑받는 자녀가 되었습니다.

하나님께서는 바리새인의 기도를 응답하지 않고 세리의 기도를 응답하셨습니다. 하나님의 응답을 받는 자가 진정한 의인이요, 믿음의 사람이요, 축복의 사람입니다. 세리는 하나님의 자녀가 되고 축복의 주인공이 되었습니다.

하나님께서는 허울과 위선을 행하는 자를 버리고 진실한 자는 높이십니다. 신앙인은 실속 있는 삶을 살아야 합니다. 신앙인에게 허울이 마음에 자리를 잡으면, 허황된 삶을 살 수밖에 없습니다. 이 시대의 얼마나 많은 사람이 실속이 없는 허망한 삶을 사는지 모릅니다. 허울의 삶을 사는 자는 참으로 어리석은 사람입니다.

위선의 삶도 마찬가지입니다. 남이 나를 알아주지 않으니까 스스로 자신의

업적을 자랑합니다. 사실 이들이 자랑하는 말을 들어보면, 아무 실속이 없는 허망한 것들입니다.

바리새인과 서기관의 삶은 허울과 위선의 대표적인 삶이었습니다. 이들은 누구보다 성경을 많이 읽고 율법을 지키며 살아간다고 자부합니다. 그러나 그들은 허황으로 가득한 삶을 살았습니다.

바리새인과 서기관은 평소에는 사이가 좋지 않았습니다. 바리새인들은 서기관들을 향하여 로마의 앞잡이 노릇을 한다고 비난하고, 서기관은 바리새인들을 향하여 세상 물정을 모르는 옹졸한 사람들이라고 비난했습니다.

그런데 이들은 예수님을 십자가에 못 박는 일에는 하나가 되어 하나님 보시기에 가장 흉악한 일을 저질렀습니다. 이들이 과연 누구였습니까? 하나님을 가장 잘 섬긴다고 자부하는 사람들이었습니다. 예수님께서는 이들에게 참으로 놀라운 말씀을 하십니다.

[눅 18:14] 내가 너희에게 이르노니 이에 저 바리새인이 아니고 이 사람이 의롭다 하심을 받고 그의 집으로 내려갔느니라 무릇 자기를 높이는 자는 낮아지고 자기를 낮추는 자는 높아지리라 하시니라

하나님께서는 자기를 나타내고, 자기 의를 자랑하는 바리새인의 기도를 듣지 않으시고, 자기의 죄를 자복하며 회개하는 세리의 기도를 응답하셨습니다. 자기 의를 자랑하는 바리새인은 버림받았고, 자기의 죄를 자백하는 세리는 의인으로 인정받았습니다. 허울과 위선의 삶은 주님으로부터 인정받지 못하고 도리어 버림을 받습니다. 그러나 진실한 삶을 사는 자는 주님으로부터 반드시 인정받습니다.

바리새인과 서기관들은 허울과 위선의 삶을 살았습니다. 그러나 세리는 진

실한 삶을 살았습니다. 우리 모두 세리를 본받아 진실한 삶을 사시기를 바랍니다.

사랑하는 성도 여러분!

저와 여러분은 허울과 위선의 삶을 살고 있지는 않습니까? 우리 삶이 실속이 없고 허망한 생각에 사로잡혀 있다면, 우리는 허울에 사로잡혀 살고 있습니다. 저와 여러분의 삶이 자기를 자랑하는 가장된 삶을 살고 있다면, 위선의 삶을 사는 것입니다. 우리의 신앙에서 허울과 위선을 벗겨내지 않고는, 하나님을 절대로 만날 수가 없고 은혜를 받을 수가 없습니다.

허울과 위선은 좁은 길을 가지 않고 담장을 넘어 지름길로 가는 것을 좋아했습니다. 이것은 그들의 조상으로부터 내려오는 관습이었습니다.

신앙생활을 하면서 고난을 멀리하고 풍요와 영광만 좇아서 산다면, 허울과 위선의 삶입니다. 허울과 위선의 사람은 정상적인 신앙생활을 하지 않고 비정상적인 신앙생활을 하면서 복을 받기를 원하는 자들입니다.

예수님께서 말씀하십니다.

"내 문으로 들어가지 않고 담장을 넘어 들어가는 자는 절도요, 강도니라."

신앙의 허울은 현실을 벗어난 허망한 생각을 가지고 신앙생활을 하는 것을 말합니다. 신앙의 위선은 하나님보다 사람에게 잘 보이기 위하여 행동하는 모든 것을 말합니다.

진실한 삶은 다른 사람의 기쁨이 내 기쁨이 되는 축복의 삶을 말합니다. 하나님께서는 이렇게 진실하게 사는 자들을 반드시 높여 주십니다.

바리새인과 서기관들은 허울과 위선의 기도를 드렸고 세리는 하나님께서 기뻐하는 진실한 기도를 드렸습니다.

"하나님, 저를 불쌍히 여기소서. 나는 죄인이로소이다."

하나님께서는 바리새인의 기도를 듣지 않고 세리의 기도를 들어 주셨습니다. 세리는 하나님으로부터 의인으로 인정받고 집으로 돌아갔습니다.

우리 모두 세리를 본받아 허울과 위선을 벗어버립시다. 자기 죄를 자복하는 진실한 기도를 하나님께 드리는 성도가 됩시다. 우리 모두 허울과 위선의 신앙을 버리고 진실한 믿음으로 하나님께 인정받는 복된 삶을 삽시다.

20. 좁은 길 고난의 길

[창 26:12-25] 이삭이 그 땅에서 농사하여 그해에 백 배나 얻었고 여호와께서 복을 주시므로 그 사람이 창대하고 왕성하여 마침내 거부가 되어 양과 소가 떼를 이루고 종이 심히 많으므로 블레셋 사람이 그를 시기하여 그 아버지 아브라함 때에 그 아버지의 종들이 판 모든 우물을 막고 흙으로 메웠더라 아비멜렉이 이삭에게 이르되 네가 우리보다 크게 강성한즉 우리를 떠나라 이삭이 그곳을 떠나 그랄 골짜기에 장막을 치고 거기 거류하며 그 아버지 아브라함 때에 팠던 우물들을 다시 팠으니 이는 아브라함이 죽은 후에 블레셋 사람이 그 우물들을 메웠음이라 이삭이 그 우물들의 이름을 그의 아버지가 부르던 이름으로 불렀더라 이삭의 종들이 골짜기를 파서 샘 근원을 얻었더니 그랄 목자들이 이삭의 목자와 다투어 이르되

이 물은 우리의 것이라 하매 이삭이 그 다툼으로 말미암아 그 우물 이름을 에섹이라 하였으며 또 다른 우물을 팠더니 그들이 또 다투므로 그 이름을 싯나라 하였으며 이삭이 거기서 옮겨 다른 우물을 팠더니 그들이 다투지 아니하였으므로 그 이름을 르호봇이라 하여 이르되 이제는 여호와께서 우리를 위하여 넓게 하셨으니 이 땅에서 우리가 번성하리로다 하였더라 이삭이 거기서부터 브엘세바로 올라갔더니 그 밤에 여호와께서 그에게 나타나 이르시되 나는 네 아버지 아브라함의 하나님이니 두려워하지 말라 내 종 아브라함을 위하여 내가 너와 함께 있어 네게 복을 주어 네 자손이 번성하게 하리라 하신지라 이삭이 그곳에 제단을 쌓고, 여호와의 이름을 부르며 거기 장막을 쳤더니 이삭의 종들이 거기서도 우물을 팠더라

천국을 향하여 열심히 길을 가던 천향인은 드디어 '곤고산'에 도착했습니다. 그곳에는 샘이 하나 있었고, 두 갈래의 길이 있었습니다. 좁고 가파르고 곧은 고난의 길과 '위험'과 '암흑'이라는 구부러진 길이 있었습니다. 위험과 암흑의 길은 구부러져 있지만, 좁고 가파른 고난의 길 보다는 가기가 훨씬 더 편해 보였습니다. 그러나 천향인은 조금도 망설이지 않았습니다.

"나는 오직 곧고 좁은 길로만 가리라."

천향인은 샘물로 목을 축인 후에 좁은 고난의 길을 향해 걸어갔습니다. 그는 노래를 부르며 좁은 고난의 길을 갔습니다. 천향인은 이렇게 다짐하고 결심했습니다.

"내가 걷는 길이 아무리 힘이 들고, 그 길이 험하고 높아도 나는 기어코 오르고 말겠어! 이 고난의 길은 영원한 생명을 얻는 길이야! 마음을 굳게

먹자. 기죽지 말고 겁내지 말자.”

이런 생각을 하며 좁은 길, 고난의 길을 걸어갔습니다. 그곳에는 세 갈래 길이 있었는데 ‘허울’과 ‘위선’은 어느 길로 갈지 망설이고 있었습니다.

“저 곧은 길은 너무 가팔라서 힘이 들겠군. 양쪽으로 돌아가더라도 어차피 같이 만나지 않을까? 어쩌면 돌아가는 길이 지름길일 수도 있지! 그래서 양쪽 길 중에 편한 길을 택하여 가자. 우리는 반드시 만나게 될 거야!”

위험의 길을 택한 허울은 깊은 숲속에서 길을 잃고 말았고, 암흑의 길을 선택한 위선은 넓은 벌판에서 넘어져서 다시는 일어나지 못했습니다.

천향인이 선택한 고난의 길은 오르면 오를수록 더욱 가파른 길이 펼쳐졌습니다.

“역시 고난의 길이 맞네!”

바로 그 순간 눈앞에 커다란 정자가 보였습니다. 그곳은 하나님께서 순례자의 마음을 위로해 주시기 위해 만들어 놓은 정자였습니다. 천향인은 거기서 잠시 쉬어가기로 마음을 먹고 그 정자에 앉았습니다.

“아! 너무 좋다. 하나님께서 은혜로 이 좋은 곳을 허락해 주셨네.”

천향인은 정자에 앉아 마음의 위안을 얻기 위해 천사가 입혀준 옷을 입고 두루마리를 꺼내 읽었습니다.

사람들은 누구나 편안한 길을 좋아하고, 힘들고 어려운 고난의 길을 가기를 싫어합니다. 왜냐하면 고난의 길에는 시련과 고통이 따르기 때문입니다. 그런데 놀라운 사실은 평범한 사람은 평안함과 안락함을 추구하지만, 믿음의 사람은 힘들고 어려운 고난의 길을 선택합니다.

맥아더 장군은 그의 자녀를 위하여 하나님께 이렇게 기도합니다.

"주여! 내 자녀로 하여금 평안하고 안락한 길로 인도하지 마시고 시련과 고통과 환란의 길로 인도하옵소서. 약할 때 자기를 분별할 수 있는 힘과, 두려울 때 자신을 잃지 않는 용기를 주옵소서. 주여! 정직한 패배에 부끄러워하지 않고, 승리에 자만하지 않는 겸손하고 온유한 아들이 되게 하옵소서."

우리는 자녀를 위해 어떤 기도를 하고 있습니까? 평안하고, 하는 모든 일이 만사형통하고, 어려움은 없게 해 달라고 기도하지 않습니까? 자녀가 공부 잘해서 서울에 있는 좋은 대학에 들어가게 해 달라고 기도하지는 않습니까? 이러한 기도는 참으로 세상적인 헛된 기도입니다.

은평구 성암교회에서 목회하는 조주희 목사님이 계십니다. 지난번 노회 행사로 제주도에 갔다가 돌아오면서 놀라운 간증을 들었습니다. 목사님은 강남에서 태어나고 자라고 강남에서 교육받으면서 성장을 하여 서울에 있는 대학을 졸업하고 장로회신학대학 신학대학원을 졸업했습니다. 이후 미국에서 유학 중이던 23년 전에 성암교회의 담임목사님으로 청빙이 되었습니다.

당시 은평구는 교육환경이 너무나 뒤떨어져 있었습니다. 성암교회의 학생 중에서 학원에 다니는 학생이 한 명도 없었습니다. 그래서 목사님과 사모님은 결단합니다.

"우리 자녀들도 학원에 보내지 아니하리라."

그리고 자녀들로 하여금 스스로 공부하게 했습니다. 그 대신 아이들 이름으로 학원비를 통장에 적립해 주었습니다. 학원을 한 번도 보내지 않은 목사님의 자녀들이 어떻게 되었을까요? 너무도 반듯하게 자라고 그들이 원하는 대학에 다 들어가게 되었습니다.

우리 자녀의 참된 교육은 스스로 공부하는 능력을 길러줄 때 자녀의 앞길이 열리게 됩니다. 우리의 자녀를 향한 가장 안전한 투자는 믿음으로 양육하면서 자녀를 위하여 기도하는 일입니다. 자녀를 하나님께 의탁하십시오. 그리고 자녀를 위해서 기도하십시오.

아브라함 때에 흉년이 들었습니다. 그리고 또 이삭 때 흉년이 들었습니다. 이삭이 블레셋에 이르렀을 때 하나님께서 이삭에게 이렇게 말씀하십니다.

"애굽으로 내려가지 말고 내가 지시하는 땅에 머물라."

이삭은 하나님의 말씀에 순종하여 그랄 땅에 거주하게 되었습니다. 이삭의 부인, 리브가는 미인이었습니다. 그랄 남자들이 리브가를 보고 반하여 이삭에게 접근하여 이렇게 질문을 합니다.

"이 여자가 누구냐?"

이삭은 그는 내 누이동생이라고 말합니다. 만일 리브가를 아내라고 하면, 그랄 사람들이 자기를 죽이고 아내를 빼앗아 갈 것을 염려하여 누이동생이라고 말한 것입니다.

아니, 결혼했다면 자기 부인을 지켜야 할 의무와 책임이 남편에게 있지 않습니까? 그런데 이삭은 자기가 살아남기 위해 아내를 누이동생으로 속이고 찾아온 위험을 피하려 했습니다. 이제 누군가 이삭을 찾아와 예물을 주면서 리브가를 요구하면, 아내를 다른 남자에게 보낼 수밖에 없는 처지에 놓였습니다.

아비멜렉 왕도 미인인 리브가가 가나안에서 왔다는 소식을 듣고 이삭과 리브가를 왕궁으로 불러들였습니다. 그래야 예쁜 리브가의 모습을 한 번이라도 더 볼 수 있기 때문입니다. 어느 날, 아비멜렉 왕이 창문을 열고 밖을 보고 있는데 이삭이 리브가를 끌어안고 있는 모습을 목격합니다.

아비멜렉 왕은 이삭을 불러서 리브가가 누구냐고 추궁합니다. 그때 이삭은 아비멜렉 왕에게 이렇게 말합니다.

"내 생각에는 그랄 백성들이 리브가로 말미암아 나를 죽일 것이라 생각해서 아내를 누이라고 했습니다."

그러자 아비멜렉 왕은 온 백성들에게 리브가를 보호하기 위하여 명을 내립니다.

[창 26:11] 아비멜렉이 이에 모든 백성에게 명하여 이르되 이 사람이나 그의 아내를 범하는 자는 죽이리라 하였더라

겁이 많은 이삭이 자기 아내를 지키지 못하고 있을 때, 하나님께서는 아비멜렉 왕을 통하여 믿음의 가정을 보호하셨습니다. 바로 이것이 하나님의 방법입니다. 믿음의 가정을 하나님의 방법으로 지켜주시고 보호해 주셨습니다.

이삭은 하나님의 말씀이라면 무조건 순종하는 믿음이 있었습니다. 흉년을 맞아 그랄 백성들은 아무 일도 하지 않고 놀고 있었습니다. 비가 오지 않아 파종할 수 없는 가뭄이 찾아왔습니다. 이삭은 가뭄의 문제를 놓고 하나님께 기도하는데 놀라운 지혜를 주셨습니다.

"네가 가지고 있는 우물 파는 기술을 활용하여 농사를 지으라."

비가 오지 않아서 좋은 땅이 다 놀고 있었고, 사람들은 할 일이 없어서 놀고 있을 때 이삭은 싼 임금으로 우물을 팝니다. 그 물을 이용하여 농사를 지었는데 그해에 엄청난 수확으로 풍년을 맞았습니다. 믿음의 사람은 위기를 기회로 만듭니다. 나에게 찾아오는 위기를 기회로 선용하면 위기가 기회가 됩니다.

이삭이 그랄 땅에 들어와서 큰 거부가 되자, 주위의 사람들은 시기하고 질투합니다. 바로 이것이 타락한 인간의 실상입니다.

저와 여러분은 어떠합니까? 우리 형제나, 친척이나, 가까운 사람들이 어느 날 갑자기 하는 일이 잘 되어 큰 부자가 되어 우리를 찾아온다면, 그를 기쁘

게 맞아들일 수 있겠습니까? 오죽했으면 '사촌이 땅을 사면 배가 아프다'는 속담이 있지 않습니까?

아비멜렉 왕은 이삭에게 찾아와서 이렇게 말합니다.

[창 26:16] 아비멜렉이 이삭에게 이르되 네가 우리보다 크게 강성한즉 우리를 떠나라

아비멜렉 왕은 이삭이 잘 되는 것을 더 이상 볼 수 없다는 것입니다. 이삭은 하는 수없이 그랄 골짜기로 이사를 와서 장막을 칩니다. 그랄에는 아버지 아브라함이 파놓은 우물이 있었습니다. 중동에서의 우물 하나의 가치는 지금 한국으로 말하면, 중소기업 하나와 같습니다. 우물이 있어야 양이나 소를 먹을 수 있고 장막을 칠 수가 있습니다.

이삭은 아버지가 파놓은 우물을 잘 손질하여 정상 우물로 만들어 놓았습니다. 그런데 그랄 사람들이 몰려와서 그 우물을 메워버립니다. 우물을 파는 데 한 달이 걸렸다면, 그 우물을 메우는데는 하루도 걸리지 않습니다.

그랄 사람들은 상상을 초월하는 이러한 무자비하고 못된 행동을 했습니다. 그런데 이삭은 그들과 다투지 않고, 다른 곳에 가서 그의 종들과 다시 우물을 팝니다. 하나님께서 이삭과 함께하시니 이삭이 파는 곳마다 물이 솟아납니다. 이 소식이 전해지자 그랄 목자들이 몰려와서 이 우물이 자기들의 우물이라고 주장을 합니다. 이삭은 '다툼'이란 뜻으로 그 우물 이름을 '에섹'이라 했습니다.

이삭은 하는 수 없이 양보하고, 다시 우물을 팠더니 또 물이 콸콸 나왔습니다. 이삭은 그 우물을 '싯나'라 했습니다. 그런데 그랄 목자들이 또 몰려와서 이 우물도 빼앗아버렸습니다. 그래도 이삭은 그들과 다투지 않았습니다. 또

양보하고 다른 곳에 우물을 팠더니 이제는 그들이 찾아오지 않았습니다. 그래서 이삭은 그 우물 이름을 '르호봇'이라 불렀습니다.

"여호와께서 우리를 위하여 넓게 하셨으니 우리가 번성하리라."

이삭은 이 모든 일을 감사하며 하나님께 예배드리기 위해 브엘세바로 올라갔습니다. 이 밤에 하나님께서 이삭에게 나타나셔서 참으로 놀라운 말씀을 하십니다.

> [창 26:24-25] 그 밤에 여호와께서 그에게 나타나 이르시되 나는 네 아버지 아브라함의 하나님이니 두려워하지 말라 내 종 아브라함을 위하여 내가 너와 함께 있어 네게 복을 주어 네 자손이 번성하게 하리라 하신지라 이삭이 그곳에 제단을 쌓고, 여호와의 이름을 부르며 거기 장막을 쳤더니 이삭의 종들이 거기서도 우물을 팠더라

이삭은 주위 사람과 다투는 것보다는 평화를 선택하였습니다. 그가 힘이 없어서 평화를 선택한 것이 아니라, 하나님의 기쁨이 되는 삶을 살기 위해서였습니다. 하나님께서는 평화를 선택한 이삭에게 하는 일마다 잘 되는 복을 주셨습니다. 그리고 그의 대적하는 자들이 이삭을 찾아와서 화해를 요청합니다. 하나님께서 함께하는 사람은 그 누구도 그를 이길 수가 없습니다.

아비멜렉 왕이 그의 장관들을 데리고 와서 이렇게 말합니다.

"여호와께서 너와 함께하심을 우리가 보았다. 우리가 서로 화해하고 서로 싸우지 않기로 계약을 맺자."

싸움을 멀리하고 화해를 선택한 이삭의 승리였습니다. 이 승리가 바로 믿음의 승리입니다. 우리 모두 이삭의 믿음을 본받아 서로 다투지 않고 화해하는 믿음의 길을 선택합시다.

사랑하는 성도 여러분!

저와 여러분은 지금 어떠한 길을 걸어가고 있습니까? 내 육신의 안락과 영화를 위한 평안한 길을 걷기를 원하십니까? 아니면 지금 내가 하는 일이 힘이 들고 어려움이 있어도 믿음 안에서 소망을 가지고 좁은 길, 고난의 길을 가기를 원하십니까?

가장 중요한 것은 내가 하는 모든 일이 '하나님께서 인정하는 삶이냐'입니다.

오늘, 이 시대는 많은 사람이 평안함과 안락한 삶에 소망을 두고 살아갑니다. 편안하고 안락한 삶에는 매력이 있기 때문입니다. 사람이 평안해지고 안락해지면 타락하게 되어 있습니다. 우리의 심령이 타락하면 하나님과의 교제가 단절되고 진정한 기쁨이 사라집니다.

우리 주위를 살펴보십시오. 사람이 풍요롭고 여유가 생기면, 자연스럽게 타락하게 되어 있습니다. 타락한 인간의 삶은 절대 행복하지 않습니다.

그러나 믿음의 사람은 고난과 역경을 믿음으로 넉넉하게 이겨 나갑니다. 믿음의 사람은 고난과 시련을 새로운 삶의 기회로 만듭니다. 고난의 길을 가면서 믿음이 성숙해지고, 주님과의 관계가 가까워집니다. 우리가 주님과 가까워지면 가까워질수록 믿음은 크게 성장합니다. 진정으로 행복한 삶은 주님과의 관계에서 만들어지고 이루어집니다.

이삭은 고난의 길을 가면서도 누구도 원망하거나 불평하며 싸우지 않았습니다. 진정한 승리는 싸우지 않고 선으로 악을 이기는 것입니다. 하나님께서는 믿음으로 고난을 선택한 이삭을 버려두지 않고 놀라운 은혜와 축복을 더하여 주셨습니다.

우리 모두 이삭처럼 아무리 힘들고 어려운 일을 당해도, 절대로 절망하거나 낙심하지 맙시다. 우리는 위기를 기회로 만들 수 있는 능력을 소유한 믿음의 사람입니다. 우리 모두 나에게 당면한 고난의 길을 믿음으로 걸어갑시다. 우리 모두 축복을 창조하는 좁은 길, 고난의 길을 주님과 함께 걸어갑시다.

21. 두려워하지 말라

[단 6:16-23] 이에 왕이 명령하매 다니엘을 끌어다가 사자 굴에 던져 넣는지라 왕이 다니엘에게 이르되 네가 항상 섬기는 너의 하나님이 너를 구원하시리라 하니라 이에 돌을 굴려다가 굴 어귀를 막으매 왕이 그의 도장과 귀족들의 도장으로 봉하였으니 이는 다니엘에 대한 조치를 고치지 못하게 하려 함이었더라 왕이 궁에 돌아가서는 밤이 새도록 금식하고 그 앞에 오락을 그치고 잠자기를 마다하니라 이튿날에 왕이 새벽에 일어나 급히 사자 굴로 가서 다니엘이 든 굴에 가까이 이르러서 슬피 소리 질러 다니엘에게 묻되 살아 계시는 하나님의 종 다니엘아 네가 항상 섬기는 네 하나님이 사자들에게서 능히 너를 구원하셨느냐 하니라 다니엘이 왕에게 아뢰되 왕이여 원하건대 왕은 만수무강하옵소서 나의 하나님이 이미

그의 천사를 보내어 사자들의 입을 봉하셨으므로 사자들이 나를 상해하지 못하였사오니 이는 나의 무죄함이 그 앞에 명백함이오며 또 왕이여 나는 왕에게도 해를 끼치지 아니하였나이다 하니라 왕이 심히 기뻐서 명하여 다니엘을 굴에서 올리라 하매 그들이 다니엘을 굴에서 올린즉 그의 몸이 조금도 상하지 아니하였으니 이는 그가 자기의 하나님을 믿음이었더라

천향인은 순례자들이 쉬어가도록 만든 정자에서 그만 잠이 들었습니다. 얼마나 깊이 잠이 들었는지 손에 들고 있던 두루마리가 떨어지는 것도 모르고 잠을 자고 있었습니다. 그런데 그는 잠결에 누군가의 목소리를 들었습니다.

"게으른 자여, 개미에게 가서 그 하는 것을 보고 지혜를 얻으라."

주님의 목소리였습니다.

"맙소사! 너무 오래 잠을 자버렸잖아!"

천향인은 잠을 너무 많이 자서 여정이 지체되는 것을 알았습니다. 천향인은 벌떡 일어나 산꼭대기를 향하여 뛰어갔습니다. 그가 산꼭대기에 올랐을 즈음 '겁쟁이'와 '불신'이 반대 방향에서 오는 것이 보였습니다. 천향인이 두 사람에게 물었습니다.

"이보시오. 당신들은 어디로 가는 길입니까?"

"우리는 천국의 문을 향하여 가는 길이요."

"그런데 왜 반대 방향으로 갑니까? 천국으로 가려면 이 길로 계속 가야만 합니다."

"우리도 처음에는 그런 줄 알았습니다. 그런데 이 길이 잘못된 길인 것 같아요. 저 앞에는 거대한 사자 두 마리가 버티고 있습니다. 당신도 이 길

로 가면 안 됩니다. 빨리 이 길에서 돌이켜 다른 길로 가는 것이 낫습니다."

천향인은 그 말을 듣고 온몸에 힘이 쫙 빠졌습니다. 그리고 두려움이 생겼습니다. 겁도 났습니다. 겁쟁이와 불신이 산 아래로 뛰어 내려가자, 천향인은 잠시 고민했습니다. 그러나 곧바로 천향인은 천국 가는 길을 포기하지 않기로 결심했습니다.

"어차피 고향으로 돌아가도 죽음을 면치 못할 거야! 그래, 위험해도 구원의 길, 영생의 길을 계속 찾아가야지!"

천향인은 혼자서 계속 천국을 향하여 걸어갔습니다. 하지만 두 사람이 하는 말이 떠올라 내심 겁도 났습니다.

"나에게 위안을 주는 두루마리가 있었지."

두루마리를 품속에서 찾았습니다. 그런데 늘 가슴에 품고 다녔던 두루마리가 사라지고 없었습니다. 너무 놀란 천향인은 어찌할 바를 몰랐습니다. 천향인은 어려움을 당할 때마다 두루마리를 읽으며 늘 마음의 위안을 받았습니다. 그뿐 아니라 두루마리는 천국에 들어가는 통행증이기도 했습니다.

그런데 이 두루마리가 없어진 것입니다. 그는 기억을 더듬어 산 중턱의 정자를 생각했습니다. 천향인은 자신의 어리석음을 용서해 달라고 하나님께 기도한 후 두루마리를 찾으러 되돌아갔습니다. 정자에 도착한 그는 걱정하는 마음으로 이곳저곳을 살펴보았습니다. 다행히 두루마리는 정자 밑에 놓여 있었습니다.

천향인은 두루마리를 가슴에 품고 걸음을 재촉하였습니다. 계속해서 길을 가는데 어두움이 서서히 주위로 몰려오고 있었습니다. 겁쟁이와 불신이 말하는 사자가 떠올랐습니다.

"나는 과연 무사할 수 있을까?"

오늘 우리의 삶 속에서 끊임없이 나를 찾아와 힘들고 괴롭게 하는 것이 있습니다. 바로 불안과 두려움입니다. 이 시대에 우리를 안심시키고 안전하게 보장해주는 것이 있습니까? 내가 다니는 직장도, 내가 경영하는 모든 사업도, 내가 믿고 투자하는 그 어느 것도 나의 삶을 안전하게 보장해주는 것은 아무 것도 없습니다.

건강도 마찬가지입니다. 아무리 건강을 자랑해도 그 건강이 언제 무너질지 아무도 모릅니다. 그래서 요즘 건강보험이 이렇게 번성해 가는 것 같습니다. 사실 이 건강보험도 우리의 건강을 지켜주지 못합니다.

신앙생활도 마찬가지입니다. 믿음이 좋다고 자랑하는 사람이 어느 한순간에 무너지는 것을 보면서 우리는 많은 생각을 하게 합니다.

암 병이 무서운 이유는 초기에는 고통이 없으므로 본인은 인식하지 못합니다. 신앙의 무너짐도 마찬가지입니다. 내 신앙의 본질이 무너지고 있는데 본인은 이 엄중한 사실을 모르고 있다는 것입니다.

우리가 성령 안에서 깨어 기도하지 않으면, 언제 내 신앙의 본질이 무너질지 모릅니다. 우리는 정신을 차리고 깨어서 자신을 살펴야 합니다.

오늘 저와 여러분에게 일어나는 모든 두려움은 하나님을 믿지 않는 불신에서 시작이 됩니다. 우리가 살아계신 하나님을 믿으면, 불안해하거나 두려워할 그 어떤 이유도 없습니다. 우리 어린 자녀나 손자 손녀들을 보십시오. 이들이 불안해하거나 두려워하는 것을 보셨습니까? 엄마 아빠만 있으면 어디에 가든지, 무슨 일을 하든지 두려워하지 않습니다.

엄밀히 말해서 하나님의 자녀인 우리가 마치 어린아이들처럼 하나님을 신뢰한다면, 어떤 문제를 가지고 있어도 불안해할 이유가 없습니다. 전능하신 하나님께서 하나님의 손길로 하나님의 자녀인 우리의 모든 문제를 다 해결해 주십니다.

하나님께서는 우리에게 "두려워하지 말라"고 하십니다. 기도는 우리의 삶 속에서 일어나는 모든 두려움을 물리칩니다.

다니엘은 기도의 사람이었습니다. 그는 하루에 3번씩 예루살렘성전을 향하여 창문을 열고, 하나님 앞에 무릎을 꿇고 기도합니다. 전쟁 포로로 끌려온 다니엘은 바벨론 느부갓네살 왕의 특별한 은총을 입어 중요 관직에 등용됩니다.

다니엘은 왕이 그에게 맡긴 모든 일들을 그 누구보다 뛰어나게 잘 해결했습니다. 그 이유는 다른 사람이 가지지 못한 지혜를 하나님으로부터 계속 공급받았기 때문입니다.

하나님께서는 다니엘이 기도할 때마다 새로운 지혜를 공급해 주십니다. 그래서 다니엘은 모든 경쟁자를 물리치고 바벨론의 중요한 관직을 차지하게 됩니다.

하나님께서 주신 지혜가 얼마나 놀라운가요? 왕이 바뀌어도, 나라가 바뀌어도, 다니엘은 더 높은 중요 관직에 오르게 되었습니다.

다리오 왕은 고관 120명을 세워 자기의 뜻대로 전국을 통치하게 하였고, 또 그들 위에 총리 셋을 두어 그들을 다스리게 하고, 총리 셋을 통하여 전국에서 일어나는 모든 일들을 보고받았습니다. 이 총리 셋 중의 한 명이 다니엘이었습니다. 다니엘은 총리 3명 중에서 왕의 총애를 받는 총리였습니다.

이 모습을 지켜보던 그의 정적들이 도저히 참을 수가 없었습니다. 그래서 다니엘을 제거하기 위해 모든 수단과 방법을 동원하여 다니엘을 뒷조사했습니다. 아무리 뒷조사해도 잘못한 비리나 흠을 찾을 수 없었습니다. 그들이 다니엘의 뒷조사를 하면서 발견한 것이 있는데 그가 하루에 3번씩 예루살렘성전을 향하여 하나님께 기도한다는 것입니다.

그래서 이들은 다리오 왕에게 간청하여 다니엘을 제거할 목적으로 새로운 법령을 만들었습니다. 그 법령은 왕 외에 다른 신에게 기도하면 사자 굴에 던져 넣는다는 법령이었습니다. 이들은 이 법을 고칠 수 없도록 왕의 도장을 찍었습니다. 그리고 이 법을 전국에 공포하였습니다.

다니엘은 기도하면 사자 굴에 들어가야 한다는 사실을 알았습니다. 이 법을 고칠 수 없다는 것과, 자신을 사랑하는 다리오 왕도 자기를 구할 수 없다는 사실을 누구보다도 잘 알고 있었습니다. 그러나 다니엘은 다리오 왕보다 하나님을 더 믿었으므로 하루에 3번씩 기도하는 일을 계속했습니다.

다니엘은 그의 동료들의 고발로 왕에게 끌려왔습니다. 다니엘은 결코 그의 신앙이 흔들리지 않았습니다.

다니엘은 기도를 계속하면 사자 굴에 던져진다는 사실을 알았습니다. 그러나 다니엘은 하루에 3번씩 예루살렘성전을 향하여 창문을 열고 하나님께 기도했습니다. 기도하는 다니엘에게 놀라운 일이 일어났습니다. 그에게 두려움이 사라졌습니다. 다니엘은 사자 굴에 들어가도 하나님께서 지켜주실 것이라는 확신이 있었습니다. 다니엘은 담대해졌습니다.

하나님께서는 성도들이 다니엘처럼 믿음으로 기도할 때 모든 두려움과 위협을 물리쳐 주십니다.

겁쟁이와 불신은 두 마리의 사자가 겁이 나서 천국으로 향하는 길에서 돌이켜 그들이 가서는 안 될 길을 갔습니다. 두 마리의 사자는 이들을 천국에 들어가지 못하도록 막았습니다.

"전능하신 하나님께서 나를 지켜주시는데 무엇이 두려우랴?"

기도는 우리로 하여금 담대한 사람으로 바꾸는 능력이 있습니다. 기도하는 사람은 그 어떤 일을 당해도 좌절하거나 낙심하지 않습니다. 하루에 3번씩 예루살렘성전을 향하여 기도하던 다니엘은 다리오 왕 앞으로 끌려갔습니다. 그러나 다니엘은 살려 달라고 애원하거나 두려워하며 떨지 않았습니다.

겁을 내고 두려워하는 사람은 다니엘이 아니라 오히려 다리오 왕이었습니다. 다리오 왕은 다니엘을 바라보면서 너무 놀랐습니다. 아니, 사자 굴에 던져지게 되었는데 그의 얼굴에는 두려움이나 불안해하는 기색이 전혀 없었습니다. 다니엘의 얼굴에는 안정과 평화가 넘쳤고 오히려 자신감이 넘쳤습니다. 다리오 왕은 다니엘을 사자 굴에 들어가도록 내어주면서 이렇게 말했습니다.

[단 6:16] 이에 왕이 명령하매 다니엘을 끌어다가 사자 굴에 던져 넣는지라 왕이 다니엘에게 이르되 네가 항상 섬기는 너의 하나님이 너를 구원하시리라 하니라

다니엘이 가졌던 믿음이 다리오 왕에게 전이가 된 것입니다. 바로 이것이 믿음의 역사입니다. 믿음의 사람과 함께 사귀면 그의 믿음이 전이됩니다. 다니엘은 굶주린 사자의 굴속에 던져졌습니다. 그리고 돌로 그 문을 막았습니다. 왕은 궁에 돌아와서 날이 새도록 잠을 자지 못했습니다.

"과연 전능하신 하나님이 다니엘을 지켜주실까?"

의문을 가졌습니다. 이튿날 왕이 새벽에 일어나 사자 굴로 가서 슬픈 목소리로 이렇게 외칩니다.

"하나님의 종 다니엘아! 네가 섬기는 하나님이 사자들에게서 능히 너를 구원하셨느냐?"

그때 다니엘은 큰 소리로 왕에게 이렇게 대답했습니다.

[단 6:21-22] 다니엘이 왕에게 아뢰되 왕이여 원하건대 왕은 만수무강하

옵소서 나의 하나님이 이미 그의 천사를 보내어 사자들의 입을 봉하셨으
므로 사자들이 나를 상해하지 못하였사오니 이는 나의 무죄함이 그 앞에
명백함이오며 또 왕이여 나는 왕에게도 해를 끼치지 아니하였나이다 하
니라

하나님께서는 사자들의 입을 틀어막았습니다. 아무리 배고픈 사자들이라
도 하나님께서 그들의 입을 막자, 사자들이 다니엘을 어떻게 할 수가 없었습
니다. 다니엘은 사자들의 품속에서 잠을 잤습니다. 두려움을 물리치면 기적
이 일어납니다.

다리오 왕은 사자 굴에서 살아있는 다니엘을 보면서 살아계시는 전능하신
하나님을 체험합니다. 다니엘은 사자 굴에서 살아났습니다. 이 일로 인하여
다리오 왕은 온 나라 백성들로 하여금 다니엘이 섬기는 하나님을 섬기라고
공포합니다.

하나님께서는 우리를 구원하시며 모든 위기에서 건져주시는 분이십니다.
다니엘을 사자 굴에서 건져주신 하나님은 우리 모두를 모든 위기에서 건져주
시는 구원의 하나님이십니다.

두려워하지 마십시오. 놀라지 마십시오. 하나님께서는 지금도 살아계시고
전능하신 손길로 그의 백성들을 돌보시며 모든 위기에서 건져주십니다. 믿음
으로 기도하는 다니엘을 통하여 바벨론이 망하고 메대 나라에 태평성대가 이
루어졌습니다.

오늘, 이 시대에 대한민국이 어려움을 당하는 것은 하나님의 백성들이 다
니엘처럼 하나님이 기뻐하는 기도를 하지 않기 때문입니다. 하나님께서 기뻐
하는 기도가 어떤 기도입니까? 하나님께서 바라고 원하는 뜻이 이 땅에 이루
어지는 것입니다.

우리의 기도가 나의 이기심에서 벗어나 하나님의 뜻을 구하는 기도로 바뀔 때 우리 삶에 놀라운 기적이 일어납니다. 우리의 기도가 회복되면 두려움이 사라지고 하늘의 평안이 나의 마음을 다스리게 됩니다.

에녹은 하나님을 기쁘시게 하는 삶을 살았습니다. 그는 하나님과 동행하는 삶을 살다가 죽음을 보지 않고 하늘로 승천하게 됩니다.

오늘 우리의 삶이 하나님과 동행하는 삶을 살게 되면 두려움이 사라집니다. 우리의 삶에서 두려움을 물리치면 상상을 초월하는 놀라운 기적이 일어나게 됩니다.

사랑하는 성도 여러분!

저와 여러분이 지금 불안해하고 두려워하는 것이 무엇입니까? 우리가 해결할 수 없는 그 어떤 일도 전능하신 하나님께서는 다 해결하실 수 있습니다.

주님은 우리에게 이렇게 말씀하십니다.

> [사 41:10] 두려워하지 말라 내가 너와 함께 함이라 놀라지 말라 나는 네 하나님이 됨이라 내가 너를 굳세게 하리라 참으로 너를 도와 주리라 참으로 나의 의로운 오른손으로 너를 붙들리라

여러분은 정말 전능하신 하나님이 나의 하나님이심을 믿습니까?

"두려워하지 말라! 내가 너와 함께 함이라."

하나님께서 나와 함께 계시는데 겁내고 두려워할 이유가 어디에 있습니까? 예수님은 나의 주님이십니다. 이 말은 예수님께서 내 삶의 모든 문제를 책임을 지시겠다는 말씀입니다.

"놀라지 말라! 나는 네 하나님이 됨이니라."

하나님께서 내 하나님이 되신다는 말씀은 내 인생을 주님께서 책임지시겠다는 말씀입니다.

"내가 너를 굳세게 하리라! 참으로 너를 도와 주리라."

우리 주님께서 나를 세워주시고 나를 도와주시는데 무슨 걱정이 있습니까?

주님께서 나를 세워주시면 그 누구도 나를 흔들지 못합니다.

주님께서 나를 도우시면 불가능이 가능하게 되고, 우리가 이 세상을 살면서 못 할 일이 없습니다.

이래도 하나님을 믿지를 못하겠습니까? 믿음을 회복하십시오.

믿음이 회복되면 두려움이 사라지게 됩니다.

믿음이 회복되면 불가능이 가능해집니다.

믿음이 회복되면 하나님께서 나와 함께하시고 나와 동행하는 표적이 나타납니다.

우리 모두 살아계신 하나님을 바로 믿고 주님과 동행하는 삶을 삽시다. 전능하신 하나님과 동행하므로 믿음의 역사를 일으키는 주인공이 됩시다.

22. 성숙한 신앙생활

[행 5:1-11] 아나니아라 하는 사람이 그의 아내 삽비라와 더불어 소유를 팔아 그 값에서 얼마를 감추매 그 아내도 알더라 얼마만 가져다가 사도들의 발 앞에 두니 베드로가 이르되 아나니아야 어찌하여 사탄이 네 마음에 가득하여 네가 성령을 속이고 땅값 얼마를 감추었느냐 땅이 그대로 있을 때에는 네 땅이 아니며 판 후에도 네 마음대로 할 수가 없더냐 어찌하여 이 일을 네 마음에 두었느냐 사람에게 거짓말한 것이 아니요 하나님께로다 아나니아가 이 말을 듣고 엎드러져 혼이 떠나니 이 일을 듣는 사람이 다 크게 두려워하더라 젊은 사람들이 일어나 시신을 싸서 메고 나가 장사하니라 세 시간쯤 지나 그의 아내가 그 일어난 일을 알지 못하고 들어오니 베드로가 이르되 그 땅 판 값이 이것뿐이냐 내게 말하라 하니 이르되

예 이것뿐이라 하더라 베드로가 이르되 너희가 어찌 함께 꾀하여 주의 영을 시험하려 하느냐 보라 네 남편을 장사하고 오는 사람들의 발이 문 앞에 이르렀으니 또 너를 메어 내가리라 하니 곧 그가 베드로의 발 앞에 엎드러져 혼이 떠나는지라 젊은 사람들이 들어와 죽은 것을 보고 메어다가 그의 남편 곁에 장사하니 온 교회와 이 일을 듣는 사람들이 다 크게 두려워하니라

정자에서 잃어버린 두루마리를 찾은 천향인은 발걸음을 재촉했습니다. 두루마리는 천향인에게 천국에 들어가는 출입증이요, 위기 때마다 모든 문제를 해결해 주는 하나님의 최고의 선물이었습니다. 두루마리를 찾아 밤길에 걷는 천향인은 두 마리의 사자가 으르렁거리며 지키고 있다는 겁쟁이와 불신의 말이 떠올리게 되어 너무 겁이 났습니다. 바로 그때 저만큼 앞에 있는 저택에서 희미한 불빛이 비취는 것이 아니겠습니까?

"아! 저 저택에 가서 이 밤을 지내고 가리라."

그 집 가까이 가서 보니 궁궐처럼 웅장하고도 아름다웠습니다. 천향인이 그 집에 도착했을 때 집 앞에는 무서운 사자 두 마리가 지키고 있었습니다. 그 길을 계속 가다가는 사자에게 물려 죽을 것만 같았습니다.

"겁쟁이와 불신이 보았던 그 사자들이구나."

겁에 질린 천향인은 한 발짝도 움직이지 못하고 발만 동동 구르고 있었습니다. 그때 '경계'라는 문지기가 천향인을 향하여 소리를 쳤습니다.

"여보시오. 뭘 망설이고 있어요? 아직도 용기가 부족한가요?"

"아니, 저기 사자에게 물리면 어떻게 합니까?"

경계는 손짓하며 이렇게 말했습니다.

"왜 믿음이 없으십니까? 사자들은 사슬에 매여 있으니 무서워할 필요

가 없습니다. 길 한 가운데로 곧장 걸어오면 아무 일도 없을 것입니다."

천향인은 경계씨가 시키는 대로 길 한가운데로 걸어갔습니다. 그러자 사자들은 이빨을 드러내고 으르렁거리며 천향인을 물려고 달려들었습니다. 하지만 사자들은 쇠사슬에 묶여있어서 천향인을 해칠 수 없었습니다. 천향인은 안도의 한숨을 내쉬면서 문지기인 경계에게 이렇게 말했습니다.

"덕분에 무사히 잘 지나왔습니다. 아직도 제 믿음이 부족한 것 같아요."

"그런데 당신은 엄청난 용기를 내신 것입니다."

천향인은 물었습니다.

"무례한 부탁이지만 오늘 하룻밤 묵고 갈 수 있을까요?"

"물론이지요. 이 저택은 순례자를 위하여 지어 놓은 것입니다."

경계가 초인종을 누르자 '분별'이라는 여인이 문을 열고 나아왔습니다.

"당신은 천국으로 가는 순례자이군요. 참으로 반갑습니다."

천향인은 다시 물었습니다.

"오늘 여기서 하룻밤 자고 가도 되겠습니까?"

"물론이죠. 하지만 몇 가지 묻고 싶은 것이 있어요. 도중에 누군가의 꼬임에 넘어가지 않았나요?"

분별은 그의 이름에 걸맞게 지난 일을 꼬치꼬치 캐물었습니다. 천향인은 또박또박 대답했습니다. 분별은 천향인의 대답이 흡족했는지 아름다운 집안으로 안내했습니다.

"주님의 축복을 받은 분이시여! 어서 오십시오."

그들은 마실 것을 주면서 저녁 식사가 준비될 때까지 조금만 기다리라고 했습니다.

여러분, 오늘 우리가 살아가는 삶의 현장이 위험하고 어려운 일들이 너무 많습니다. 매사에 경계하지 않으면 언제 어떻게 어려운 일을 당할지 모릅니다.

시대가 바뀌고 문화가 바뀌어 감에 따라 젊은이들이 하는 말도 알아듣기 힘듭니다. 우리 시대에는 사람을 하대할 때, 욕을 할 때 '개'라는 용어를 사용했습니다. '개새끼'는 참으로 사람을 하대하는 욕이었습니다. 그런데 지금은 '개딸들'이라는 말이 욕으로 사용되지 않습니다. 좋다는 말 앞에 '개'를 붙이기도 합니다.

오늘, 이 시대에 정말 위험한 일들이 우리 주위에 얼마나 많은지 모릅니다. 순간에 잘못된 선택이 인생을 망치는 경우들이 너무 많습니다. 조심해야 합니다. 경계해야 합니다. 신앙생활을 하면서 경계하지 않으면 언제 내 신앙이 무너질지 모릅니다. 우리는 정신을 차리고 깨어서, 항상 경계하면서 믿음의 삶을 살아야 합니다.

오늘 우리에게 중요한 것이 있다면 분별할 수 있는 능력입니다. 옳고 그름을 분별할 수 있는 사람은 시험에 빠지지 않습니다. 해야 할 말을 분별하고 사리를 분별할 줄 아는 사람은 어디를 가든지 사랑받고 인정받는 삶을 삽니다.

돈을 분별할 줄 아는 사람은 사고를 치지 않습니다. 하나님의 돈과 내 돈을 분별할 줄 알아야 하고, 남의 돈과 내 돈을 분별할 줄 알아야 어디를 가든지 인정받는 삶을 살게 됩니다.

회사나 교회에서 재정을 관리하는 사람은 인정받고 있다는 증거입니다. 사람을 평가할 때 돈을 맡겨보면, 그 사람의 정체를 알 수 있다고 합니다.

지금은 소천을 하셨습니다만 장옥신 전도사님이란 분이 계셨는데 결혼하고 얼마 되지 않아서 남편이 세상을 떠나게 되었습니다. 어린 아기가 있었기 때문에 살아가야 할 길이 막막했습니다. 그래서 선교사님의 집에서 가정부로 일하면서 아기를 길렀습니다. 선교사님이 가끔 돈을 떨어뜨려 놓으면, 그때마다 그 돈을 주워서 선교사님에게 돌려드렸습니다. 선교사님은 일부러 전도사님이 어떤 분인지 알기 위해서 일부러 돈을 떨어뜨린 것이었습니다. 전도사님은 선교사님께 인정받고 사랑받아 당시 성경학교를 졸업하고, 전도사님으로 한평생 교회를 섬기면서 교회를 7개나 짓는 놀라운 일을 하게 되었습니다. 또 아이를 잘 길러 목사가 되게 하셨는데 그분이 임승조 목사님이십니다.

우리는 매사에 올바른 판단을 하고 행동하는 자가 되어야 합니다.

오늘 본문 말씀은 초대교회에서 일어난 놀라운 사건을 소개하고 있습니다. 아나니아와 그의 부인 삽비라 부부의 이야기입니다. 그들은 구브로 사람, 요셉이 그의 밭을 팔아서 하나님께 바치는 모습을 보고 감동을 받았습니다.

요셉이 그의 밭을 팔아서 사도들의 발 앞에 내어놓으니, 사도들이 요셉을 크게 칭찬하면서 '바나바'라는 이름을 지어 주었습니다.

바나바는 '위로의 아들'이라는 뜻으로 요셉은 한평생 살면서 많은 사람을 위로하고 사는 위대한 삶을 살았습니다. 초대교회는 바나바처럼 자기 땅을 팔아서 바친 사람들이 많았습니다. 그래서 초대교회의 성도들은 풍족한 삶을 살았습니다.

[행 4:34-35] 그 중에 가난한 사람이 없으니 이는 밭과 집 있는 자는 팔아 그 판 것의 값을 가져다가 사도들의 발 앞에 두매 그들이 각 사람의 필요를 따라 나누어 줌이라

그런데 아나니아와 삽비라 부부는 하나님께 바친 땅을 팔아서 그중에 얼마를 다른 곳에 숨겨두고 그 나머지를 사도들 앞에 가지고 갔습니다. 그때 베드로는 아나니아를 책망했습니다.

"어찌하여 사탄이 네 마음에 가득하여 네가 성령을 속이고 땅값 얼마를 감추었느냐?"

베드로가 책망하자 그의 혼이 떠나고 죽었습니다. 그의 아내 삽비라가 얼마 후에 돌아왔을 때 베드로가 묻습니다.

"너희가 가져온 이 돈이 땅값 전부냐?"

"네"라고 대답하는 순간, 그의 아내 삽비라도 세상을 떠나고 말았습니다. 너무 충격적인 사건입니다. 성숙한 신앙인은 하나님의 것과 내 것을 구별하는 삶을 삽니다.

오늘 우리가 이 세상을 살면서 하나님의 것과 내 것을 분별하는 성숙한 신앙의 삶을 살아야 합니다. 그런데 오늘 이 시대의 수많은 그리스도인이 하나님의 것과 내 것을 분별하지 못하고 삽니다.

교회의 지도자들 가운데서도 이러한 사람들이 너무 많습니다. 아나니아와 삽비라는 하나님의 것과 자기 것을 분별하는 능력이 없었습니다.

분별의 능력이 없는 사람은 사고를 치게 되어 있습니다. 신앙이 성숙한 사람은 분별의 능력이 있습니다. 하나님의 것과 내 것을 분별합니다.

저는 지금으로부터 44년 전, 24살 때에 시골교회를 섬기면서 교회를 건축해야겠다는 감동을 받고 건축헌금으로 300만 원을 작정했습니다. 헌금을 작정하고 시작한 사업이 부도가 나서 상상을 초월한 빚을 지게 되었습니다. 어려운 상황 속에서도 하나님께 작정한 건축헌금을 드리고 엄청난 빚도 조금씩 갚아가다 보니 다 갚았습니다. 그리고 아무리 어려워도 온전한 십일조는 구별하여 드렸습니다. 지금 생각해 보니 하나님께서 저에게 엄청난 복을 주셨습니다.

성숙한 신앙인은 매사에 경계하는 삶을 삽니다. 아나니아와 삽비라가 자기 삶을 경계하였더라면 비극의 주인공은 되지 않았을 것입니다. 이들은 믿음이 준비되지 않는 상태에서 헌금을 작정했습니다. 준비되지 않는 상태에서 헌금을 작정하고 부도내는 교인들이 너무 많습니다. 우리는 매사에 나 자신을 경계하면서 신앙생활을 해야 합니다.

아나니아와 삽비라는 마음을 경계하면서 하루하루를 살아가야만 했습니다. 그는 밭을 팔아서 하나님께 바치기로 했습니다.이들 부부는 경계심이 무너지는 순간, 사도들 앞에서 거짓말을 하게 되고 하나님의 것을 도적질하게 되었던 것입니다.

여러분은 자신을 얼마나 알고 있습니까?

'나는 순전한 사람이야! 나는 정직한 사람이야! 나는 믿음의 사람이야!'

이렇게 생각하고 있지는 않습니까? 나 자신을 착각하지 마십시오. 우리가 정신을 차리고 늘 경계하지 않으면, 우리도 아나니아와 삽비라처럼 언제 무너질지 모르는 존재입니다.

사도 바울은 자기 자신을 바라보면서 이렇게 고백하며 살았습니다.

[딤전 1:15] 미쁘다 모든 사람이 받을 만한 이 말이여 그리스도 예수께서 죄인을 구원하시려고 세상에 임하셨다 하였도다 죄인 중에 내가 괴수니라

바울은 죄인 중의 가장 괴수였던 자신을 구원하신 하나님께 감사하면서 평생을 주님께 헌신했습니다. 바울은 한평생 죄인의 괴수였던 자신을 구원하신 은혜를 마음에 품고 살았습니다.

그러므로 우리는 누구도 정죄할 수 없습니다. 주홍빛 같은 붉은 죄에서 구원받는 내가 누구를 정죄합니까?

'내가 받은 은혜를 만일 저 사람이 받는다면 나보다는 낫다.'

이러한 마음을 품고 살면, 우리는 다른 사람을 정죄할 수 없습니다.

오늘, 이 시대의 모든 문제는 나는 똑똑하고, 잘나고, 착하고, 선하다고 생각하는 데서 발생합니다. 하지만 우리는 자신을 늘 경계하면서 미혹에 빠지지 않도록 주의해야 합니다. 자신을 낮추면 세상은 아름답게 보이게 되는 것입니다.

우리의 삶을 늘 경계하면서 믿음으로 살아가기를 바랍니다. 성숙한 신앙인은 거짓을 멀리하는 삶을 삽니다. 거짓말의 위력은 막강하며 강력한 힘을 가지고 있습니다. 그리고 거짓말은 참으로 매혹적이어서 수많은 사람이 미혹을 받습니다. 그 이유는 마귀가 항상 거짓말을 통해서 악한 일을 수행하기 때문입니다.

거짓의 아비는 마귀입니다. 마귀는 아나니아와 삽비라의 마음속에 들어가서 거짓으로 유혹했습니다.

"네가 땅값 얼마를 감추어도 잘못된 것이 아니야! 다 너의 것인데 얼마를 떼고 바치면 어때? 교인 중에 너만큼 많이 헌금하는 사람이 있어? 네가 최고야! 네가 이 교회의 기둥이야! 누가 너에게 무슨 말을 해!"

내가 시험에 빠지면 마귀의 말이 잘못되게 들리지 않습니다. 베드로는 이들에게 이렇게 책망합니다.

[행 5:9] 베드로가 이르되 너희가 어찌 함께 꾀하여 주의 영을 시험하려 하느냐 보라 네 남편을 장사하고 오는 사람들의 발이 문 앞에 이르렀으니 또 너를 메어 내가리라 하니

베드로는 이들에게 주의 영을 시험하였다고 책망합니다. 베드로의 책망이 떨어지자마자, 삽비라는 베드로의 발 앞에 엎드려져 혼이 떠났습니다. 사람들은 그 여인을 메어다가 남편 옆에 묻어서 장례를 치렀습니다.

거짓말은 참으로 무서운 것입니다. 오늘 우리가 하는 모든 말을 하나님께서 듣고 판단하신다는 사실을 우리는 알아야 합니다. 거짓말을 잘하는 사람은 사탄이 그의 마음을 다스립니다.

[요 10:10] 도둑이 오는 것은 도둑질하고 죽이고 멸망시키려는 것뿐이요 내가 온 것은 양으로 생명을 얻게 하고 더 풍성히 얻게 하려는 것이라

도둑인 사탄이 우리의 축복을 빼앗고 우리를 죽이려고 찾아오지만, 예수님께서는 우리가 잃어버렸던 모든 축복을 되찾게 하시고, 우리에게 영원한 생명을 주시기 위해 찾아오셨습니다.

우리가 사탄과 동행하며 사탄이 가장 좋아하는 거짓말을 하면 망합니다. 예수님과 동행하면서 진리 안에서 정직하게 바로 살면 축복을 회복하고 영생의 복을 받게 됩니다.

우리 모두 거짓을 멀리하는 삶을 사시기를 간곡히 부탁드립니다.

사랑하는 성도 여러분!

여러분은 누구와 동행하는 삶을 살고 있습니까? 사탄과 동행하면서 탐욕과 욕심에 붙잡혀 거짓을 일삼는 삶을 살고 있지는 않습니까?

탐욕과 욕심을 버리고 거짓을 멀리하십시오. 우리는 주님과 동행하는 삶을 살아야 합니다. 주님과 동행하는 삶이 비록 힘이 들고 어렵지만, 주님께서 책임을 지시기 때문에 결국에는 승리하고 복된 삶을 살게 되어 있습니다.

우리의 의지와 노력으로는 우리의 삶을 바꿀 수 없고 거짓을 멀리할 수 없습니다. 성령의 은혜가 임하지 않고서는 거짓에서 해방되는 일은 불가능한 일입니다.

"아나니아와 삽비라처럼 사탄의 유혹에 속지 않게 하옵소서! 거짓의 유혹에 빠지지 않게 하옵소서!"

부르짖어 기도해야 합니다. 우리는 죄의 본성을 가지고 사는 사람들이기 때문에 우리 자신이 경계하지 않으면, 언제든지 넘어지고, 누구든지 시험에 빠지게 되어 있습니다.

우리는 하나님께서 주시는 영 분별의 은사를 사모해야 합니다. 분별의 영이 내 마음을 다스리면, 무엇이 잘못된 것인지를 그때그때 깨닫게 됩니다.

"주님! 우리에게 영 분별의 은사를 주옵소서."

기도해야 합니다. 하나님의 것과 다른 사람의 것과 내 것을 구별할 수 있도록 은사를 구해야 합니다. 성숙한 신앙의 삶을 살 때 어디를 가든지 하나님과 사람에게 인정받고 사랑받는 사람이 될 수 있습니다. 우리 모두 성숙한 신앙의 삶을 살면서 축복의 주인공이 됩시다.

"두려워하지 말라!

내가 너와 함께 함이라."

제 5 부

풍성한 은혜의 삶

23. 자비를 베푸는 자의 삶

[눅 10:25-37] 어떤 율법교사가 일어나 예수를 시험하여 이르되 선생님 내가 무엇을 하여야 영생을 얻으리이까 예수께서 이르시되 율법에 무엇이라 기록되었으며 네가 어떻게 읽느냐 대답하여 이르되 네 마음을 다하며 목숨을 다하며 힘을 다하며 뜻을 다하여 주 너의 하나님을 사랑하고 또한 네 이웃을 네 자신같이 사랑하라 하였나이다 예수께서 이르시되 네 대답이 옳도다 이를 행하라 그러면 살리라 하시니 그 사람이 자기를 옳게 보이려고 예수께 여짜오되 그러면 내 이웃이 누구니이까 예수께서 대답하여 이르시되 어떤 사람이 예루살렘에서 여리고로 내려가다가 강도를 만나매 강도들이 그 옷을 벗기고 때려 거의 죽은 것을 버리고 갔더라 마침 한 제사장이 그 길로 내려가다가 그를 보고 피하여 지나가고 또 이와

같이 한 레위인도 그곳에 이르러 그를 보고 피하여 지나가되 어떤 사마리아 사람은 여행하는 중 거기 이르러 그를 보고 불쌍히 여겨 가까이 가서 기름과 포도주를 그 상처에 붓고 싸매고 자기 짐승에 태워 주막으로 데리고 가서 돌보아 주니라 그 이튿날 그가 주막 주인에게 데나리온 둘을 내어 주며 이르되 이 사람을 돌보아 주라 비용이 더 들면 내가 돌아올 때에 갚으리라 하였으니 네 생각에는 이 세 사람 중에 누가 강도 만난 자의 이웃이 되겠느냐 이르되 자비를 베푼 자니이다 예수께서 이르시되 가서 너도 이와같이 하라 하시니라

집안에 들어서자, 가족들이 반갑게 천향인을 환영해 주었습니다. '분별'은 천향인에게 '신중', '경건', '자선'이라는 여인을 소개했습니다.

"주님의 축복을 받은 분이시여! 어서 오십시오."

그들은 마실 것을 가져다주면서 저녁 식사가 준비될 때까지 조금만 기다리라고 했습니다. 천향인은 4명의 여인과 대화를 나누게 되었습니다. '경건'이 먼저 물었습니다.

"천향인씨, 어떻게 이런 순례의 길을 걷게 되었습니까?"

"저는 멸망의 도시, 장망성에 머물러 있다가는 구원받지 못한다는 메시지를 받았습니다. 그래서 도시를 빠져나오게 되었지요."

"어떻게 이쪽으로 오시게 되었나요?"

"처음에는 어디를 가야 할지 몰랐습니다. 그런데 전도자란 분이 좁은 문으로 들어가면 구원을 받을 수 있다고 말해 주더군요."

경건은 계속해서 물었습니다.

"혹시 오시다가 해석자의 집에 들르지 않았나요?"

"들렀습니다. 거기서 많은 것을 보고 느꼈습니다.

그중에 세 가지가 감명 깊었습니다.

첫째, 벽난로에서 마귀의 끈질긴 방해 가운데서 하나님께서 우리를 어떻게 보호해 주시는지 보았습니다.

둘째, 철창에 갇힌 사람을 보고 하나님의 은혜를 경험하지 못한 비참한 모습을 보았습니다. 잠을 자다가 하나님의 심판을 목격한 사람의 이야기가 가장 인상 깊었습니다. 그 사람의 꿈은 말로만 들어도 소름이 끼칠 정도로 무서웠습니다. 그가 말하는 심판의 내용이 저를 더 굳건하게 만들었습니다.

셋째로 찬란한 궁전을 보았습니다. 용감한 사나이가 병사들을 물리치고 하나님의 성안으로 들어가 영광을 얻는 모습을 보았습니다. 정말 감격스러운 모습이었습니다. 저도 그런 영광을 함께하고 싶었습니다."

경건은 계속해서 천향인이 겪은 일을 듣고 싶어 했습니다. 천향인은 십자가 앞에서 무거운 짐이 떨어져 나가고 세마포 옷과 두루마리와 이마에 표시를 얻은 이야기를 했습니다. 여기까지 말하자 '분별'이 천향인에게 질문했습니다.

"이렇게 먼 길을 떠나왔는데 고향이 그립지는 않나요? 고향에 두고 온 가족도 보고 싶을 텐데요."

"가끔 생각이 납니다. 그러나 멸망의 도시가 그립지는 않습니다. 만약 그곳이 그리웠다면 여기까지 오지 못했겠지요. 그곳을 생각하면 가슴이 아픕니다. 사랑하는 사람과 함께 천국에 갈 수 없다는 것은 참으로 불행한 일이지요. 하지만 지금 저는 하늘의 본향만을 생각합니다."

그렇게 말하면서 천향인은 눈물을 글썽거렸습니다. 지금 생각하니 가족들을 두고 혼자만 온 것이 가슴이 아팠습니다. 천향인의 말에 '자선'이 고개를 끄덕였습니다.

이 시대에 우리 주위를 살펴보면 신앙생활을 하다가 교회를 떠난 사람들이 너무 많습니다. 그들의 이야기를 들어보면 예수님을 믿는 사람들에게 너무 큰 상처를 받고 교회를 떠나서 하나님을 버리고 살고 있다는 것입니다.

어떤 이들은 교인의 거짓말로 사기를 당하고, 어떤 이는 교인에게 엄청난 상처를 받고, 어떤 이는 교인에게 배신당하여 교회를 떠나고 주님을 떠나게 되었다는 것입니다.

왜 교인들은 힘들게 이 세상을 살아가는 자들에게 이러한 고통과 상처를 주었을까요? 그들은 하나님을 믿고 섬기며 따르기를 원했지만, 마귀의 유혹으로 자기의 탐욕과 욕심에 이끌려 살았기 때문입니다.

그리스도인은 신중한 삶을 살아야 하고 경건한 삶을 살아야 합니다. 그리스도인의 삶은 보혜사 성령님의 인도를 받아야 합니다. 그리스도인은 성령님이 주신 지혜로 올바르게 분별하는 삶을 살아야 하고 자비를 베푸는 자선의 삶을 살아야 합니다.

신중하고 경건한 삶이란, 매사에 성령님의 인도를 받아 이웃을 생각하면서 올바른 삶을 사는 것을 말합니다. 경건한 삶이란, 하나님의 거룩한 성품을 닮아가면서 늘 조심하며 살아가는 삶을 말합니다.

무엇보다 그리스도인은 다른 사람에게 자비를 베푸는 삶을 살아가야 합니다. 하나님과 동행하지 않는 삶은 문제를 일으키고, 남에게 상처를 주며, 다른 사람의 영혼을 죽이는 삶을 살게 됩니다.

그리스도인은 자비를 베푸는 삶을 살아야 합니다. 무엇보다도 자비를 베푸는 삶은 하나님께서 감동하십니다. 하나님께서 감동하시면 문제가 해결되고, 막혔던 길이 열리게 되고, 상상을 초월하는 놀라운 축복을 경험하게 됩니다.

우리 모두 하나님을 감동하게 하는 자비를 베푸는 삶을 한번 살아봅시다.

어느 날 율법교사가 예수님을 찾아와서 질문을 했습니다.

"선생님, 내가 무엇을 하여야 영생을 얻으리까?"

수많은 사람이 예수님을 찾아왔지만, 모두가 자기 문제를 가지고 찾아왔지, 영생의 문제를 가지고 예수님을 찾아온 사람은 없었습니다.

율법교사는 예수님을 찾아와서 영생을 얻는 비결을 묻습니다. 예수님께서는 하나님을 사랑하고, 이웃을 사랑하라고 율법교사에게 말씀하셨습니다.

자비를 베푸는 삶은 하나님을 사랑하고 이웃을 사랑하는 삶입니다. 우리가 신앙생활을 하면서 하나님을 사랑하면, 이웃을 사랑할 수 있는 능력을 공급받게 됩니다.

우리가 진정으로 하나님을 사랑하게 되면 우리는 자연스럽게 이웃을 사랑하게 됩니다. 이웃을 사랑하는 삶이 나를 가장 행복하게 만듭니다.

우리가 이웃을 사랑하는 비결이 있다면 자비를 베풀면서 사는 삶입니다. 내 이웃이 고통당할 때 함께 고통을 나누고, 내 이웃이 좋은 일이 있을 때는 함께 기뻐하는 삶이 자비를 베푸는 삶입니다.

[눅 10:27] 대답하여 이르되 네 마음을 다하며 목숨을 다하며 힘을 다하며 뜻을 다하여 주 너의 하나님을 사랑하고 또한 네 이웃을 네 자신 같이 사랑하라 하였나이다

먼저 우리가 내 마음을 다하고, 뜻을 다하고, 힘을 다하여 하나님을 사랑해야 합니다. 우리는 하나님을 사랑하는 일에 내 인생을 걸어야 합니다. 우리가 진정으로 하나님을 사랑할 때 하나님께서 감동하십니다. 그리고 내 이웃을 사랑하는 일에 내 인생을 걸어야 합니다. 이웃을 사랑하는 삶이 자비를 베푸는 삶입니다.

타락한 인간의 본성에는 이웃을 사랑하기보다 이웃을 정죄하고 시기하는

마음이 들어와 있습니다. 그래서 인류의 조상 아담의 맏아들 가인은 동생 아벨이 하는 일마다 잘 되니까 견딜 수 없어서 동생 아벨을 불러내어 돌로 쳐 죽였습니다.

내 이웃을 사랑하는 일은 정말 힘들고 어렵습니다. 그런데 예수님께서는 율법교사에게 네 이웃을 네 몸과 같이 사랑하라고 말씀하십니다.

영생을 얻는 비결로 하나님을 사랑하고, 이웃을 사랑하는 삶을 살아야 한다고 말씀하십니다. 하나님을 사랑하는 것은 하나님께서 보내신 예수를 믿는 일이고, 이웃을 사랑하는 것은 내 이웃이 예수님을 믿도록 복음을 전하는 것입니다.

우리는 복음 증거를 위해서 내 중심의 이기적인 삶에서 이웃 중심의 이타적인 삶을 사는 것입니다.

다른 사람의 슬픔이 내 슬픔이요, 다른 사람의 기쁨이 내 기쁨이 될 때 우리는 세상을 바꾸는 위대한 전도자의 삶을 살 수 있습니다.

하나님을 사랑하고 이웃을 사랑하는 삶이 자비의 삶입니다. 위선의 삶은 자비를 베푸는 삶이 아닙니다. 제사장과 레위인은 하나님을 가장 잘 섬긴다고 자부하는 자들이었습니다. 이들은 하나님의 영광을 위해 자신을 헌신한 특별한 사람들이었습니다. 제사장은 하나님께 제사드리는 일에 전력을 다하는 사람이요, 레위인은 성전에서 봉사하는 직무를 수행하는 자들이었습니다. 그래서 이들은 누구보다도 백성들을 사랑해야만 했고, 고통받는 이웃을 돌보아야 하는 직책을 가진 자들이었습니다. 그런데 이들은 강도를 만나 매를 맞아서 죽어가는 사람을 피하여 다른 길로 가버렸습니다.

제사장과 레위인은 이런 소식이 들려지면 멀리서도 제일 먼저 달려와서 그를 구해야 하는 직책의 사람들이었습니다. 그런데 이들은 강도에게 매를 맞아 죽게 된 이들을 보고 피하여 지나갔습니다.

[눅 10:31-32] 마침 한 제사장이 그 길로 내려가다가 그를 보고 피하여 지나가고 또 이와 같이 한 레위인도 그곳에 이르러 그를 보고 피하여 지나가되

제사장과 레위인은 고통받는 이웃을 보고 피하여 지나갔습니다. 여러분은 이 모습을 보면서 어떻게 생각합니까? 제사장과 레위인의 모습이 오늘 저와 여러분의 삶은 아닙니까? 현대인들은 이렇게 말할 것입니다.

"아니 어떻게 내 이웃이 고통받는 것을 내가 다 해결할 수 있느냐고? 나쁜 짓을 하는 강도들을 잡는 일은 경찰과 검찰이 하면 되고, 가난하고 어려운 사람을 돕는 일은 정부가 하면 되지 왜 내가 그 일을 해야 하느냐고? 이 바쁜 세상에 누가 그 일을 할 수가 있어?"

여러분도 이 말에 공감하는 사람이 많을 것입니다. 사실 제사장과 레위인은 남에게 고통을 준 일이 없습니다. 그저 고통당하는 이웃을 못 본 척하고 지나간 것밖에 없습니다. 그런데 예수님께서는 영생을 얻은 사람이라면, 고통받는 이웃을 못 본 척하고 지나가서는 안 된다는 것입니다. 제사장은 그를 보고 피하여 지나가고, 레위인도 그를 보고 피하여 지나갔습니다.

오늘 우리의 삶은 어떠합니까? 여러분은 고통받는 이웃을 보고 피하여 지나가지는 않습니까? 우리 자신을 한번 냉철하게 돌아보시기를 바랍니다. 자비를 베푸는 삶은 참으로 아름답습니다. 사마리아 사람들은 유대인들로부터 하대받고 살았습니다. 유대인들이 사마리아 사람들을 하대하는 이유는 이스라엘 백성들이 바벨론으로 포로로 끌려갈 때 바벨론은 정책적으로 이방 사람들을 유대 땅으로 이주해서 유대인들과 함께 살게 했습니다. 유대인들은 70년 동안 이방인과 함께 살면서 그들과 결혼해서 자녀도 낳았습니다.

유대인들이 바벨론 포로 생활을 마치고 돌아와 남아있는 유대인들이 이방

인과 함께 결혼해서 사는 것을 보고 이들은 혼혈족으로 유대민족이 아니라고 여겼습니다. 그래서 그들과 상종하지 않았습니다.

심지어 유대인들은 예루살렘에서 갈릴리로 가려면 사마리아를 통과하면 가까운데, 멀리 돌아 사마리아를 둘러서 갈릴리로 갔습니다. 유대인과 사마리아인은 서로 원수처럼 생각하고 상종하지 않는 관계였습니다. 그런데 사마리아인은 여행 중에 유대인이 강도에게 폭행당해 죽어가는 모습을 보고 그냥 지나갈 수가 없었습니다. 고통당하는 유대인을 피하여 지나가지 않고 그를 살리기로 결심했습니다.

[눅 10:33-36] 어떤 사마리아 사람은 여행하는 중 거기 이르러 그를 보고 불쌍히 여겨 가까이 가서 기름과 포도주를 그 상처에 붓고 싸매고 자기 짐승에 태워 주막으로 데리고 가서 돌보아 주니라 그 이튿날 그가 주막 주인에게 데나리온 둘을 내어 주며 이르되 이 사람을 돌보아 주라 비용이 더 들면 내가 돌아올 때에 갚으리라 하였으니 네 생각에는 이 세 사람 중에 누가 강도 만난 자의 이웃이 되겠느냐

장사를 하는 사마리아인은 누구보다 바쁜 사람이었습니다. 그러나 강도에게 맞아서 죽어가는 이 사람을 피하여 지나갈 수가 없었습니다. 사마리아 사람은 그 바쁜 시간에도 불구하고 죽어가는 유대인을 살리기 위해 포도주를 그 상처에 붓고 싸맸습니다. 자기 짐승에 태워 주막에 옮겨 자기가 가진 돈을 치료비로 내놓았습니다. 만일 치료비가 더 들면 다음에 돌아오는 길에 갚겠다고 주인에게 보살핌을 부탁했습니다.

예수님께서는 자기의 의를 자랑하는 율법교사에게 다시 묻습니다.

"네 생각에는 이 세 사람 중에 누가 강도 만난 자의 이웃이 되겠느냐?"

그때 율법교사는 말합니다. 자비를 베푼 사람입니다. 예수님께서는 율법교사에게 "네가 진정으로 영생을 얻기를 원하느냐? 너도 가서 이같이 하라"고 말씀하셨습니다.

그렇다면 우리는 어떻게 영생을 얻었습니까? 맞습니다. 우리는 예수님을 믿음으로 영생을 얻었습니다. 예수님을 믿고 영생을 얻은 우리는, 사마리아인처럼 내 이웃에게 자비를 베푸는 삶을 살아야 합니다. 우리는 영생을 얻기 위해서 사마리아인처럼 사는 것이 아닙니다. 우리는 이미 영생을 얻은 자로서 고통당하는 이웃을 보고 피하여 지나가서는 안 됩니다.

우리 모두 사마리아 사람이 한번 되어 봅시다. 하나님의 자녀는 영원한 생명을 얻은 자들입니다. 하나님의 자녀는 하나님의 사랑과 자비를 베푸는 자로 부름을 받았습니다. 우리 모두 자비의 삶을 살아야 합니다.

사랑하는 성도 여러분!

여러분은 어떠한 삶을 살고 있습니까? 내 이웃의 고통을 보고 피하여 지나가는 제사장과 레위인의 삶을 살고 있습니까? 아니면 내 이웃의 고통을 함께 나누는 사마리아인의 삶을 살고 있습니까? 우리는 내 이웃의 고통을 피하여 사는 삶에 너무나 익숙해 있습니다.

"내가 왜 내 이웃의 삶에 관심을 가져? 나 살기도 힘이 드는데. 나는 그럴 여력이 전혀 없는 사람이야! 이만하면 나도 모범 시민이요, 모범 교인이 아닌가?"

이렇게 자찬하면서 살고 있지는 않습니까? 주님께서는 율법교사에게 네 이웃을 네 자신처럼 사랑하라고 말씀하시면서 바로 이것이 영생을 얻는 비결이라고 말씀하십니다.

하지만 우리는 예수님을 믿음으로 영생을 얻은 자들입니다. 다시 말하지만, 우리는 영생을 얻기 위해 이웃을 내 몸처럼 사랑하는 것이 아닙니다. 영생을 얻은 자로서 내 이웃을 사랑해야 합니다.

이제 영생을 얻은 하나님의 자녀로서 내가 할 수 있는 범위 내에서 내 이웃에게 자비를 베푸는 삶을 한번 살아봅시다. 우리는 매사에 신중하고 경건하며 자비를 베푸는 삶을 살아야 합니다.성도는 하나님의 자녀요, 하늘나라의 시민권을 가지고 이 땅을 사는 사람들입니다.

우리는 이 나라의 법을 지키면서 하늘나라의 법도 지키며 살아야 하는 하늘나라의 백성입니다.

우리가 이웃의 고통을 함께 나누면 내 고통이 줄어들고, 이웃의 기쁨을 함께 나누면 이웃의 기쁨이 배가 되어 나에게 돌아옵니다. 이러한 삶이 자비를 베푸는 하나님 자녀의 삶입니다. 우리 모두 자비를 베푸는 삶을 통해 하나님의 풍성한 축복을 누리는 주인공이 되시기를 바랍니다.

24. 임마누엘 하나님

[마 1:23-25] 보라 처녀가 잉태하여 아들을 낳을 것이요 그의 이름은 임마누엘이라 하리라 하셨으니 이를 번역한즉 하나님이 우리와 함께 계시다 함이라 요셉이 잠에서 깨어 일어나 주의 사자의 분부대로 행하여 그의 아내를 데려왔으나 아들을 낳기까지 동침하지 아니하더니 낳으매 이름을 예수라 하니라

천향인은 아름다운 집에서 '신중', '경건', '분별', '자선'이라는 여인들과 대화를 나눴습니다. 하룻밤을 아름다운 집에서 묵게 된 천향인은 매우 감사하며 행복했습니다. 바로 그때 저녁 식사가 준비되었다는 연락이 왔습니다.

"이렇게 성대한 만찬에 초대해 주시니 너무 감사합니다."

그러자 식사를 준비한 분들은 이렇게 말을 했습니다.

"저희에게 감사할 필요가 없습니다. 이 모든 것을 그분께서 천국으로 향하는 여행자들을 위하여 준비해 주신 것입니다."

저녁 식사를 마친 후 2층 '평화의 방'에서 천향인은 잠자리에 들었습니다. 다음 날 아침, 천향인이 떠나려 하자, 아직 보여 줄 것이 있다면서 그를 붙잡았습니다.

"내일 날씨가 맑으면 '산골 마을'을 보여 드릴게요."

천향인은 산골 마을을 보기 위해 하루 더 묵기로 했습니다.

이튿날 아침, 여인들은 천향인을 산꼭대기로 데리고 갔습니다.

"저기 남쪽을 보십시오."

남쪽을 바라보니 아름다운 산골 마을이 보였습니다. 울창한 나무와 포도원, 꽃과 샘, 분수들이 함께 어우러져 있는 모습이 참으로 절경이었습니다.

"저 마을의 이름은 무엇입니까?"

"임마누엘의 땅입니다. 저 마을도 여기와 같이 천국으로 가는 여행자들이 쉬어 가도록 만들어진 곳입니다. 그곳에 가면 천국 문도 보이고 많은 사람을 만날 수 있을 것입니다."

"알려주서서 감사합니다. 그곳에 꼭 들려보고 싶군요."

천향인을 그렇게 말하고 그곳을 떠나려고 했습니다. 그런데 여인들은 또다시 천향인을 붙잡으며 이렇게 말했습니다.

"앞으로는 지금까지 겪었던 위험보다 더 큰 위험이 도사리고 있을 겁니다. 당신은 그 위험에 싸울 무기가 필요해요."

여인들은 무기 창고에 천향인을 데리고 가서 투구와 방패와 창으로 단단하게 무장시켜 주었습니다. 앞으로 길을 가면서 만나게 될 온갖 위험을 대비하기 위해서였습니다. 그런데 갑옷은 오직 앞쪽만 막게 되어 있었습니다. 그 이유가 궁금했지만, 천향인은 묻지 않았습니다. 무기 창고에서 나온 천향인은 여인들과 함께 문지기가 있는 곳까지 나왔습니다. 천향인은 문지기에게 작별 인사를 하고 다시 길을 나섰습니다.

어느 덧 12월, 올해도 벌써 얼마 남지 않았습니다. 지난 한 해 동안 너무 많은 사람들이 힘들고 어려운 가운데 있었습니다. 물가가 안정되지 않고 급속하게 상승함으로 인해 말할 수 없는 고통을 겪고 있습니다. 더구나 대출을 받은 사람들은 금리 인상으로 받는 월급 대부분이 이자로 빠져나간다는 소식을 들을 때, 하루하루의 삶이 얼마나 힘들까 하는 안타까움이 있습니다.

기업에서 구조조정이 들어가고 은행도 명예퇴직을 받고 있다는 뉴스를 보았습니다. 이런 상황에서 젊은이들의 취업 문은 얼마나 좁아졌는지 모릅니다. 대기업까지 신규 채용을 많이 줄이고 있습니다. 이처럼 우리 삶의 현실이 참으로 막막할 때가 많습니다.

이렇게 어려운 때 나의 문제를 해결해 줄 수 있는 분이 내 곁에 계시면 얼마나 좋을까요? 내 인생의 모든 문제를 해결할 수 있는 분이 앞길을 인도해 주면, 우리는 이 세상을 쉽고 편안하게 살 수 있을 것입니다.

오늘 우리가 당면하는 어려움은 나만의 어려움이 아니라, 이 땅을 살아가는 모든 사람이 함께 당하는 어려움이요 고통입니다.

이러한 때에 우리에게 들려진 기쁜 소식이 있습니다. 하나님께서 우리를 구원하시려고 이 땅에 임마누엘로 오셨다는 놀라운 소식입니다. 성탄은 우리가 바라는 모든 소망이요, 희망이요, 꿈입니다.

젊은 선교사가 힌두교의 본산인 지역에 파송되어 복음을 전하게 되었습니다. 그곳에서 힌두교의 승려 한 사람을 알게 되었는데 서로 가까이 지나면서 많은 대화를 나누곤 했습니다. 어느 날 승려와 함께 길을 걷다가 선교사가 개미굴을 밟아서 많은 개미가 죽게 되었습니다. 영혼 불멸과 윤회 사상에 물들어 있는 승려는 어쩔 줄 몰라 하면서 말했습니다.

"아니 어쩌다가 이렇게 많은 생명을 죽였소?"

상황이 이렇게 되자 선교사는 난처해하며 승려에게 해결책을 물었습니다.

"내가 고의로 이렇게 한 것은 아니지만, 이제 어떻게 하면 좋겠소?"

그 승려는 한참 개미굴을 바라보다가 입을 열었습니다.

"한 가지 방법이 있는데 당신이 죽은 다음에 개미가 되는 것입니다."

맞는 말입니다. 내가 개미가 되어야 개미에게 가서 미안하다고 말할 수 있겠지요?

하나님께서는 우리 인간을 너무 사랑하셔서 사람으로 이 땅에 오셨습니다. 그분이 예수님이십니다. 예수님께서 골고다 언덕에서 나를 대신하여 모진 매를 맞으시고, 나를 대신하여 십자가에 못 박혀 돌아가신 것도 나를 위한 하나님의 사랑 때문입니다. 예수님께서 3일 만에 다시 살아나신 이유도 나를 위한 하나님의 사랑 때문입니다.

[요 3:16-19] 하나님이 세상을 이처럼 사랑하사 독생자를 주셨으니 이는 그를 믿는 자마다 멸망하지 않고 영생을 얻게 하려 하심이라 하나님이 그 아들을 세상에 보내신 것은 세상을 심판하려 하심이 아니요 그로 말미암아 세상이 구원을 받게 하려 하심이라 그를 믿는 자는 심판을 받지 아니하는 것이요 믿지 아니하는 자는 하나님의 독생자의 이름을 믿지 아니하므로 벌써 심판을 받은 것이니라

하나님의 사랑이 우리를 살리셨습니다. 우리는 3개의 동사를 주목해야 합니다.

"사랑하사!", "주셨으니!", "영생을 얻게 하려 하심이라."

하나님께서는 우리 인간을 너무너무 사랑하셔서 사람의 몸을 입고 이 땅에 오셨습니다. 그분이 바로 예수님이십니다. 성탄절은 하나님께서 인간의 모습으로 이 땅에 오신 날을 기념하는 절기입니다. 하나님께서 임마누엘로 이 땅에 오셨습니다. 예수님은 나를 구원하려고 오신 임마누엘 하나님이십니다.

구원은 위험이나 어려움에 빠진 사람을 구해 준다는 뜻입니다. 인류를 죄악과 고통과 죽음에서 건져내는 일을 구원이라고 말합니다. 우리가 이 세상을 살면서 가장 긴급한 것이 있다면 구원입니다. 사람들은 이 세상을 살면서 당하는 위험이나 어려움은 중요하게 생각해도 영혼이 구원받는 일에는 너무 등한히 여깁니다. 그러나 영혼이 구원받는 일이 그 어떤 것보다도 소중하고 귀한 것입니다.

사람들이 가장 두려워하는 것이 있다면 죽음일 것입니다. 모든 사람이 죽는다는 것은 진리입니다. 누구도 죽음을 부정할 사람이 없습니다. 사람들은 죽음은 피할 수도 없고 어쩔 수 없는 일이라고 생각합니다. 그러나 이 죽음은 죄로 인하여 우리 인간에게 찾아온 저주의 산물입니다. 예수님께서 이 땅에 오신 이유는 우리를 죽음에서 영생으로 바꾸어 주기 위하여 이 땅에 임마누엘로 오셨습니다.

[롬 6:23] 죄의 삯은 사망이요 하나님의 은사는 그리스도 예수 우리 주 안에 있는 영생이니라

죄 아래서 살아가는 우리 인간은 반드시 죽게 되지만, 예수님께서 십자가

에서 우리 죗값을 치르셨습니다. 그러므로 우리는 다시 살아나는 영생의 복을 받았습니다. 예수를 믿는 저와 여러분이 이제 영원히 사는 복을 받았습니다. 그래서 성경은 성도의 죽음을 '자는 것'이라고 말했습니다.

예수님은 우리를 죽음에서 살려주시기 위하여 이 땅에 오셨습니다. 그래서 예수님이 우리의 구세주이십니다. 이제 우리는 영원한 생명을 가지고 이 세상을 살아가는 하나님의 자녀입니다.

"사망아! 너의 승리가 어디 있느냐? 나는 예수님의 생명으로 부활한 거듭난 하나님의 자녀다!"

이렇게 당당하게 선포하며 살아가는 여러분이 되시기를 바랍니다.

예수님은 우리를 위기에서 건져주신 임마누엘 하나님이십니다. 오늘 우리의 삶은 정말 만만하지 않습니다. 언제 어떤 일이 일어날지 아무도 모릅니다. 여러분, 우리가 이 세상을 살면서 믿고 의지할 만한 것이 있나요? 어떤 사람은 말합니다. 믿을 사람 아무도 없다고, 믿을 사람은 나 자신밖에 없다고 사람들은 말합니다.

저는 다시 묻습니다. 여러분 자신은 믿을 만합니까? 사실 나 자신도 믿을 수 없습니다. 내 결심이 조석으로 바뀌는데 어떻게 나를 믿을 수가 있습니까? 내 마음도 내가 다스리며 관리할 수 없는 것이 우리의 현실입니다.

그런데 우리에게는 믿을 수 있는 분이 계십니다. 바로 그분은 전능하신 하나님이십니다. 전능하신 하나님께서 나를 구원하려 이 세상에 인간의 몸으로 오셨습니다. 바로 그분이 임마누엘 되신 예수 그리스도이십니다. 임마누엘 하나님께서 우리와 함께 계시기 위하여 이 땅에 오셨습니다.

나는 내일 일을 알지 못하지만, 그분은 나의 미래를 다 알고 계십니다. 내가 할 수 있는 일은 너무 적지만, 그분은 나의 모든 문제를 해결할 수 있는 전능하신 하나님이십니다. 나는 늙고 병들고 죽을 수밖에 없는 존재이지만, 그분은 사망을 정복하고 영원한 생명을 나에게 주신 하나님이십니다. 나는 죄로 인하여 저주 가운데 살 수밖에 없었지만, 그분은 나를 축복의 주인공이 되게 하셨습니다. 바로 그분이 예수 그리스도이십니다.

예수님은 우리와 함께하셔서 모든 위기에서 건져주십니다.

예수님은 우리와 함께하셔서 막혀있는 길을 열어주십니다.

예수님은 우리와 함께하셔서 영생의 복을 누리게 하십니다.

예수님은 우리의 길이 되시고 진리가 되시고 생명이 되십니다.

예수님은 우리를 위기에서 건져주신 임마누엘 하나님으로 이 땅에 오셨습니다.

예수님의 이름 안에는 너무나 신비한 비밀들이 숨어 있습니다. 그 이름 속에 숨겨진 놀라운 축복이 들어 있습니다.

[마 1:21] 아들을 낳으리니 이름을 예수라 하라 이는 그가 자기 백성을 그들의 죄에서 구원할 자이심이라 하니라

우리가 신앙생활을 하면서 예수님 이름의 비밀을 바로 알면, 여러분은 기적을 일으키는 주인공이 됩니다. 예수님께서 부활하신 이후 예수님의 이름 앞에 사람들은 벌벌 떨었습니다.

[행 4:17-19] 이것이 민간에 더 퍼지지 못하게 그들을 위협하여 이후에는 이 이름으로 아무에게도 말하지 말게 하자 하고 그들을 불러 경고하여 도무지 예수의 이름으로 말하지도 말고 가르치지도 말라 하니 베드로와 요

한이 대답하여 이르되 하나님 앞에서 너희의 말을 듣는 것이 하나님의 말
씀을 듣는 것보다 옳은가 판단하라

제자들이 예수의 이름으로 말할 때, 나면서부터 한 번도 걸어 본 적이 없는 앉은뱅이가 일어나 걷기도 하고 뛰기도 하며 하나님을 찬양합니다.

예수님의 이름으로 명령하면 불치의 병이 치유되고 새로운 삶을 살게 됩니다.

예수님의 이름으로 기도하면 기도가 응답이 됩니다.

예수님의 이름으로 명령하면 저주가 물러가고 축복의 주인공이 됩니다.

예수님의 이름으로 선포하면 환경이 바뀌고, 예수님의 이름을 믿으면 죄 사함을 받고 구원을 얻는 놀라운 일이 일어납니다.

예수님의 이름의 권세는 참으로 놀랍습니다. 그 이름 속에는 우리의 상상 을 초월하는 놀라운 기적이 숨겨져 있습니다. 예수님의 이름을 바로 활용하 여 축복의 주인공이 되시기를 바랍니다.

사랑하는 성도 여러분!

여러분은 임마누엘의 하나님을 믿고 있습니까? 하나님께서는 저 멀리 계 시는 분이 아니고 지금 우리와 함께 계십니다.

하나님께서는 영으로 저와 여러분의 마음속에 들어와 계십니다.

임마누엘 하나님께서 우리와 함께 계시니 이제 불안해하지 마십시오. 이제 걱정과 염려를 붙잡아 매십시오. 내 인생의 모든 문제를 해결하시는 전능하 신 하나님께서 나와 함께 계시는데 우리는 불안해할 이유가 없고 걱정할 이 유도 없습니다.

우리는 성탄을 기다리면서 임마누엘 되신 하나님을 내 인생의 주인으로 인

정합시다. 우리가 임마누엘 되신 하나님의 뜻을 따라 믿음으로 살아가면, 하나님께서 책임을 지시고 가장 선하고 복된 길로 우리를 인도하십니다.

우리 모두 그분의 말씀을 순종하며 믿음으로 한번 살아봅시다. 그러면 저와 여러분의 인생과 운명이 달라집니다. 우리가 예수님을 믿고 바로 살면, 걱정할 일이 없어지고 염려할 일이 없어집니다. 임마누엘 되신 하나님께서 우리를 가장 안전하고 평탄한 길로 인도하십니다. 이 놀라운 은혜와 축복이 여러분과 함께하기를 주 예수 그리스도 이름으로 축원합니다.

25. 하나님의 전신 갑주

마귀를 대적하는 천향인

[엡 6:10-18] 끝으로 너희가 주 안에서와 그 힘의 능력으로 강건하여지고 마귀의 간계를 능히 대적하기 위하여 하나님의 전신 갑주를 입으라 우리의 씨름은 혈과 육을 상대하는 것이 아니요 통치자들과 권세들과 이 어둠의 세상 주관자들과 하늘에 있는 악의 영들을 상대함이라 그러므로 하나님의 전신 갑주를 취하라 이는 악한 날에 너희가 능히 대적하고 모든 일을 행한 후에 서기 위함이라 그런즉 서서 진리로 너희 허리띠를 띠고 의의 호심경을 붙이고 평안의 복음이 준비한 것으로 신을 신고 모든 것 위에 믿음의 방패를 가지고 이로써 능히 악한 자의 모든 불화살을 소멸하고 구원의 투구와 성령의 검 곧 하나님의 말씀을 가지라 모든 기도와 간구를 하되 항상 성령 안에서 기도하고 이를 위하여 깨어 구하기를 항상 힘쓰며

여러 성도를 위하여 구하라

임마누엘 땅을 방문한 천향인은 천국을 향하여 발걸음을 옮겼습니다. 여인들을 통하여 완전히 무장한 천향인은 마음도 몸도 든든했습니다. 천향인은 천국 여정인 겸손의 골짜기로 가는데 그 길은 굉장히 가파른 길이었습니다. 천향인이 겸손의 골짜기에 이르게 되었을 때 시커먼 그림자가 나타났습니다. 그것은 잔혹하기로 소문난 '아볼론'의 그림자였습니다.

아볼론은 용의 날개와 곰의 팔을 가지고 있었고 배에서는 시뻘건 불길과 연기를 뿜어내고 있었습니다. 그의 입은 사자의 입 같고 몸은 비늘로 덮혀 있었습니다. 천향인은 아볼론을 보았을 때 상상을 초월하는 두려움을 느꼈습니다.

"이놈은 내가 상대할 대상이 아니야. 도망을 가야 해."

그렇게 생각하는 순간, 문득 자기가 입고 있는 갑옷을 생각했습니다.

"아, 아니야! 나의 갑옷은 앞에만 무장이 되어 있잖아. 뒤로 도망가면 아볼론의 화살에 맞아 죽을 거야! 그래, 내가 아볼론과 맞서 싸워서 이겨야지."

천향인은 마음을 굳게 먹고 아볼론에게 소리쳤습니다.

"이리 나오너라. 나와 한판 붙어보자!"

아볼론은 피식 웃으면서 이렇게 물었습니다.

"너는 어디서 와서 어디로 가는 놈이냐?"

"나는 멸망의 도시, 장망성을 떠나 천국으로 가는 중이다. 내가 멸망의 도시에 살 때는 너에게 구속당하고 살았지. 나는 이제 세상에 속한 자가 아니라 하늘나라에 속한 백성이 되었다."

아불론이 대꾸하며 천향인을 유혹했습니다.

"아니, 네가 천국에 간다고? 너 같은 자들이 수없이 나에게로 돌아왔다. 너도 돌아오면 네가 원하는 것 다 이루어 줄 것이다."

천향인은 막상 큰소리를 쳤지만, 다리가 벌벌 떨렸습니다. 천향인은 자기 모습을 숨기기 위하여 칼을 빼 들고 소리쳤습니다.

"이리 나와서 한번 싸워보자."

그때 아불론은 수십 개의 창을 던졌습니다. 천향인은 믿음의 방패로 아불론이 던진 창을 다 막아냈습니다. 그러나 천향인은 너무 힘이 들어서 쓰러졌습니다. 그러자 아불론은 천향인을 올라타서 목을 졸랐습니다. 그때 천향인은 옆에 떨어져 있던 칼을 잡고, 있는 힘을 다해 아불론의 옆구리를 찔렀습니다. 그러자 아불론은 뒤로 나자빠지면서 용의 날개를 펴고 날아가 버렸습니다.

천양인의 몸은 상처가 나서 피가 흐르고 있었습니다. 그런데 천사가 와서 나뭇잎을 붙이니 흐르던 피가 멈추고 상처가 즉시 깨끗하게 치유되었습니다. 천향인은 여인들이 주었던 빵을 먹고 음료수를 마시고 다시 새 힘을 얻었습니다.

오늘, 이 시대에 세상을 누가 다스리는지 아십니까? 악한 마귀 아불론이 사람들의 마음을 유혹하여 그들을 다스리고 있습니다. 이 땅을 살면서 마귀의 유혹에서 자유로운 사람은 아무도 없습니다. 하나님께서 우리를 지켜주어야 합니다. 하나님께서 우리를 지켜주시지 않으면, 언제 어디서 어떻게 아불론에게 당할지 모릅니다.

주님께서 말씀하십니다.

"너희가 이 세상에서 승리하는 삶을 살기 위해서는 하나님의 갑주를 입어야 한다."

마귀의 유혹과 계략은 너무나 치밀해서 우리의 능력으로는 절대로 아불론을 이길 수가 없습니다.

지금으로부터 5년 전의 일입니다. 낯선 전화가 왔습니다.

"조현욱이 아버지가 맞습니까?"

"맞습니다."

그랬더니, 자기는 사채업자인데 현욱이가 5,000만 원을 빌려 갔다는 것입니다. 그런데 지금 이자까지 7,800만 원을 갚지 않고 도망 다니는 것을 잡아 왔다고 하며 전화를 받으라고 했습니다.

"아빠, 죄송해요. 내가 급해서 돈을 빌리고 갚지 않았어요."

아들 목소리가 분명했습니다. 다시 전화를 바꿔서 사채업자가 말했습니다. 어떻게 하겠냐고 하면서 돈을 갚지 않으면, 중국의 인신 매매업자에게 팔아 넘기겠다는 것입니다.

여러분 같으면 어떻게 하겠습니까? 저는 먼저 4,000만 원을 갚겠다고 하며 어디서 만나자고 하고는 전화를 끊었습니다. 그리고는 즉시 아들한테 전화를 걸었지만, 전화를 받지 않았습니다. 그래서 큰 사위 서승권 집사에게 전화를 걸었습니다.

"아버님, 걱정하지 마세요. 보이스피싱입니다."

아들에게 전화해도 연결되지 않는다고 했더니, 걱정하지 마시고 조금 기다리라고 했습니다. 30분 이후에 아들한테 전화가 걸려 왔습니다.

여러분, 오늘, 우리는 이런 악한 시대에 살고 있습니다. 지난 한 해 동안 보이스피싱으로 사기당한 액수가 7조 원이 넘는다고 합니다. 거기에는 은행직원도 있고, 똑똑한 사람도 당했다고 합니다. 우리의 모든 정보가 다 노출이 되어 그 정보를 이용하여 사기를 치는데 누가 당하지 않겠습니까?

거짓말은 참으로 강력한 힘이 있습니다. 거짓말은 참말보다 더 큰 위력이 있습니다. 거짓말에는 마귀가 역사하기 때문에 강력한 힘이 있습니다. 이러한 시대에 저와 여러분은 아불론의 유혹에 빠지지 않고 승리하는 삶을 살기 위해서 하나님의 갑주를 입어야 합니다.

하나님의 전신 갑주란 갑옷과 투구와 칼로 무장하는 것을 말하는데, 그러면 우리는 어떤 무장을 해야 할까요? 우리는 진리로 무장을 해야 합니다. 이세상에는 진리가 없습니다. 그런데 저와 여러분은 엄청난 복을 받아 진리를 발견하고 진리를 소유하고 있습니다.

예수님이 진리입니다. 진리 되신 예수님께서 우리를 찾아오셨습니다. 진리되신 예수님께서 우리를 옳은 길로 인도하십니다. 우리는 예수님만 따라가면 승리하는 삶을 살 수 있습니다.

또한 하나님의 말씀이 진리입니다. 우리는 주일마다 진리의 말씀, 하나님의 말씀을 듣습니다. 우리는 진리 되신 예수님과 하나님 말씀을 우리의 삶에 적용하며 살면 복된 삶을 살 수 있습니다.

오늘 본문 말씀에 "진리로 너희의 허리띠를 띠라"고 말씀하십니다. 이 진리의 말씀을 여러분의 삶에 적용하며 살라는 것입니다.

다니엘은 진리로 허리띠를 띠고 세상을 살았습니다. 포로로 끌려온 자가 왕의 총애를 입어 높은 관직에 올라왔다는 것은 상상이 되지 않는 일입니다. 다니엘에게는 남다른 지혜가 있었습니다. 그는 그 누구도 상대할 수 없는 하나님의 지혜를 소유하고 있었습니다. 다니엘은 함께 경쟁할 상대가 없을 정도로 뛰어난 지혜를 소유했습니다. 그가 이러한 지혜를 소유한 것은 진리로 허리띠를 띠고 살았기 때문입니다.

하나님께서는 진리 되신 예수 그리스도의 의로 우리를 의롭게 하였습니다. 우리에게 진리 되신 하나님의 말씀으로 이 땅을 살게 하셨습니다. 진리로 무장하고 세상을 살면 경쟁을 초월한 위대한 삶을 살게 됩니다.

우리는 믿음의 방패로 무장을 해야 합니다. 믿음은 성도에게 주신 값진 선물입니다. 믿음이 우리 안에 들어오면 우리의 삶이 바뀌게 됩니다. 믿음이 우리 삶에서 실제가 될 때 저와 여러분의 삶에는 상상을 초월하는 기적의 역사가 일어납니다.

하나님께서는 믿음을 가진 사람을 통하여 일하십니다. 믿음이 없는 자들과는 하나님이 절대로 함께 일하시지 않습니다. 그러면 믿음이란 무엇입니까?

[히 11:1-2] 믿음은 바라는 것들의 실상이요 보이지 않는 것들의 증거니 선진들이 이로써 증거를 얻었느니라

믿음이란 오늘 저와 여러분이 바라는 모든 것을 이루는 능력입니다. 오늘 우리의 삶 속에서 믿음의 증거가 나타나야 합니다. 하나님께서는 믿는 자들을 통하여 새로운 역사를 창조하십니다. 믿음은 우리가 바라고 원하는 모든 것들이 실상이 되게 합니다.

믿음으로 아벨은 가인보다 더 나은 제사를 하나님께 드렸다고 말씀하십니다. 진정한 믿음이 있어야 우리의 예배가 하나님께 상달이 됩니다.

믿음으로 에녹은 죽음을 보지 않고 하늘나라로 옮겨졌습니다. 믿음의 사람은 삶과 죽음을 초월하는 삶을 살게 됩니다. 믿음은 죽음까지도 극복합니다.

노아는 믿음으로 방주를 준비하여 세상의 새로운 역사를 창조했습니다. 믿음의 사람은 언제나 새로운 역사를 창조해 냅니다.

믿음의 역사는 나라를 구하고, 의를 행하고, 약속을 받고, 불의 세력을 멸하

기도 합니다.

하나님께서는 우리를 위하여 좋은 것을 예비하시고 우리에게 믿음을 요구하십니다.

우리는 성령 안에서 깨어 기도해야 합니다. 여러분의 삶이 안정과 평화를 누리는 삶을 원하십니까? 성령 안에서 살면 불안한 마음이 사라지고, 염려와 근심, 걱정거리가 다 없어집니다. 성령님께서는 우리의 기도를 도우시고 들어주십니다. 성령님께서는 우리를 돌보시고 은혜를 부어 주십니다.

여러분이 위기를 당할 때 도와주시고 은혜를 베푸시는 분이 성령님이십니다. 우리가 상처를 입고 고통을 당할 때 우리를 위로하시고 새 힘을 주시는 분이 성령님이십니다. 성령님께서 우리를 도우십니다.

[롬 8:28] 우리가 알거니와 하나님을 사랑하는 자 곧 그의 뜻대로 부르심을 입은 자들에게는 모든 것이 합력하여 선을 이루느니라

성령님께서 우리를 도우시면 모든 것이 합력하여 선을 이룹니다. 성령님께서는 우리의 기도를 도우시는 분입니다. 성령 안에서 기도하면 기쁨이 넘치고, 능력을 공급받아 위대한 삶을 살게 됩니다.

기도는 하나님께서 우리에게 주시는 특권입니다. 믿음의 사람은 특권을 잘 활용하면서 이 세상을 살아갑니다. 하나님께서는 우리에게 예수님의 이름을 사용할 수 있는 특권을 주셨습니다. 위기를 당할 때마다, 어려움을 당할 때마다 그리스도 예수의 이름으로 명령하면 문제가 해결되는 놀라운 일이 일어납니다.

여러분이 예수님의 권세로 명령하면 여러분을 누르고 있는 모든 압박에서 벗어나 자유하는 삶을 살 수 있습니다. 이것이 하나님께 영광을 돌리는 성도

의 삶입니다.

사랑하는 성도 여러분!

여러분은 하나님의 전신 갑주로 무장이 되어 있습니까? 어떤 사람들은 하나님의 전신 갑주를 대수롭지 않게 생각합니다. 사람들은 세상의 것으로 무장하려 합니다. 세상 권력으로 무장을 하려 합니다. 모두 다 부질없는 것들입니다. 이런 사람들은 하나님이 없는 불신자와 다를 바 없습니다.

여러분이 믿는 것이 무엇입니까? 돈입니까? 권력입니까? 남편입니까? 자식입니까? 우리의 믿음은 오직 예수 그리스도밖에 없습니다.

오늘 우리는 하나님의 전신 갑주로 무장을 해야 합니다. 우리가 하나님의 전신 갑주로 무장을 하면, 세상에서 환란을 당하고 시련을 당하고 역경을 당해도 우리는 넉넉하게 이겨낼 수 있습니다.

여러분이 하나님의 전신 갑주로 무장하면, 치열한 경쟁사회에서 경쟁을 초월하는 위대한 삶을 살게 될 것입니다.

우리 모두 하나님의 전신 갑주로 무장하여 날마다 마귀를 대적하는 삶을 삽시다. 우리 모두 하나님의 전신 갑주로 무장하여 날마다 승리하는 삶을 삽시다. 할렐루야!

26. 사망의 음침한 골짜기

[시 23:1-6] 여호와는 나의 목자시니 내게 부족함이 없으리로다 그가 나를 푸른 풀밭에 누이시며 쉴 만한 물가로 인도하시는도다 내 영혼을 소생시키시고 자기 이름을 위하여 의의 길로 인도하시는도다 내가 사망의 음침한 골짜기로 다닐지라도 해를 두려워하지 않을 것은 주께서 나와 함께 하심이라 주의 지팡이와 막대기가 나를 안위하시나이다 주께서 내 원수의 목전에서 내게 상을 차려 주시고 기름을 내 머리에 부으셨으니 내 잔이 넘치나이다 내 평생에 선하심과 인자하심이 반드시 나를 따르리니 내가 여호와의 집에 영원히 살리로다

저녁이 되자 어두움이 몰려왔습니다. 마귀 '아볼론' 과의 치열한 전투

에서 승리한 천향인은 용기가 생겼습니다. 자신이 마귀와 싸워 이겼다는 사실이 믿어지지 않았습니다. 이제 무서운 것이 없을 것만 같았습니다.

그러나 그러한 마음도 잠시였습니다. 울퉁불퉁한 길을 걸어 끝에 이르자 또 다른 골짜기가 나타났습니다. 그 골짜기의 이름은 '사망의 음침한 골짜기'였습니다. 사망의 음침한 골짜기는 너무나 음산하여서 발을 내딛기가 무척 두려웠습니다. 하지만 천향인은 용기를 내어 발을 내딛었습니다.

그때 두 남자가 그를 향하여 돌아오는 것이 보였습니다. 천향인이 물었습니다.

"왜 돌아서 어디를 그렇게 급하게 가십니까?"

"우리는 사망의 골짜기 끝까지 가보았소. 조금만 더 갔다면 우리는 그곳에서 죽고 말았을 것이오."

"도대체 누굴 만나서 그렇게 무서워하는 겁니까?"

"거기는 상상을 초월하는 무서운 것이 다 있소. 마귀들이 우글거리고, 용들은 사납게 울부짖고, 쇠사슬에 묶인 사람들은 비명을 지르며 고통스러워하고 있었습니다."

그 소리를 듣는 천향인은 몸서리를 쳤습니다. 그러나 천향인은 발걸음을 돌리지 않았습니다. 천국으로 가는 길은 바로 이길 밖에 없었기 때문입니다.

천향인은 그들과 헤어지고 앞으로 계속 나아갔습니다. 그 길은 양쪽에 매우 깊고 위험한 구덩이가 있었습니다. 골짜기 왼쪽에는 깊은 수렁이 있었는데 만일 발을 헛딛거나 빠지면 살아나올 수가 없는 곳이었습니다.

천향인이 그의 마음에서 두려움을 몰아내면, 또다시 두려운 마음이 다시 자리를 잡았습니다. 천향인은 두 남자가 만난 비슷한 곳에 이르게 되었습니다. 그곳은 지옥 입구였습니다. 이글거리는 불길과 무시무시한 소음이 들려왔습니다. 이곳은 마귀 아볼론과는 비교할 수 없을 정도로 위협적이었습니다.

천향인은 칼을 집어넣고 '기도'라는 무기를 꺼냈습니다. 그리고 큰소리로 기도했습니다.

"여호와여! 구하오니 내 영혼을 건지소서."

천향인은 걸음을 멈추지 않고 기도하면서 앞으로 나갔습니다. 조금 지나니 한 무리의 마귀 떼가 천향인을 향해 달려오고 있었습니다. 천향인은 큰 소리로 외쳤습니다.

"나는 주 여호와의 능하신 행적을 믿고 걸어가리라."

천향인이 앞으로 나아가자, 마귀가 천향인에게 속삭였습니다.

"넌, 죽을 거야. 여기서 넌 죽고 말 거야!"

천향인은 마음을 되잡았습니다.

"나는 하나님의 권능으로 이 모든 것을 이길 수가 있어! 나는 하나님의 말씀으로 넉넉히 이겨 낼 거야!"

천향인은 믿음으로 이렇게 외쳤습니다.

"마귀야, 내게서 물러가라. 예수 그리스도 이름으로 명하노니 썩 물러가라."

그러자 마귀는 거짓말처럼 사라져 버렸습니다. 어둠이 물러가고 날이 밝았습니다.

천향인은 이 모든 것이 하나님의 은혜라고 생각을 했습니다.

우리가 이 땅에서 한평생을 사는 동안 사망의 골짜기를 만날 때가 있습니다. 내 힘과 내 능력으로 해결할 수 없는 환경을 만날 때를 가리켜 '사망의 음침한 골짜기'라고 저는 생각합니다.

여러분은 이러한 사망의 골짜기를 어떻게 통과하십니까? 내 주위를 돌아보고 살펴봐도 나를 도와줄 사람이 아무도 없고, 내 능력으로 해결할 수 없는 문제를 만나면 여러분은 어떻게 이 문제를 해결하십니까?

여러분, 두려워하지 마십시오. 겁내지 마십시오. 나를 도와주실 전능하신 하나님께서 나와 함께 하십니다.

하나님께서 나와 함께 하신다는 믿음은 모든 시련을 넉넉히 이기게 했습니다. 아무리 위험하고 어려운 일을 만나도 전능하신 하나님께 기도하면, 길이 열리게 되고 문제가 해결되었습니다. 우리는 사망의 음침한 골짜기에서도 내가 당할 어려움을 두려워하지 않는 것은 전능하신 하나님께서 함께 계시기 때문입니다. 하나님과 동행하면 사망의 음침한 골짜기도 두렵지 않습니다.

하나님께서는 항상 우리의 목자가 되십니다. 목자는 양들의 모든 형편과 사정을 다 알고 양들을 인도합니다. 예수님께서는 선한 목자가 되어 우리를 인도하십니다. 선한 목자는 양을 위하여 생명을 아끼지 않고 내어줍니다. 선한 목자가 되시는 예수님께서는 우리의 죄를 대속하기 위하여 십자가에서 희생의 제물이 되었습니다.

[요 10:14-15] 나는 선한 목자라 나는 내 양을 알고 양도 나를 아는 것이 아버지께서 나를 아시고 내가 아버지를 아는 것 같으니 나는 양을 위하여 목숨을 버리노라

선한 목자 되시는 주님은 우리의 형편과 사정을 너무나 잘 알고 계십니다. 예수님께서 나의 목자가 되시면 우리는 부족함이 없는 삶을 살게 됩니다. 여

러분의 삶에서 부족함과 모자람의 궁핍한 삶이 찾아올 때 여러분은 믿음으로 이렇게 선포하십시오,

"여호와는 나의 목자이시니 내게 부족함이 없으리로다."

"하나님께서 나의 목자가 되시니 나는 부족함이 없는 삶을 살아가리라."

할렐루야!

그렇습니다. 이 믿음의 고백은 우리의 삶에 부족함이 없도록 하십니다. 하나님께서 나의 목자가 되시면, 우리는 평안한 삶과 안정된 삶을 살게 됩니다.

> [시 23:2] 그가 나를 푸른 풀밭에 누이시며 쉴 만한 물가로 인도하시는도다

하나님께서 나의 목자가 되시면, 염려와 걱정이 사라지고 안정과 평안한 삶을 살게 됩니다.

목자는 아침에 양을 풀밭으로 인도하여 배부르게 먹이고 난 이후, 물가로 데리고 가서 물을 먹이고 그늘로 데리고 가서 쉬게 합니다. 그리고 양들이 배가 꺼지면 다시 풀밭으로 데리고 가서 배부르게 풀을 먹게 하고, 저녁이 되면 우리로 데리고 와서 밤에 잠을 자게 합니다. 이것이 목자가 매일 행하는 일상입니다.

하나님께서는 목자가 양을 돌보는 것처럼 우리를 돌보시고 우리를 지켜주십니다. 하나님께서는 우리의 부족한 부분들을 언제나 넉넉하게 채워주십니다.

"여호와는 나의 목자가 되시니 내게 부족함이 없으리로다."

이 믿음의 고백이 우리 모두의 일상이 되시기를 바랍니다.

하나님께서는 내 영혼을 회복시키시고 의의 길로 인도하십니다. 하나님의

관심은 성도들의 영혼에 있습니다. 목자 되시는 주님께서 우리의 영혼을 소생시켜서 올바른 길로 우리를 인도해 주십니다.

예수 그리스도의 보혈은 우리를 죄의 사슬에서 벗어나 영혼을 소생시키고 참된 평화를 누리는 은혜의 삶을 살게 합니다.

보혈의 능력은 우리의 삶을 새롭게 하고 거듭나게 하여 새로운 인생의 삶을 살게 합니다.

[시 23:3] 내 영혼을 소생시키시고 자기 이름을 위하여 의의 길로 인도하시는도다

예수 그리스도 보혈의 능력은 우리의 영혼을 소생시키고 우리를 의의 길로 인도하십니다. 하나님께서 인도하시는 의의 길은 하나님의 뜻에 합당한 삶을 말하며, 영생의 길, 생명의 길을 말합니다. 우리는 의의 길을 걸어가야 합니다. 의의 길은 진리의 길, 믿음의 길을 말하며 하나님께서 인정하시는 올바른 길을 말합니다.

오늘 우리가 예수님께서 인정하시는 의의 길을 갈 때, 우리 상상을 초월하는 놀라운 일이 일어나게 합니다. 하나님께서는 우리를 의의 길로 인도하십니다. 할렐루야!

삭개오는 세리장이요 부자였습니다. 그는 세리장으로 권력을 가졌고 부를 가졌지만, 행복하지는 않았습니다. 그를 가까이하는 사람이 주위에 없었고, '로마 앞잡이'라는 칭호와 함께 그는 고독하고 외로운 삶을 살았습니다. 그런 그가 예수님을 찾아갔고 예수님께서는 그를 받아주셨습니다. 돌무화과나무 위에 올라가 예수님을 바라보던 그에게 예수님께서 놀라운 말씀을 하십니다.

"삭개오야, 속히 내려오라, 내가 오늘 네 집에 있어야 하겠다."

삭개오는 돌무화과나무에서 내려와 예수님을 자기 집에 영접했습니다. 영접했다는 것은 예수님을 그의 마음에 받아들여 예수님과 하나가 되었다는 것입니다. 예수님과 하룻밤을 함께 지낸 삭개오의 인생이 완전히 바뀌었습니다.

[눅 19:8-9] 삭개오가 서서 주께 여짜오되 주여 보시옵소서 내 소유의 절반을 가난한 자들에게 주겠사오며 만일 누구의 것을 속여 빼앗은 일이 있으면 네 갑절이나 갚겠나이다 예수께서 이르시되 오늘 구원이 이 집에 이르렀으니 이 사람도 아브라함의 자손임이로다

예수님께서 삭개오를 의의 길로 인도하셨습니다.

그의 삶이 바뀌어 남의 것을 착취하는 삶에서 베푸는 삶으로 바뀌었습니다.

그의 부정한 삶이 정직한 삶으로 바뀌었습니다.

그는 하나님의 백성으로 새로운 삶의 출발을 하게 되었습니다.

바로 이것이 예수님께서 인도하는 의의 길입니다.

하나님께서는 내 잔이 넘치는 은혜를 베푸십니다. 하나님께서는 그분의 자녀들로 하여금 잔이 넘치는 복을 받게 하십니다. 잔이 넘치는 삶이란 하나님의 복이 넘치는 삶을 말하는데, 진정한 하나님의 축복은 내가 가진 것을 베풀 때 잔이 넘치는 축복이 옵니다.

주님은 말씀하십니다. 대접받는 사람보다 대접하는 사람이 더 복 되도다고 말씀하십니다. 우리가 가진 그 어떤 것을 나누고자 할 때 잔이 넘치는 축복의 삶을 살게 되는 것입니다.

[시 23:4] 주께서 내 원수의 목전에서 내게 상을 차려 주시고 기름을 내 머리에 부으셨으니 내 잔이 넘치나이다

세상을 살면서 나를 대적하며 경쟁하는 사람이 얼마나 많습니까?

하나님께서 내게 상을 차려 주시고 기름으로 내 머리에 부으셨다는 말씀은, 하나님께서 내 대적들을 모두 물리치시고 형통한 삶을 살게 하셨다는 고백입니다.

하나님께서 우리에게 기름을 부으시면 나를 당해낼 사람이 아무도 없습니다. 기름 부음이란 하나님의 능력이 내게 임하는 것을 말합니다. 하나님의 능력이 내가 임재하면 그 누구도 나를 당해낼 사람이 없습니다.

하나님께서는 우리를 가장 선하게 인도하십니다. 우리는 하나님께서 가장 선한 길로 인도하신다는 믿음을 가지고 사는 것이 매우 중요합니다. 하나님께서는 우리를 선한 길로 인도하시고 놀라운 축복으로 채워주십니다.

"내 잔이 넘치나이다."

이 놀라운 은혜와 축복이 여러분의 삶이 되시기를 바랍니다.

사랑하는 성도 여러분!

저와 여러분은 지금 어떠한 삶을 살고 있습니까? 사망의 음침한 골짜기에서 허덕이며, 몸부림치며 하루하루를 살아가는 분은 없습니까?

이 시대에 사망의 음침한 골짜기에서 몸부림치며 살아가는 사람이 한두 사람이 아닙니다. 사람들 대부분이 사망의 음침한 골짜기에서 하루하루를 살아가고 있습니다.

그러나 우리는 겁을 내거나 두려워할 이유가 아무것도 없습니다. 예수님께

서 나의 목자가 되시기 때문에 우리는 주님의 손을 잡을 때 사망의 음침한 골짜기를 무사히 통과하게 될 것입니다.

나의 목자가 되시는 예수님께서는 내게 필요한 모든 것을 때마다 채워주십니다. 날마다 일용할 양식을 공급해주시고, 내 삶 속에서 부족한 모든 것을 채워주십니다. 나의 목자가 되시는 주님께서 우리 가정을 평안한 길로 인도해주십니다.

이 시대에 위기를 겪는 가정이 얼마나 많습니까? 가정의 위기는 신뢰와 사랑의 결핍 때문입니다. 특히 서로의 신뢰가 무너지면, 사랑이 식고 가정은 위기가 찾아옵니다.

우리는 사망의 골짜기가 두렵지 않습니다. 왜냐하면 그곳에도 주님께서 나와 함께 계시기 때문입니다. 우리 모두 주님의 손을 붙잡고 사망의 음침한 골짜기를 통과합시다. 날마다 주님과 동행하므로 하나님의 풍성한 축복을 받는 은혜가 임하기를 축원합니다.

27. 믿음과 동행하는 삶

[히 11:33-40] 그들은 믿음으로 나라들을 이기기도 하며 의를 행하기도 하며 약속을 받기도 하며 사자들의 입을 막기도 하며 불의 세력을 멸하기도 하며 칼날을 피하기도 하며 연약한 가운데서 강하게 되기도 하며 전쟁에 용감하게 되어 이방 사람들의 진을 물리치기도 하며 여자들은 자기의 죽은 자들을 부활로 받아들이기도 하며 또 어떤 이들은 더 좋은 부활을 얻고자 하여 심한 고문을 받되 구차히 풀려나기를 원하지 아니하였으며 또 어떤 이들은 조롱과 채찍질뿐 아니라 결박과 옥에 갇히는 시련도 받았으며 돌로 치는 것과 톱으로 켜는 것과 시험과 칼로 죽임을 당하고 양과 염소의 가죽을 입고 유리하여 궁핍과 환난과 학대를 받았으니(이런 사람은 세상이 감당하지 못하느니라) 그들이 광야와 산과 동굴과 토굴에 유리

하였느니라 이 사람들은 다 믿음으로 말미암아 증거를 받았으나 약속된
것을 받지 못하였으니 이는 하나님이 우리를 위하여 더 좋은 것을 예비하
셨은즉 우리가 아니면 그들로 온전함을 이루지 못하게 하려 하심이라

이슬 맺힌 풀잎 위로 영롱한 빛이 반짝이고 있었습니다. 천향인은 하나
님께서 지으신 세상이 아름답기만 했습니다. 계속해서 길을 가던 천향인은
한 언덕 위에 이르게 되었습니다. 언덕 위에서 아래를 내려다보니 저 앞에
누군가 걸어가고 있었습니다. 그 사람은 바로 굳센 '믿음'이었습니다.

"이보시오. 같이 갑시다."

천양인은 기쁜 마음으로 외쳤습니다. 그러나 굳센 믿음은 걸음을 멈추
지 않고 큰 소리로 이렇게 대답했습니다.

"저는 멈출 수 없습니다. 나에게 복수를 하려는 사람이 내 뒤에 따라오
고 있습니다."

천향인은 있는 힘을 다하여 뛰었습니다. 마침내 굳센 믿음을 앞질렀습
니다.

"잠깐 기다려 주면 어때요."

그러다 천향인은 발을 헛딛어 넘어지고 말았습니다. 굳센 믿음은 천향
인에게 손을 내밀었습니다.

"자, 내 손을 잡으시오. 나를 아시나요?"

"예, 알고 있습니다. 형제님이 멸망의 도시, 장망성을 떠나는 것을 보았
습니다. 나도 함께 떠나려고 길을 나서니 형제님은 이미 떠나고 보이지
않더군요. 이제라도 길동무를 함께 할 수 있어서 정말 기쁩니다. 처음 길
을 떠날 때 '갈팡질팡' 씨가 나와 함께했습니다. 그를 아시나요?"

갈팡질팡의 이야기가 나오자, 굳센 믿음의 얼굴이 어두워졌습니다. 굳

센 믿음은 말을 잠시 멈추었다 다시 말을 이었습니다.

"그가 멸망의 도시로 돌아왔을 때 그의 몸은 진흙투성이였습니다. 한눈에 보아도 늪에 빠진 것을 알 수 있었지요. 그를 보고 사람들은 배신자라고 손가락질하기 시작했습니다. 그는 마을에서 쫓겨날 위기에 내몰렸고 결국은 완전히 몰락하고 말았습니다."

"여기까지 오는 길은 평온하였는지요? 혹시 수렁에 빠진 적이 없으신가요?"

"저는 수렁에는 빠지지 않았고요. 다만 '바람둥이'라는 여자를 만나 큰일 날 뻔했습니다. 그 여자는 나를 만족하게 하여 주는 듯하더니, 다른 길로 가자고 유혹하더군요. 하지만 모두 헛된 만족일 뿐이었습니다. 그런 만족은 영적인 만족에 비할 바가 못 되었습니다. 다행히 저는 그녀의 유혹에 넘어가지 않았습니다. 그러자 온갖 욕을 하면서 가더군요."

"그밖에 다른 어려움은 없었나요?"

천향인이 궁금해서 물었습니다.

"고난의 언덕에 올랐을 때 '아담'이라는 노인을 만났습니다. 노인은 저에게 품삯을 넉넉하게 줄 테니 자기와 함께 살자고 하더군요. 노인은 자기가 죽으면 자기의 재산을 모두 다 준다고 했어요."

"그래서 어떻게 했나요?"

"그의 이마에 보니 '옛사람을 그의 행실과 함께 벗어버리라'고 쓰여 있었습니다. 그래서 나는 노인의 제안을 단호하게 거절했습니다. 그랬더니 온갖 악담을 퍼부으며 내 팔을 붙잡더군요. 나는 간신히 노인에게서 벗어나 언덕으로 달려갔습니다. 그런데 언덕 중간쯤 올라가자, 한 사내가 바람처럼 나를 쫓아오지 않겠습니까? 나는 온 힘을 다하여 도망쳤지만, 정자가 있는 곳에서 결국 잡히고 말았습니다. 남자는 나를 잡자마자 주먹을 날렸습니다. 때리는 이유를 물었더니 아담의 유혹에 빠졌다고 하면서 내 가슴을 다시 때렸습니다."

굳센 믿음의 말을 듣고, 천향인은 고개를 끄덕였습니다.

"그 사람은 모세가 틀림이 없군요. 모세는 하나님의 율법을 어긴 사람은 그 누구도 용서하지 않으니까요."

"맞습니다. 그 후로도 모세는 나를 계속 때렸습니다. 만일 양손과 옆구리에 상처가 있는 분이 말려주지 않았다면 아마도 나는 죽고 말았을 것입니다."

"혹시 그분은 예수님이 아닙니까?"

"맞습니다. 그분이 저를 죽음에서 구해 주셨지요."

두 사람은 주님의 은혜에 감격했습니다.

오늘 우리의 신앙에서 가장 큰 문제점이 있다면 무엇이라고 생각합니까? 왜 우리 삶 속에서 믿음의 능력이 나타나지 않을까요?

초대교회의 성도들의 삶 속에서는 믿음의 능력이 나타났고 믿음의 증거가 나타났습니다. 그들의 삶을 보고 주위의 사람들이 감동했습니다.

우리 주위 사람들이 여러분의 삶을 보고 감동합니까? 여러분의 삶을 보고 감동하여서 주님께 돌아온 자가 몇 명이나 됩니까?

초대교회의 성도들에게는 믿음의 능력이 나타났습니다. 병든 자에게 손을 내밀어 기도할 때, 질병이 떠나고 귀신이 떠나갔습니다. 이것을 목격한 주위 사람들이 감동하여 주님께 돌아왔습니다.

그런데 오늘 우리에게 왜 이런 능력이 나타나지 않습니까? 그 이유가 도대체 무엇입니까? 그 이유는 바로 믿음에 있습니다.

오늘 우리의 믿음이 잘못되어 있다는 것입니다. 우리는 믿음이 아닌 것을 믿음으로 붙잡고 사는 경우가 너무 많습니다. 자기의 신념을 믿음으로 착각하고 사는 사람들이 너무 많습니다. 또 어떤 이들은 자기의 욕망과 욕구를 믿음으로 착각합니다.

믿음의 역사는 자기 헌신과 희생이 필요합니다. 아브라함이 독자 이삭을 모리아 산에서 번제를 드릴 때 믿음의 역사가 일어났습니다.

그리스도인들이 예수님을 위해 조롱과 모욕과 고통을 겪을 때 믿음의 역사가 일어났습니다.

믿음과 동행하지 않은 삶은 어떠한 삶일까요?

우리의 믿음에는 어떤 문제가 있는 것일까요?

첫째, 죽은 믿음입니다. 죽은 사람에게는 아무 일도 일어나지 않습니다. 죽은 사람에게는 그 어떤 것도 기대할 수가 없습니다. 왜냐하면 죽은 사람은 아무 일도 할 수 없기 때문입니다. 성경은 '행함이 없는 믿음을 죽은 믿음'이라고 말씀하고 있습니다. 죽은 믿음을 소유한 자에게는 아무런 역사가 일어나지 않습니다.

[약 2:14-17] 내 형제들아 만일 사람이 믿음이 있노라 하고 행함이 없으면 무슨 유익이 있으리요 그 믿음이 능히 자기를 구원하겠느냐 만일 형제나 자매가 헐벗고 일용할 양식이 없는데 너희 중에 누구든지 그에게 이르되 평안히 가라, 덥게 하라, 배부르게 하라 하며 그 몸에 쓸 것을 주지 아니하면 무슨 유익이 있으리요 이와 같이 행함이 없는 믿음은 그 자체가 죽은 것이라

믿음이 있다고 말하면서 하나님의 말씀대로 순종하지 않고, 자기 생각에

붙잡혀 사는 사람은 죽은 믿음을 소유한 자입니다.

오늘, 이 시대에 죽은 믿음을 참믿음으로 착각하면서 사는 자들이 너무 많습니다. 우리는 자신의 삶을 한번 돌아봅시다. 내 삶에 어떤 변화가 일어나지 않고 그 어떤 능력도 나타나지 않는다면, 나는 죽은 믿음을 붙잡고 있지 않은지 돌아보아야 합니다.

믿음과 동행하는 삶에는 반드시 역사가 일어나게 되어 있습니다.

둘째는 작은 믿음입니다. 믿음이 작은 자들은 믿음이 그의 삶을 지배하지 못하고 그의 삶이 믿음을 지배하는 것을 말합니다. 믿음이 작은 자들은 하나님의 약속이 믿어지지 않습니다. 그들은 지금 나에게 필요한 것은 하나님의 약속보다는 돈이 더 필요하다고 믿습니다. 먼저 먹는 것과 입는 것부터 해결하고 그다음에 믿음이지, 믿음이 먼저가 아니라고 말합니다.

[마 6:30-34] 오늘 있다가 내일 아궁이에 던져지는 들풀도 하나님이 이렇게 입히시거든 하물며 너희일까 보냐 믿음이 작은 자들아 그러므로 염려하여 이르기를 무엇을 먹을까 무엇을 마실까 무엇을 입을까 하지 말라 이는 다 이방인들이 구하는 것이라 너희 하늘 아버지께서 이 모든 것이 너희에게 있어야 할 줄을 아시느니라 그런즉 너희는 먼저 그의 나라와 그의 의를 구하라 그리하면 이 모든 것을 너희에게 더하시리라 그러므로 내일 일을 위하여 염려하지 말라 내일 일은 내일이 염려할 것이요 한 날의 괴로움은 그날로 족하니라

예수님께서는 내일 일을 염려하고 걱정하는 우리에게 말씀하십니다.
"믿음이 작은 자들아!"
믿음이 작은 자들에게는 염려와 근심과 걱정이 떠나지 않습니다.

믿음이 작은 자들에게는 감사가 사라지고 불평과 원망이 찾아옵니다.

믿음이 작은 자들에게는 사탄의 시험이 끊임없이 찾아옵니다.

믿음이 작은 자들에게는 믿음의 능력이 나타나지 않습니다.

오늘 우리의 삶이 내일 일을 염려하며 걱정하고 있다면, 나는 작은 믿음을 소유하고 있다는 증거입니다.

우리는 내 속에 믿음이 있다는 것 자체만으로도 감사할 일입니다. 작은 믿음은 키우면 됩니다. 우리의 믿음이 성숙해지면 우리는 놀라운 일을 이루는 믿음의 사람이 될 수가 있습니다.

우리 모두 나의 작은 믿음을 키워서 큰 믿음을 소유하여 하나님 앞에서 존귀한 자가 됩시다. 믿음과 동행하는 삶을 통해 큰 역사를 일으키시기를 주 예수 그리스도의 이름으로 축원합니다.

셋째는 이만한 믿음입니다. 예수님께서 가버나움에 들어가서 복음을 전할 때 한 백부장이 나와서 간구합니다.

"내 하인이 중풍으로 집에 누워서 심히 괴로워합니다. 내 하인을 고쳐주옵소서."

당시 백부장은 엄청난 권세가 있었고 많은 부하와 하인을 거느린 권력자이었습니다. 그런데 하인이 병이 들었다면 그를 버릴 수도 있는데, 직접 예수님께 나와 고쳐 달라고 사정하는 모습을 보고 예수님께서 감동하셨습니다.

하인을 사랑하는 백부장의 모습을 보고 예수님께서 감동하셨습니다. 예수님께서 즉시 말씀하셨습니다.

"내가 가서 고쳐 주리라!"

그때 백부장이 말합니다.

"주여! 내 집에 들어오심을 나는 감당하지 못합니다. 말씀만 하옵소서. 그리하시면 내 하인이 낫겠나이다. 나도 남의 수하에 있는 사람이요, 내 아래에도 군사가 있으니 그에게 '가라' 하면 가고, '오라' 하면 오고, 종더러 이것을 '하라' 하면 하나이다."

예수님께서는 백부장의 말을 듣고 너무 감동하셨습니다. 거기에 모인 많은 사람에게 이렇게 말씀하십니다.

[마 8:10] 예수께서 들으시고 놀랍게 여겨 따르는 자들에게 이르시되 내가 진실로 너희에게 이르노니 이스라엘 중 아무에게서도 이만한 믿음을 보지 못하였노라

예수님께서는 거기에 모인 많은 사람에게 이스라엘 백성 중에서 이만한 믿음, 곧 이렇게 큰 믿음을 만나보지 못하였다고 하셨습니다. 백부장은 이방인이요, 하나님을 섬기는 유대인이 아닙니다. 그런데 그에게 예수님을 감동하게 하는 큰 믿음이 있었습니다.

예수님을 감동하게 하는 이만한 믿음은 어떤 믿음일까요? 예수님께서 말씀하실 때 그 말씀대로 이루어질 줄을 믿는 믿음입니다. 이 시대에 이만한 믿음은 하나님께서 무슨 말씀을 하시든지 그 말씀을 믿고 행동으로 옮기는 자가 이만한 믿음을 소유한 사람입니다.

믿음의 사람은 나라를 구하기도 하고 의를 행하기도 합니다.

믿음의 사람은 사자의 입을 막기도 하고 불의한 세력을 멸하기도 합니다.

믿음의 사람은 죽은 자의 부활을 믿고 부활 신앙으로 살아갑니다.

믿음의 사람은 믿음으로 인한 그 어떤 시련과 고통이 몰려와도 넉넉하게 이겨냅니다.

믿음의 사람은 하나님께서 약속하신 축복을 누리며 복된 삶을 살게 됩니다. 이러한 믿음이 예수님께서 말씀하신 이만한 믿음입니다. 우리는 믿음과

동행하는 삶을 살아야 합니다. 거짓 믿음을 과감하게 버리고 우리 주님께서 인정하시는 이만한 믿음을 소유하는 저와 여러분이 다 되시기를 주 예수의 이름으로 축원합니다.

사랑하는 성도 여러분!

여러분은 믿음과 동행하는 삶을 살고 있습니까? 믿음으로 산다고 하면서 믿음이 아닌 것을 믿음으로 붙잡고, 착각하고 살고 있지는 않습니까? 믿음에는 능력이 따르고, 믿음에는 권세가 나타나고, 믿음에는 증거가 나타납니다.

우리의 믿음 생활에 능력과 권세가 나타나지 않고, 증거가 나타나지 않는다면, 우리 자신의 믿음을 다시 조명해 보아야 합니다.

죽은 믿음을 붙잡고 신앙생활을 하고 있지는 않습니까? 신앙생활을 하면서 아무런 믿음의 증거가 나타나지 않는다면, 그 사람은 죽은 믿음을 붙잡고 있는 것입니다. 신앙생활을 하면서 온갖 세상 염려와 근심 걱정에 사로잡혀 불안 가운데 하루하루를 생활하고 있다면, 그 사람은 작은 믿음을 가지고 사는 것입니다.

하나님께서 인정하시는 믿음은 이만한 믿음입니다. 예수님께서 무슨 말씀을 하시든지 그 말씀대로 믿고 행동하면 예수님은 감동하십니다.

나의 죽은 믿음이 살아있는 믿음으로 바뀌면 주님께서 감동하십니다.

나의 작은 믿음이 성숙하여 큰 믿음으로 성장하면 주님께서 감동하십니다.

나의 믿음이 예수님께서 인정하는 이만한 믿음이 되면 주님께서 감동하십니다.

우리 삶에서 예수님을 감동시키면 놀라운 기적이 일어납니다.

우리 모두 믿음과 동행하는 삶을 살면서 주님으로부터 인정받는 삶을 사시기를 주 예수 그리스도의 이름으로 축원합니다.

에필로그

『천국을 향해 가는 순례자』가 세상에 나온 것은 전적인 하나님의 은혜임을 다시 고백합니다. 저는 30년 동안 목회를 하면서 글을 써서 신문이나 잡지에 기고하거나 책을 내 본 적이 없습니다.

더구나 『천로역정』의 내용으로 설교한다는 것을 한 번도 상상해 본 적이 없습니다. 그런데 어느 날 『천로역정』유튜브를 5시간 동안 듣고 나서 나도 모르게 『천로역정』의 주제로 설교를 시작하게 되었습니다. 한두 편의 설교로 끝나리라 생각했는데 54편이나 되었습니다.

존 번연의 뛰어난 영성이 지금까지 많은 사람을 감동시켜 새로운 삶을 살게 했을 뿐 아니라 이토록 부족한 저를 사로잡아 새로이 눈뜨게 했습니다.

『천로역정』을 중심으로 설교를 계속하던 어느 날, '받은 은혜를 여기서 멈추지 말고 책을 내어 함께 나누라'는 음성을 들었습니다. 그때 저는 이렇게 반문했습니다.

"주님! 제가 책을 낸다고요. 이 졸필로 어떻게 책을 냅니까?"

그 순간 저에게 밀려오는 감동이 있었습니다.

'이 내용보다 확실한 복음이 어디 있겠느냐?'

'이보다 더 인간의 본성을 고발하고 드러낸 내용을 본 적이 있느냐?'

이 책에서 저는 우리가 신앙생활을 하면서 겪는 모든 신앙의 갈등을 주제로 문제를 풀어갔습니다. 저는 강단에서 설교한 내용을 설교집으로 출간한다는 것을 한 번도 생각해 본 적이 없습니다.

하지만 성령님의 감동에 '아멘'으로 응답하고 즉시 당회를 소집하여 설교집을 출간하기로 의견을 모았습니다. 그리고 책 제목을 '천국을 향해 가는 순례자'로 정했습니다.

저는 『천로역정』을 주제로 설교하면서 신학적인 관점보다는 신앙적인 관점으로 접근하여 오늘 이 시대의 문제를 풀어 갔습니다. 주제가 정해지면 성경 본문을 선택하고 성경을 통해 문제의 답을 제시했습니다.

이 책은 신앙생활의 모든 갈등과 문제의 핵심을 『천로역정』의 이야기를 통해 구체적으로 보여주고 그 해답을 성경 말씀으로 제시합니다.

출간 과정이 이렇게 복잡하고 어렵다는 것을 전혀 몰랐습니다. 그런데 감사하게도 그때마다 좋은 사람을 붙여주셔서 이 책을 완성하게 해 주셨습니다.

1권에 이어 2권을 준비하고 있습니다. 1권에서 못 다룬 주제를 2권에서 다루며 마무리하고자 합니다.

책이 나오기까지 많은 분이 동참해 주셨습니다. 만나교회 정원용 장로님과 강수형 장로님, 그리고 성도님들의 기도에 감사드립니다. 책 출간을 위해 애쓰신 정원기 부목사님과 이실림 전도사님, 교정 교열 작업을 해 주신 박재련 장로님, 김충실 권사님과 윤문을 해 주신 서천석 목사님께 감사드립니다.

이 책 읽는 분들의 신앙이 바로 세워지고, 복음이 전파되어 많은 사람이 구원받아 천국을 누리며 살다가 함께 천국에 들어가는 큰 기쁨과 은혜가 임하기를 기도합니다.

조성래 목사의 30년 목회 사역

목회자로 사역을 시작한 게 엊그제 같은데 벌써 30년이 지났습니다. 지나온 자취를 돌아볼 때 저의 목회는 전적으로 하나님의 은혜였음을 고백합니다.

동숭교회 사찰 집사로 일하면서 신학 과정을 모두 마치게 되었습니다. 박승은 목사님과 동숭교회 장로님들께 이 지면을 통하여 다시금 감사드립니다. 신학 과정이 야간이기에 낮에 일하고 밤에 공부할 수 있었습니다.

하지만 신학대학원 과정은 주간 수업이었습니다. 동숭교회 당회에서는 직원 한 분을 더 채용하고, 저에게도 월급을 주면서 신대원 과정을 마치도록 배려해 주었습니다. 그뿐 아니라 동숭교회 창립 40주년 기념교회 전도사로 저를 파송하고 지원해 주었습니다.

부목사도 아닌 사찰에게 신학 공부까지 시키고 교회를 세워 사역하게 하다니, 얼마나 아름답고 귀한 일입니까! 저는 말로 다 할 수 없는 감사의 마음으로 30년 동안 목회의 길을 걸어왔습니다.

1. 염려하고 걱정하며 권면해 주신 장로님

장로회신대원 목회연구원과정 졸업 직전, 동숭교회 심문주 장로님이 교회 직원들에게 저녁 식사를 대접하려고 교회에 오셨습니다. 장로님이 저를 부르시더니 이렇게 말씀하셨습니다.

"조 집사님, 목회는 아무나 할 수 있는 게 아닙니다. 공부한 것으로 끝내는 게 어떨지요?"

이런 권면을 하며 물으셨습니다.

"목회 현장에 어디 갈 데가 있어요?"

그때 저는 당당하게 이렇게 대답했습니다.

"장로님, 목회를 하고 말고는 제가 결정할 문제입니다. 목회하러 갈 곳이 있느냐고 물으셨는데, 하나님께서 저에게 신학 공부를 하게 하셨습니다. 지금까지 인도해 주신 하나님께서 가장 좋은 목회 현장을 예비하신 줄 믿습니다."

심 장로님은 아무 말씀도 하지 않으시고, 그날 저녁 식사 후 족발 30인분을 포장해 주시며 식구들에게 갖다 주라고 하셨습니다. 그날 먹은 족발 맛을 지금도 잊을 수 없습니다.

장로님은 제가 어린 자녀를 다섯 명이나 데리고 힘든 목회를 어떻게 감당할 수 있을까 하는 걱정에서 고심 끝에 말씀하신 것이었습니다. 지금까지 목회 현장을 경험하며 돌아보니 장로님이 저의 처지를 너무도 깊이 생각하셨다는 것을 새삼 느끼게 되었습니다.

심문주 장로님은 동숭교회 창립 40주년 기념사업의 일환으로 어려움에 처한 백석교회를 인수하여 저를 교역자로 파송하는 문제로 수개월 동안 고민하다 다음과 같은 제안을 당회에 내놓았다고 합니다.

"부도로 넘어가는 중소기업을 대기업이 인수하여 살리는 것이 바람직한 일 아니겠는가? 유지하기 힘들어 넘어가는 시골 교회를 인수하여 교회를 살리는 것이 우리 교회의 사명이다."

심 장로님이 저를 파송하는 모든 과정에 적극 개입하셔서 제가 백석교회로 파송 받게 된 것으로 알고 있습니다.

당시 국내 선교부장이던 장신근 장로님, 김동성 장로님도 적극 후원해 주셨습니다. 백석교회에서 하는 일마다 후원하여 교육관도 짓고, 사택도 짓고, 어린이집 개원에 동참하여 풍성한 결실의 열매를 거두게 하셨습니다. 얼마나 감사한 일인지 모릅니다.

2. 사찰 집사로 일하며 신학 과정을 마치다

동숭교회 사찰 집사로 10년 동안 일하며 대단히 즐겁고 행복했습니다. 다른 교인들은 많은 헌금을 드리며 은혜를 받는데, 저는 사례금을 받으며 은혜를 받으니 얼마나 큰 복인가요?

그래서 내가 동숭교회를 위해 할 수 있는 일이 무엇일까 생각했습니다. 기술은 없지만 목공 일부터 미장 공사까지 제 손으로 할 수 있는 모든 일을 하기 시작했습니다.

그러자 교회 일을 맡아 하던 분들의 항의가 들어왔습니다. "집사님이 이렇게 해서 우리 일감을 빼앗으니 우리는 무얼 먹고살라는 거냐"는 푸념이었습니다. 생각해 보니 틀린 말도 아니었습니다. 그래도 저는 하던 일을 계속했습니다.

한편, 동숭교회와 권사님들이 여러 번 학비를 마련해 주셔서 경제적 어려움 없이 신학 과정을 마칠 수 있었습니다.

10년 동안 신학을 공부하면서 사업하다 진 빚을 갚는 일이나, 청도 부야교회 건축을 위해 작정했던 건축헌금을 헌금한 것은 놀라운 일입니다. 당시 저의 간절한 소망은 빚 갚는 일이었습니다. 어떤 분은 제가 갚은 돈을 쓸 수 없다며 모두 헌금으로 드렸다고 합니다.

동숭교회를 섬기면서 교인들과 교제하고 상담했던 경험들은 철저한 목양 교육을 받은 엄청난 축복이었습니다. 제가 목회 현장에서 교인들과 갈등 없이 30년간 목회할 수 있었던 것은 10년 동안 섬김의 훈련 덕분이라 생각합니다. 이 모든 것이 하나님 은혜입니다.

3. 백석교회에서 사역을 시작하다

제가 처음 파송 받은 교회가 양평읍 백안리에 있는 백석교회입니다. 심문주 장로님은 시골에 가면 차가 필요하지 않겠느냐고 하시며 2년 전 구입한 다마스를 기증하셨습니다.

그 차를 타고 부임할 교회에 인사차 가보니 노인 몇 분과 중고등학교 학생 15명 정도가 수요일 예배에 참석하고 있었는데, 제 소개를 하며 인사하고 돌아왔습니다.

동숭교회 주차장에 차를 세우고 보니 차에서 물이 새는 것이었습니다. 아내에게 불을 좀 가져오라 해서 종이에 불을 붙여 차 밑을 비춰보는데 그만 차에 불이 붙었습니다. 물이 아닌 휘발유가 흘러내린 것입니다. 소방차가 출동해서야 불을 끌 수 있었고, 경찰서에 가서 고의가 아님을 해명하고야 풀려 나왔습니다.

차를 제공하신 심 장로님은 저를 야단치지 않고 오히려 새 차를 구입해 주겠다고 하셨습니다. 문득 욕심이 생겨 장로님께 그레이스를 구입해 달라고 부탁드렸더니, 장로님은 다마스를 작정했다고 하시며 400만 원을 주셨습니다. 당시로서는 아주 큰 금액입니다.

백석교회로 돌아와서 몇 분 되지 않는 교인들과 차량 헌금을 작정했는데 기적이 일어났습니다. 차량 헌금 250만 원이 모아진 것입니다. 동숭교회에 이 사실을 보고했더니 시골 교회에서 250만 원의 차량 헌금이 나왔다며 감동했습니다. 이 소식을 들은 장로님들이 감동하여 진상철 장로님이 200만원, 원춘한 장로님이 50만원, 장신근 장로님이 50만원 헌금으로 그레이스 승합차를 빚 없이 구입했습니다.

그 차량으로 3년 동안 초·중고등학생들을 통학시키며 복음을 전했습니다. 당시 마을에는 자동차가 몇 대밖에 없었기에 마을 사람들도 너무 좋아했습니다.

4. 시골 교회에서 일어난 놀라운 기적

당시 저는 시골 교회에서 목회하는 것을 원치 않았습니다. 그때 아내가 말했습니다.

"당신, 이상해졌네. 신학교 들어가며 하나님께 기도하지 않았어? 교회에서 파송 받고 싶고, 교회에서 파송한다면 어디든 무조건 간다고 하지 않았어?"

맞습니다. 사실 우리 부부는 그렇게 기도했습니다.

파송 전도사로 양평 백석교회에 가보니 좋은 일들이 일어나기 시작했습니다. 시골이라 중학교는 등록금이 없었고, 고등학교는 서울노회에서 등록금이 후원되었습니다.

저를 파송한 동숭교회에서 매월 후원해 주었고, 백석교회에서 전임 전도사 사례비가 지급되었습니다. 그때 저는 사례비로 80만 원을 받았습니다.(1994년 양평 지역 목사님 가운데 80만 원 이상 사례비를 받는 분이 몇 명 되지 않았습니다.)

사역을 시작한 후, 한번은 심문주 장로님이 백석교회에 방문하셔서 함께 주일 예배를 드렸습니다. 그때 교육관을 신축해야겠다고 말씀드렸더니, 교육관 건축비와 종탑 교체 비용을 헌금해 주셨습니다. 750만 원으로 교육관 30평

공사를 시작했는데 동숭교회에서 후원해 주서서 1,500만 원으로 교육관 공사를 마쳤습니다.

이 적은 금액으로 교육관을 지은 것은, 교회 가까이 주둔하던 통신 중대에서 군인 인력을 지원해 주었고, 교인 중에 건축 공사를 하신 분이 계셔서 가능했습니다. 파송된 지 1년 만에 하나님의 은혜로 교육관을 짓게 된 것입니다.

그리고 2년 후 교회 사택을 짓는 놀라운 일이 있었습니다. 13평 좁은 공간에 7명의 식구가 생활하는 모습을 차상철 집사님이 보고 사택을 짓기로 하면서 공사가 시작되었습니다.

차 집사님은 교회 뒤편 2층 집에서 살고 있었습니다. 당시 그 마을에서 제일 멋있고 좋은 집이었습니다. 2층 마루에서 교회와 사택이 한눈에 들어왔습니다. 그래서 집사님은 이렇게 기도했다고 합니다.

"하나님, 이 집을 팔리게 해 주시면 교회 사택을 짓겠습니다."

집을 내놓은 지 1년이 지나도 팔리지 않았는데 기도한 지 3일 만에 계약되었습니다. 잔금을 다 받고 난 후 1,400만 원을 십일조 헌금을 하셨고, 사택은 교육관 2층에 짓자고 했습니다. 제직회를 거쳐 사택 공사를 시작하면서 저를 파송한 동숭교회에서 사택을 지으라고 큰돈을 후원해 주었습니다. 사택 공사가 진행되던 중에 차상철 집사님이 봉투를 가지고 오셨는데, 그 봉투에는 2,000만 원이 들어 있었습니다.

"집사님, 무슨 돈입니까?"

"사택 지을 비용입니다."

"집사님, 동숭교회에서 사택을 지으라고 보내온 헌금과 집사님의 헌금으로도 충분히 사택을 지을 수 있습니다. 이 헌금은 받지 않겠습니다."

"1,400만 원은 십일조 헌금이고, 제가 하나님께 사택을 지으려고 작정했으니 2,000만 원을 헌금하겠습니다."

그때 저는 가족들과 상의했냐고 다시 물었습니다. 가족들과 상의하지 못했다 해서 저는 헌금을 받을 수 없다며 돌려드렸습니다. 얼마 후 집사님이 다시 헌금을 가지고 왔습니다. 가족들과 상의했으니 사택 건축헌금으로 받아달라고 했습니다. 참으로 놀랍게도 사택을 짓고 난 후에도 교회 재정이 꽤 남아 있었습니다. 당시 IMF로 농협 금리가 24%였습니다. 그래서 우리는 오히려 IMF 기간을 큰 어려움 없이 보낼 수 있었습니다.

양평 백석교회 사역은 어린이와 청년 중심 사역이었습니다. 당시 청년들이 열심히 임하여 여름 성경학교 때는 60~70명이 모였고, 자체적으로 프로그램을 준비하여 성경학교를 이끌어 갔습니다. 또한 그때 영주노회에서 3년 동안 연합 여름 성경학교를 섬기며 봉사했습니다.

저는 목회가 너무 신이 나고 행복했습니다. 교인들도 많이 모일 때는 100명, 평균 70명 정도가 예배에 참석했습니다. 그래서 동숭교회에 자립을 선포하고 어린이집을 운영하며 부족함 없는 목회를 했습니다.

5. 양평 백석교회에서 광명 만나교회로 임지를 옮기다

주일 설교 준비를 마친 어느 토요일 밤, 장경문 만나교회 담임목사님으로부터 전화가 왔습니다. 건강이 좋지 않고, 자녀들도 다 대학을 졸업했으니, 시골에서 남은 기간 목회를 하고 싶다고 했습니다. 열 명이 채 모이지 않는 시골 교회도 좋다는 것입니다. 목회 임지를 바꾸면서 아무 조건이 없다는 말이 진심이냐고 물었습니다. 대답은 한결같았습니다. 어느 교회에 가서 목회를 하고 싶냐고 했더니 삼산교회를 언급했습니다. 그러나 삼산교회 목사님이 원치 않아 이 일은 무산되었습니다.

어느 날 새벽기도 시간에 하나님께서 광명 만나교회에 "네가 가라"고 하셨습니다.

"너는 도시 교회에서 목회하고 싶다고 간절하게 기도하지 않았느냐?"

깊이 생각할 겨를도 없이 제가 가겠다고 하고 그 일을 추진했습니다. 당장 장경문 목사님께 이 사실을 알렸습니다. 아무 조건 없이 제가 만나교회로 오고, 장 목사님이 양평 백석교회로 가게 된 것입니다.

우리는 교회 임지를 옮기면서 교인 몇 명이 모이느냐, 예산이 얼마냐, 사례금은 얼마나 받느냐 등은 일절 묻지 않았습니다. 일을 진행하며 장 목사님은 이렇게 말씀하셨습니다.

"남아 있는 교회 빚을 내가 정리한 후 교환 목회를 합시다."

그때 저는 이렇게 대답했습니다.

"그 일은 제가 처리할 문제이니 신경 쓰지 마십시오."

그 후 교회의 동의를 얻어 교회 임지를 서로 바꾸었습니다.

6. 광명 만나교회에서의 사역

막상 만나교회에 와서 보니 문제가 한두 가지가 아니었습니다. 판자로 된 교회당 바닥에서는 썩은 냄새가 나고, 사람이 지나갈 때마다 삐그덕 소리가 나고, 벽은 양쪽으로 넘어가서 언제 붕괴할지 모르는 지경이었습니다.

부임하여 3주가 되었을 때, 교회 건축이 필요함을 강조하며 건축헌금 작정을 시작했습니다. 놀랍게도 4,700만 원이라는 거액의 헌금이 작정되었습니다. 얼마나 감격했는지 모릅니다. 하지만 일부만 건축헌금으로 들어왔습니다. 바닥을 수리한 후 2,700만 원으로 37평의 교회 수리를 깔끔하게 마쳤습니다. 이제는 부족한 것이 없어 보였습니다.

이 과정 중에, 미국 시카고에 계시는 박정봉 장로님이 오셔서 교회 지분의 50%를 헌납해 주셨습니다. 교회 건물 건축을 위해 은행에 돈 빌리려 갈 때마다 이 문제 때문에 거절당했는데 박 장로님이 해결해 주셨습니다.

어느 날 새벽기도 때 또 주님께서 말씀하셨습니다.

"교회를 짓는다고 기도하면서 왜 교회를 수리하고 마느냐?"

그래서 제직회를 소집하여 새벽에 주신 주님의 말씀을 전했습니다. 이 일에 집사님들은 어떤 의견도 내놓지 않았습니다. 그래서 제가 반강제로 이렇게 선포했습니다.

"제가 책임지고 교회를 짓겠습니다."

그런데 문제가 있었습니다. 은행에서 돈은 빌려주겠지만 집사님들이 보증을 서야 한다는 것입니다. 보증 문제를 집사님들과 의논했더니 보증 서겠다는 사람이 아무도 없었습니다. 수소문 끝에 용마농협을 소개받고 담당자를 만났습니다. 용마농협에서는 교회 집사님들의 보증을 요구하지 않았습니다. 교회 담임목사인 제가 채무자가 되고 보증인 두 사람만 있으면 된다고 했습니다. 그래서 아내와 딸을 보증인으로 세워 1억 5천만 원을 빌려서 100평의 교회 건물을 짓게 되었습니다.

1억 5천만 원으로 교회 건축을 마친 것은 동숭교회 고연석 장로님이 헌신하신 결과였습니다. 인건비를 한 푼도 받지 않고, 직원들 인건비와 자재비만으로 교회를 지었기에 가능했던 것입니다.

참으로 신기하게도 교회 건축을 마치자마자 그 일대가 뉴타운 재개발로 건축 제한 구역이 되었습니다. 그때를 놓쳤다면 교회 건축은 불가능했을 것입니다.

교회 건축으로 1층에 어린이집을 운영하여 교회 재정 기반을 다졌고, 연립주택도 한 채 더 사게 되었었습니다.

뉴타운 건축 공사가 진행되면서 놀라운 일이 일어났습니다. 뉴타운 개발의 모든 모임 장소를 우리 만나교회가 무료로 제공했습니다. 수십 번의 대의원 회의가 교회에서 열리면서 대의원들과 친분을 쌓게 되었습니다. 조합과 교회와의 마지막 협상에서 건축전문가인 김준영 집사님이 협상을 잘 이끌어 가서 땅도 대지만큼 대토로 받고, 300평의 교회를 지을 수 있는 보상비도 받았습니다. 찬반을 묻는 과정에서 2,020명 조합원의 80% 이상의 찬성으로 조합장과 제가 단독으로 보상비 협상을 마무리했습니다. 이 모든 것이 하나님의 은혜임을 고백하지 않을 수 없습니다.

감사하게도 두 분 장로님과 부목사님이 제가 기도하며 내어놓은 모든 일에 적극 협력해 주셔서 목회 말년에 편안한 사역을 하고 있습니다.

'목회는 목사가 하는 것이 아니라 성령님께서 하신다.'는 말씀을 다시금 생각해 봅니다. 성령님께서 주신 감동으로 시작한 모든 일은 한 번도 잘못된 일이 없고, 어려움을 당한 적이 없습니다. 오늘까지 성령님께서 저의 목회를 책임지고 인도하셨습니다.

이 모든 사역의 영광을 하나님께 돌려 드리며, 모든 것이 하나님의 은혜임을 다시 고백합니다.

감사합니다.

순례자의 노래

저 멀리 뵈는 나의 시온성

오 거룩한 곳 아버지 집

나 사모하는 집에 가고자 한 밤을 새웠네

저 망망한 바다위에

이 몸이 상할지라도

오늘은 이곳 내일은 저곳

주 복음 전하리

아득한 나의 갈길 다 가고

저 동산에서 편히 쉴 때

내 고생하는 모든 일들을

주께서 아시리

빈들이나 사막에서

이 몸이 곤할지라도

오 내 주 예수 날 사랑하사

널 지켜주시리